吉林大学基本科研业务费哲学社会科学研究——
人文学科基础研究专项"儒学日本化与日本学界的误读"
（项目编号：2014ZZ011）研究成果

东北亚研究丛书

近世日本朱子学的确立

THE ESTABLISHMENT
OF CHU HSI NEO-CONFUCIANISM
IN EARLY MODERN JAPAN

王玉强 著

社会科学文献出版社
SOCIAL SCIENCES ACADEMIC PRESS (CHINA)

摘　要

本书探究朱子学在日本中世的存在情况，近世初期日本朱子学者如何产生，朱子学面向日本社会的本土化策略，日本朱子学制度化存在方式如何确立，以及日本朱子学在其确立过程中所体现出的哲学自觉，借此恢复日本朱子学在其确立过程中应有的主体地位。日本朱子学者主动将朱子学向近世日本社会相关层面进行辐射，在这些层面上建立起与日本朱子学意义和事实上的关联，从而在近世社会创造出不同程度上受其影响的社会空间、文化空间，甚至是制度空间，日本朱子学在近世日本得以确立。日本朱子学成为近世日本人把握世界、建构自我认同乃至进行社会实践的理论依据和工具，作为一种软性的思想力量对近世日本社会发展施加影响。

前　言

关于人类对过去的认识，尤其是在历史研究当中，不同研究者习惯用不同的语言、概念范畴以及认知逻辑乃至社会背景去认识、判断和评价过去的历史，并使之有序化。在古代东亚世界，中国文明标准构成了各国文明发展的基本资源，因此古代东亚思维世界中存在着"中国中心"和试图摆脱"中国中心"的"自我中心"的思维取向。即便对现在的中国学者或是其他东亚各国学者而言，在描述古代东亚文明或本国古代文明在时间和空间维度上的展开时，这两种基本的思维方法都不可回避且需要做出选择。

但近代西方的武力外交和近代文明强势地与东亚世界建立关联，割断了近代东亚与古代东亚世界的联系，使得另一种思维取向开始成为主流。如黑住真所指出的那样："欧美的东西总是在其背后扮演着或褒或贬的观念强迫角色。这样东亚各地区的注意力实际上只集中于'欧美和各自的自我'，而忽视了自己的周边和邻人。"① 近代欧美的强势存在，导致近代东亚各国主动或被动

---

① 〔日〕黑住真：《近代化经验与东亚儒教》，严丽京译，载王青主编《儒教与东亚的近代》，河北大学出版社，2007，第180页。

地在"欧美和自我"思维方法下选择或重新界定自我文化和政治属性。

明治维新后,日本一方面以欧洲式的政治和文化标准构建一个近代国家,另一方面仍坚持日本传统的政治和文化特性。但不论明治维新所开启的近代国家进程多么成功,日本的历史传统与其模仿西方现实之间的割裂感始终存在。因此关于"欧美和日本"的思维方法,日本学界对此有着身处困境式和机遇式的挣扎和迎合。现实中的问题往往会促使人们向历史求证,这导致时间上紧邻日本近代的日本近世(江户时代)在近代日本的文化形态构建中一再被提及,即便在日本战后也是如此。日本学者期望通过对近世日本思想史的研究,对近代日本的构造变化起到内在支持或批判、矫正作用。正因为日本学界对近世日本思想史极为关注和极为主动,这反而导致他们对近世日本思想史的研究,存在着发掘史实和重新规划史实这两种有时并不能截然分得开的处理方法。

具体而言,对于近世日本思想史的研究,除一些日本学者直接否定儒学对日本的影响,并强调日本文化的固有性、自足性以外,绝大多数研究者都将儒学在近世的传播作为立论的基本前提。在承认儒学对日本有影响的基础上,近代以来日本学者多采用"儒教日本化"视角看待中国、儒学和日本以及西方的组合关系。

何谓"日本化"的研究方法呢?被视为日本思想史学科奠基人的村冈典嗣指出,日本思想史内容广泛,从儒、佛开始,西洋思想随后传入,基本上全世界思想都传入日本,但随后上述思想各自向"日本化"方向转变。进一步说,日本思想史作为学问存在的理由，在某种意义上不外乎以探究日本式的特性为目标。日本吸收外来思想，将其作为构成要素，其间总会发展成为日本特色，这就是日本思想史的目标。[①] 村冈典嗣指明"日本化"研究方法以探究日本式的特性为目标，这表明近代日本学者不愿再将近世日本思想史视为中国儒学的重复或延伸，相反，他们希望通过强调日本文化对外来思想文化体系的主体性选择和改造，以此阐释独立于外来思想体系的日本特性思想的形成。近代"日本化"研究方法不再纠结于上述"中国中心"和"日本中心"的平衡，而是直接选择了"日本中心"式思维取向，以此强化日本传统对抗西方的影响力。需要指出的是，尽管日本很多学者在研究近世思想史时并不使用"儒教日本化"或"日本化"等字眼，但基本上仍通过强调日本文化的固有性以及主体性选择和改造外来思想体系等叙述方式，将思维的关注重点集中于日本特性的思想如何形成上，这种认知逻辑非常普遍。因此，广义上其仍可被视为归属"日本化"研究方法。

"日本化"研究方法把强调中国和日本的不同作为阐释日本独特性的逻辑起点。武内义雄在其《儒教的精神》中就贯彻了这种方法，"本书要先记中国儒教之梗概，明示其精神之所在，其次说明儒教传入日本，是如何日本化的"。武内义雄通过"日本化"研究得出的重要结论就是，忠孝虽然源自中国儒教，不过日本要比中国发达，忠孝因此成为日本国民道德的特色。"五伦的中心，虽被认为是父子之亲和君臣之义，后来又用忠孝二字称呼之；不过

---

① 〔日〕村冈典嗣：《日本思想史研究》，创文社，1957，第108页；《续日本思想史研究》，岩波书店，1942，第31页。

在中国，忠孝是完全对立的两个德目，有不少时候，忠孝且难两立。至于认为此二者是完全一致的东西，且谓忠孝不二或忠孝一本，这乃是日本国民道德的特色，是在日本所发达的思想。"① 在武内义雄看来，"日本化"使日本式忠孝一致思想形成，由此与中国儒教相区别，独特的日本儒教得以确立。

但"日本化"视角下的研究并没有止步于此。以高须芳次郎为例，其在《近世日本儒学史》中将国体、皇道、日本精神和日本主义作为"儒教日本化"的根本标准。② 清原真雄在其《日本思想史》中提出："经过脱胎换骨和日本化以后，虽然作为素材仍是外国之物，但已经完全成为日本的思想。"③ 在这些学者看来，在儒学所具有的宏大理论体系和对近世日本极强的影响力经过"日本化"后，儒学及其背后的中国都被边缘化，相应的日本特性居于中心。

"日本化"研究方法作为文化构建意图与中国、西方标准保持距离，通过儒学体系内日本独特性思想的展现，将日本传统合理化以服务于近代天皇崇拜意识形态。绪形康对此总结："所谓'儒教日本化'的理论登场以来，我们习惯于从儒教在日本的特殊的展开来捕捉江户时代思想，但这种观念是一个陷阱。""'儒教日本化'论着重'儒教'的问题，但对'日本'的自明性不加怀疑，儒教在日本的展开时所谓'日本的'，只不过是依据近代日本的情况演绎和虚构的观念而已。'儒教日本化'的论者们，

---

① 〔日〕武内义雄：《儒教的精神》，太平书局，1942，原序、第102、165页。
② 〔日〕高须芳次郎：《近世日本儒学史》，越后屋书房，1943，第14~15、241~250页。
③ 〔日〕清原真雄：《日本思想史》，地人书馆，1943，第2页。

针对近代以来儒学新的展开的结果而回溯到江户思想中，这种颠倒的过程，'儒教日本化'的论者们配合的是近代以来国民国家意识形态。"① 也就是说，在"欧美和自我"思维影响下，这种"日本化"研究方法出于服务近代天皇崇拜意识形态的目的，选择坚守日本传统以平衡抗衡"欧美"在近代日本的全方位存在，为此日本学者重新规划近世日本思想史的呈现方式。

战后日本学界流行另一种"日本化"研究方法，即与中国保持距离，但与西方靠近，在"欧美与日本"思维取向内靠近、迎合西方标准。通过儒学体系内日本独特性思想的展现，阐释在近世日本近代思维自然和自觉的成长轨迹，从而与西方近代标准实现同一性，迎合日本模仿西方近代的现实。这实质上是借用西方近代文化标准规划江户时代日本思想史的演进方向，期望从历史纵深中说明近代标准在日本自然自觉之路，以此消除传统日本与西式近代标准的紧张感。这种研究以丸山真男的研究最具有代表性。丸山真男借助滕尼斯关于共同体社会向利益社会转换以及鲍肯瑙关于封建世界向市民世界转换的理论，论证了朱子学在近世如何通过古学尤其是荻生徂徕进而通过国学者的批判而从内部解体，与此同时日本思想完成了从"自然"向"作为"的转换，这种转换被其视为日本近代思维成长的证据。

丸山真男为了消除西式近代标准与近代和战后日本社会的紧张感，将西式近代标准内在地置于近世日本思想中，不可否认其惊人的想象力和理论上的巨大解释力，其文化重构对推动战后日本进一步接受西式近代性也有作用。不过从历史的角度来看，其

---

① 〔日〕绪形康：《他者像的变容》，《江户的思想》1996 年第 4 期。

漏洞也很明显，试想如果没有上述西式近代标准，那么近世日本思想还能如此明确地、主体性地朝着近代演进吗？欧洲近代性的形成是欧洲社会内部政治、经济和文化矛盾运动的结果，其间经历了反复曲折，而丸山模式仅仅通过近世日本学者对来自中国儒学的解构就巧妙地论证出日本近代性的主体性形成轨迹，毫无疑问这种类推、类比有过于简单之嫌！

显然，即便丸山真男本人对日本历史和日本思想也没有如此信心。丸山真男后来在其《日本的思想》著作中不断强调日本的思想贫乏、思维能力有限。① 但丸山真男巧妙地论证了日本近代的内源性方法，在战后美式标准主导日本社会的背景下，获得了极大的影响力，在世界范围内得到学者的响应。众多研究者在不同程度上遵循着将近代文化源流内在地置于日本近世的丸山模式，有些近乎偏执地从儒教"日本化"的角度寻找日本近代思维"自然"演变的途径。如果列举这些人的研究著作，那将是一个很长的书单。丸山模式也得到美国现代化学派的呼应，美国学者贝拉的《德川宗教：现代日本的文化渊源》就是重要代表。美国现代化学派的基本主张就是日本的传统能自然自觉地演进到近代。②

但战后这种"日本化"研究方法也遭到各方批评。中村春作指出："这些代表战后日本思想史研究发展中存在的问题可以指出很多，但主要的是，这些论述不管是在什么立场上的论述，都有一种以日本近代的历史体验为前提，假借江户思想说出'近代

---

① 〔日〕丸山真男：《日本的思想》，区建英、刘岳兵译，生活·读书·新知三联书店，2009，第4、8页。

② Samuel Hideo Yamashita, "Reading the New Tokugawa Intellectual Histories", *Journal of Japanese Studies*, 22 (1), 1996.

主体'的形成或作为'另外一种近代的可能性'的态度在里面。……但不论是哪一种研究,其研究视野都仅限于'日本近代'对'西洋'的视野内,讨论者并没有充分意识到要把问题的设定作为与东亚地域、思想的关系中展开。"① 战后日本学者将研究视角局限于"日本与欧美",无视中国和东亚,这是其叙事和叙述越来越背离历史的原因所在。

上述用不同的语言、概念范畴以及认知逻辑所呈现的近世日本思想史,都是研究者对不同研究方法和认知逻辑主动选择的结果。如果细心考察则会发现,这些学者或学派越是积极主动构建关于近世日本思想史的"语法",越是想让自己的结论有序化,近世日本思想史就越是呈现支离之态。因此,今后近世日本思想史的研究,一方面需要重新审视那些被研究者所明确的结论,另一方面需要恢复历史实证性的研究,切勿引入过多现实视角。本书不算是鸿篇巨制,仅选取日本朱子学的确立这一历史片段予以历史实证研究。

---

① 〔日〕中村春作:《近代日本"思想史学"的成立与对儒教的视点》,徐金凤译,载王青主编《儒教与东亚的近代》,河北大学出版社,2007,第252页。

目　录

第一章　绪论 …………………………………………………………… 1
　　第一节　研究的目的与意义 ……………………………………… 1
　　第二节　国内外的研究现状 ……………………………………… 3
　　第三节　本书的研究思路与框架 ………………………………… 11

第二章　朱子学在日本中世的依附性存在 …………………………… 17
　　第一节　日本临济禅宗的确立与禅儒一致构造 ………………… 17
　　第二节　最初日本禅儒一致构造下朱子学的否定性
　　　　　　存在 ……………………………………………………… 25
　　第三节　日本禅儒一致构造的调适与朱子学被接受 …………… 37
　　第四节　日本禅儒一致构造与以往日本儒学基础的
　　　　　　"互动" …………………………………………………… 56
　　第五节　小结 ……………………………………………………… 66

第三章　日本朱子学者的产生 ………………………………………… 71
　　第一节　战国时代末期日本与朱子学的距离 …………………… 72
　　第二节　藤原惺窝作为朱子学者的产生 ………………………… 85
　　第三节　林罗山作为朱子学者的产生 …………………………… 100

第四节　江户初期朱子学者阶层与日本社会……………107
　　第五节　小结……………………………………………113

第四章　日本朱子学的本土化策略………………………………115
　　第一节　日本朱子学与排佛论…………………………117
　　第二节　日本朱子学向日本历史和神道的辐射………129
　　第三节　日本朱子学视野中的日本与中国……………143
　　第四节　小结……………………………………………149

第五章　日本朱子学制度化存在方式的确立……………………153
　　第一节　德川幕府视野中的日本朱子学………………155
　　第二节　林罗山在德川幕僚政治中的崛起……………161
　　第三节　林家朱子学的官学化…………………………171
　　第四节　藩校的成立……………………………………186
　　第五节　小结……………………………………………190

第六章　日本朱子学者的哲学自觉………………………………192
　　第一节　藤原惺窝的哲学展开…………………………195
　　第二节　林罗山朱子哲学思想的展开…………………205
　　第三节　山崎暗斋朱子哲学思想的展开………………215
　　第四节　小结……………………………………………224

结　　语………………………………………………………………229

参考文献………………………………………………………………234

后　　记………………………………………………………………261

第一章
绪　论

第一节　研究的目的与意义

古代中国文明演进的程度一直高于周边国家，因此周边国家在自身文明的演进中，很大程度上是通过学习和借鉴中国文明的方式进行的。正因为如此，源于中国的儒学，才能够传播到周边朝鲜、日本、越南等地，并被这些国家所接受。在东亚，儒学除成为知识阶层学问的基础之外，民众的思维方式、行为方式、价值取向也深受其影响，因此儒学成为东亚区域文明体系的重要组成部分。

儒学在东亚的发展基本体现在如下两个方面。一方面是纵向的发展，即儒学自身的更新演变。宋代形成的朱子学，就是孔孟儒学在中国继续更新演变的产物，与之相呼应，周边国家也接受了中国的新儒学——朱子学，从而实现儒学在东亚范围内纵向的演变更新。另一方面是横向的发展，即儒学体系与社会层面的关联。在中国文明的演进中，儒学通过其哲学学说和价值体系横向地规范着社会各个领域，而社会各个领域也接受了儒学的规范。

就周边国家而言，除通过接受中国新儒学而实现儒学纵向的更新以外，还将儒学学说横向地与本国的政治、经济等领域建立关联，从而实现了儒学存在的功能性。随着儒学功能渐渐地被认可，这些领域反向地给予了儒学以规范原理和制度上的认同。此时接受国的儒学，尽管在学说体系上仍与母国中国的儒学存有联系，但是其在存在方式和语境转换上都实现了面向本土的转化，在这个意义上说，接受国儒学真正转换为接受国的儒学了。

就日本而言，早在天皇王朝时期儒学就已经被引入日本，尽管儒学得到了王朝的支持，但这时期的儒学只是被作为贵族阶层的修养而已，就其影响程度而言，还没有完全成为王朝时期日本人把握世界和进行社会实践的理论依据。而与王朝时期日本儒学没有实际继承关系的江户时期日本儒学，其对江户时期日本社会的影响程度远远超过了王朝时期的儒学。在江户时代，始于朱子学的日本儒学进入了前所未有的繁盛期。日本儒学开始作为一种软性思想力量被江户时代的日本人所接受，成为江户时代日本人把握世界以及进行社会实践的重要理论依据，对江户时代日本社会发展起到了举足轻重的作用。正是儒学在江户时期较为成功地介入了日本社会的演进，很多学者因此认为受儒学影响程度较深的江户时代，与日本以往时代相比，有着很大甚至是本质上的不同，为此他们将江户时代视为日本近代化的起点。

由此可以看出，江户时代日本儒学起到了双重的作用：一方面，江户时代日本通过对儒学的自觉接受而成为受儒学所影响的东亚区域文明体系中的一部分；另一方面，江户时代日本儒学在日本这个地域范围内通过存在方式和语境的转换，实现了面向日本本土的转化，因而与日本社会建立了广泛甚至是具体而直接的关联，成为江户时代日本人把握世界、建构自我认同乃至进行社会实践的理论依据。无疑，江户时代日本儒学是探究江户时代日本文明演进的重要钥匙。除此以外，在明治时代，江户时代日本儒学仍成为日本知识分子的关注焦点之一。这时候江户时代日本儒学之所以被关注，在很大程度上是与日本知识分子借此"挖掘"江户时代日本儒学的现实意义联系在一起的。为此，将江户时代日本儒学的史实存在和现实意义存在联系在一起，并由此造成了史实存在和意义存在互相援引和强调的局面。

另外，自明治时代以来，对江户时代日本儒学的研究，还突破了日本地域的范围，在世界的范围内被研究着。中国等东亚国家在不同视角下对江户时代日本儒学进行研究自不待言，甚至在欧美学者那里，江户时代日本儒学也是研究日本乃至东亚的重要倚重领域。因此对江户时代日本儒学进行研究，无疑具有很强的学术价值。

第二节 国内外的研究现状

江户时代日本朱子学研究作为重要研究领域的确立和延续，除要求对理论和研究方法进行反省以外，更重要的是对史料持续不断地整理和发掘。在这一点上，日本学者对朱子学相关资料的整理是值得称道的。其中比较成体系的有《日本伦理汇编》《续续群书类丛》《日本儒林丛书》《日本思想大系》《朱子学大系》等。

美国对江户时代思想史的研究（欧美学者称之为德川思想史），值得注意的是其研究方法和理论范式。美国对日本的研究由来已久，且比较自成体系，其中对江户时期思想的关注始于20世纪70年代，其契机就是1975年丸山真男的《日本政治思想史研究》英文版的面世。丸山真男的《日本政治思想史研究》不仅激发了英语世界研究江户时代思想史的兴趣，而且也成为他们探讨江户思想史研究方法和范式的起点。

随后召开的一系列学术会议进一步推动和深化了美国对江户思想史的研究。比如在日本召开了由罗伯特·贝拉（Robert N. Bella）和丸山真男等这些日本和美国一流江户思想史研究者参加的会议，随后美国出版了 Japanese Thought in the Tokugawa Period, 1600 – 1868: Methods and Metaphors（《德川时代思想史研究》）。在夏威夷召开了有狄百瑞（William Theodore de Bary）等人参加的学术会议，会后出版了论文集 Principle and Practicality: Essays in Neo – confucianism and Practical Learning（《理学与实学》）。以上两个论文集的出版，推动了美国对江户时代思想史的研究，这些学者对江户时代思想史的解读方式、研究方法乃至对文献的整理，对后来江户时代思想史的研究，实际上是起到了奠基的作用。以上两个论文集的出版意味着在英语世界里江户时代思想史作为一个新的研究领域被确立了。

随后由于文献运用、方法论和内容解读的不同，美国对江户时代思想史的研究形成了风格迥异的三个学派：现代化学派、狄百瑞学派和新思想史学派。

现代化学派对江户思想史的研究可以说是最早也是最具影响力的。现代化学派关注的是江户思想这种思想观念在现代化变迁中的作用。现代化学派对江户思想的研究，实际上是用被称为近代思想和观念的标准去挖掘和甄别日本的对等物——江户时期思想,比如罗伯特·贝拉的 *Tokugawa Religion:The Cultural Roots of Modern Japan*(《德川宗教:现代日本的文化渊源》)。大体上现代化学派的著作一般都从传统和现代这两极去评价和界定江户时代日本儒学。

与现代化学派针锋相对且较注重江户儒学复杂的历史背景的是狄百瑞及其编著的《理学与实学》。该学派把江户思想视为一种能够产生运动和变迁的"传统"。除在研究方法上不像现代化学派那样抽象以外,在结论上,该学派也倾向于认为江户新儒学对日本的发展所起到的不是阻碍作用,因为新儒学自身也在变迁,并能够产生改革力量。该结论针对的是19世纪黑格尔和马克思、现代化学派以及日本学者丸山真男所谓的儒学停滞论。

狄百瑞式的研究方法在20世纪80年代后兴起的新思想史学派那里得到了巨大的回应。首先由凯特·中井(Kate Nakai)著述的 *Shogunal Politics:Arai Hakuseki and the Premises of Tokugawa Rule*(《将军政治:新井白石与德川统治的基础》)已经摆脱了现代化学派的影响,开始摒弃现代化学派那种传统和现代的两极分析框架,而是将研究对象置于更具体、更复杂的历史背景之中,而且不探讨其与现代化变迁的关系。

而赫尔曼·奥姆斯(Herman Ooms)在 *Tokugawa Ideology:Early Construct,1570-1680*(《德川意识形态:1570~1680年间的早期构建》)的著述中,进一步推进了狄百瑞式的研究方法。他认为狄百瑞的背景考察太广、太宽泛,反而不能够具体说明究竟发生了什么。在结论上,他认为狄百瑞在江户意识形态的构造中,将日本朱子学视为与中国一样或者说具有相似形式和作用的官方意识形态是错误的和不严肃的。另外,狄百瑞将日本朱子学的学问体系仅仅看作对中国经典字句上的重复，而没有看到日本朱子学学问体系的构筑中所体现出的日本问题和日本的权力关系。总而言之，狄百瑞没有看到朱子学在进入日本后所发生的变化以及这种学问体系的变化所蕴含的意义。在英语世界中有关江户思想史的研究比较有分量的还有 the Cambridge History of Japan, Volume 4 Early Modern Japan（《剑桥日本史 第四卷 近世日本》）。

从新思想史学派的研究中，可以看出此时江户思想史的研究已经摆脱了现代化学派那种探究江户思想史对现代化意义的研究范式，其对狄百瑞式研究方法的批判，也表明欧美学界对江户思想史的研究更加注重研究对象是什么、怎么样。西方学界中对江户思想史的研究学者不只限于美国，英国、加拿大、法国和德国的很多学者都有所涉足。

日本对江户时代思想史的研究始于近代。明治维新以后，日本学术界面临着基本的问题——如何在学术上说明日本与西方所定义的近代的关系。对此日本学术界大体上沿着两个方向进行了说明。一方面是"以日本的独特性对抗西方问题"，主张"国民道德论"，井上哲次郎的日本儒学研究大体可以归结为这一类；另一方面是以丸山真男为代表的学者试图从江户思想史中推导出日本近代主义的研究图式。在笔者看来，在近代日本对江户儒学史的研究中，不论是"近代主义"还是"反近代主义"式的研究，其初衷都是出于说明或者建构某种现实意识形态的需要，这一阶段对江户儒学史的研究，可以说与明治维新以来日本政治意识形态的建构息息相关。但是在这一时期也有一些不受意识形态干扰的江户儒学研究，比如大江文城的《本邦儒学论考》。

战后，与上述美国现代化学派研究相契合的是，日本对现代化的研究同样占据了其学术主流,其中尤以 1952 年丸山真男出版的《日本政治思想史研究》影响最深。丸山真男开创了以江户思想史为研究对象,并以此与日本的近代化建立关联的研究范式。受丸山真男的影响,在对江户日本儒学探讨中,日本学界主要将注意力集中在日本朱子学和日本古学的关系上,并以此构建出一种存在于日本朱子学和日本古学间"连续"意义上的转换,这种转换大多被贴上了近代主义的识别标签。尤其值得一提的是,在日本朱子学向日本古学转换的探讨中,最终落脚点绝大多数都停留在徂徕学身上。相应的,这一时期不论是日本还是美国,其对日本现代化的研究都集中体现在对徂徕学的解读上。正因为如此,这些学者视野中的日本朱子学,在绝大多数情况下是被作为徂徕学的前提而被置于否定的地位的。

在江户日本儒学研究领域,对日本的近代化大体有两种范式的解读。首先是丸山真男的"近代化论",再就是尾藤正英式样的"日本特殊论"。丸山真男认为日本朱子学从脱离佛教到作为官学后开始分解,并促使了具有近代意义的徂徕学的产生,正是徂徕学开启了日本向近代思维的演进,徂徕学的产生被视为世界史意义上的普遍近代主义思想的萌芽。而尾藤正英在其《日本封建思想史研究》中认为,不是因为丸山真男的这种普遍的近代图式,而是从朱子学在日本所受到的挫折和近世日本社会的特殊论来说明和评价日本儒学,使得日本儒学研究更明确地与近代化对接。

可以看出,在近代化的目的下,对近世日本朱子学的研究绝大多数是从所谓克服与否定等立场着手的。但是这种近代化目的也遭到了一些人的批判,比如黑住真的《近世日本社会和儒教》等。

与此同时，尽管受到近代化的影响，但是对日本朱子学的研究本身仍与为近代化目的作注解的研究范式保持了一定距离，如相良亨的《日本的儒教》等。这些研究大多关注的是日本哲学史意义上观念和逻辑上的变迁，比如探讨日本朱子学中以"敬"为中心的儒学和以"诚"为中心的儒学之间的关系。

这一时期也有一些从历史角度探究江户时期朱子学存在的事实和背景的著作。比如阿部吉雄的《日本朱子学与朝鲜》、源了圆的《近世初期实学思想的研究》等。其中日本历史学会编集的《人物丛书》，涵盖了林罗山、藤原惺窝、伊藤仁斋、新井白石、山鹿素行等人物的研究，从人物的生平经历和历史背景角度研究其思想，其中的某些事实考证对先前一些理所当然的认识和结论给予了有力的冲击。

同样依据事实角度给予以往想当然的结论冲击的，还有今中宽司的《近世日本政治思想的成立》与和岛芳男的《日本宋学史的研究》。其对以往的日本朱子学的源流及其政治意义提出了很多批判性认识。

最后值得一提的还有日本马克思主义者的研究著作。战前日本马克思主义者就对"日本道德论"进行抨击，战后其同样保持了这一学术特色。其中代表性的有永田广志的《日本哲学思想史》和《日本封建制意识形态》等。

中国对日本朱子学的研究起步较晚且有所中断，但是比较自成体系，主要从中国朱子学和日本朱子学的学术渊源上进行比较研究。新中国成立后，开始系统研究江户儒学的是朱谦之，其代表作有《日本哲学史》、《日本的朱子学》和《日本的古学及阳明学》这三部。这三部著作除在研究角度上比较注重阐释日本朱子学与中国朱子学在学术渊源上的关系以外，在研究方法上采用马克思主义的方法，这一点与永田广志等日本马克思主义者的哲学研究比较相近。在20世纪90年代，王家骅的《儒家思想与日本文化》和《儒家思想与日本的现代化》的出版，表明中国对江户儒学的研究达到了一个新的水平。韩东育的《日本近世新法家研究》从学术上厘清了徂徕学与中国儒学的渊源，其著作得到中国和日本学者的广泛关注，对"二战"后日本对江户儒学研究比较偏重近代意义的徂徕学做出了回应。中国大陆对江户日本思想史的研究还有王中田的《江户时代与日本儒学》、王青的《日本近世儒学与近代化的思想渊源：以荻生徂徕为中心》、潘畅和的《古代朝鲜与日本儒学特质及其成因比较》、王维先的《日本垂加神道哲学思想研究》、龚颖的《"似而非"的日本朱子学：林罗山思想研究》，以及张立文、李甦平主编的《中外儒学比较研究》、北京日本学研究中心文化研究室编著的《近世日本思想文化交流论集》等较有分量的专著。中国台湾学界对江户时代日本儒学的研究有张鹤琴的《日本儒学序说》、郑樑生的《朱子学之东传日本与其发展》、黄俊杰的《东亚儒学史的新视野》、戴瑞坤的《中日韩朱子学阳明学之研究》、张宝三和徐兴庆编著的《德川时代日本儒学史论集》等著作。

江户时代日本儒学就是以日本朱子学为起点发展起来的，日本朱子学无疑是江户时代思想体系的重要组成部分之一，但是自明治时代以来日本学者对江户时期日本朱子学的研究褒贬不一，没有定论。比如井上哲次郎就对日本朱子学持有积极肯定的态度，他认为日本近代的成功，很大程度上是与江户时代日本朱子学有关系的。除此以外，井上哲次郎对朱子学的宣扬与日本"国民道德"的建构密切相关。而在丸山真男的视野中，江户时代日本朱子学却不具有类似井上哲次郎认为的肯定意义，相反，他的思维着眼于对江户时期朱子学的否定，即恰恰是江户时期朱子学的分解过程，才导致了具有近代意义的徂徕学的形成。对于江户时期日本朱子学的研究中出现如此多的分歧，基于个体的偶然的因素姑且不论，这里面显然能够看出来，处在现实中的研究者与处在历史中的被研究对象之间的相互"作用"的关系，而研究者和被研究对象"作用"的结果就是，多样的甚至是充满了分歧和对立的日本朱子学样态的产生。

这种多样甚至是充满了分歧和对立的日本朱子学样态的产生，其思维运动的轨迹如图 1-1 所示。其中纵轴 T 代表的是时间，横轴 S 代表的是空间，这样在时间和空间坐标系下显然能确定出朱子学（以 Z 代表）的存在来。作为历史存在的 Z 显然是确定的，不过现实中研究者（以 R 代表）对历史存在的 Z 进行的研究，是以一种主动的、自觉的（这里的主动和自觉并不完全的等同于不可捉摸的随意性，而是指 R 往往受到价值标准等现实因素影响其对史实的界定和判断）方式进行的，而作为历史存在的 Z 对现实存

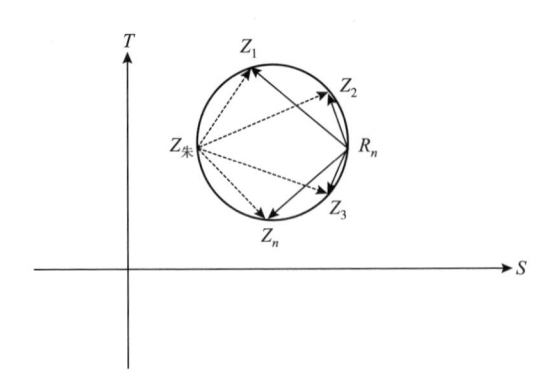

图 1-1 关于日本朱子学样态的思维运动轨迹

在的研究者 R 的"反作用"却是以非主动、非自觉的史实存在来回应的。也就是说，R 在对 Z 的认识过程中是有选择性的，因此导致 n 个研究者就会相应地产生出多样的甚至充满了分歧和对立的日本朱子学样态（Z_n）来。

第三节 本书的研究思路与框架

本书研究的是近世日本朱子学的确立，以往的研究多认为近世日本社会环境的变化促成日本朱子学的确立。比如丸山真男在论证的时候提到了主观条件和客观条件这两方面促使了日本朱子学的兴盛。"一方面是因为，江户封建社会乃至政治结构，在类型上可以同成为儒学前提的中国帝国的结构相对照，这样，儒学理论也就被置于最容易适应的状态中；另一方面是因为，与以前的儒学不同，在近世初期，儒学从思想上进行了革新。我们把第一方面看成近世儒学兴盛的客观条件，把第二方面看成它的主观条件。"[①] 还有阿部吉雄认为是因为德川家康的好学、日本侵略朝鲜的文禄庆长之战的影响以及适合朱子学勃兴的社会背景等促成了朱子学在日本的兴起。[②] 诸如此类都是按照丸山真男式样的、基于主观条件和客观条件等外在层面去阐释日本朱子学的勃兴。

但是这种从有利于日本朱子学产生的主客观条件去论证的方法首先遭到了史实层面上的质疑。比如尾藤正英认为，德川家康

---

① 〔日〕丸山真男：《日本政治思想史研究》，王中江译，生活·读书·新知三联书店，2000，第5页。
② 参见〔日〕阿部吉雄《日本朱子学与朝鲜》序章《日本朱子学勃兴的情况和原因》，东京大学出版会，1965。

对学问的关心以及在其资助下出版的书籍都不是限定于朱子学的，录用林罗山也是遵循了室町时代以来利用有学识的僧侣的传统，为此其要求林罗山剃发为僧取法名为道春，但幕府并不承认其朱子学者的身份和思想。① 而渡边浩在其《近世日本社会与宋学》一书中，不但对诸如丸山真男、阿部吉雄等人所认为的有利于或者说直接促使了日本朱子学勃兴的主客观条件进行了针锋相对的批判，其还直接从史实层面上考证出，实际上近世日本社会中对日本朱子学的产生还存在很多不可回避的阻碍条件。这些学者对近世日本社会背景的考证，说明近世日本社会所"提供"的主客观条件对日本朱子学的产生并没有起到那么乐观的催生作用。这样就使得通过外在原因来说明近世日本朱子学的产生这种论证方式的有效性更加难以令人信服了。

笔者认为上述那种通过探寻有利于或者说促使日本朱子学勃兴的条件的论证方式，可以通过图1-2表示出来。在图1-2中，Z代表日本朱子学，T代表有利于或者促使日本朱子学产生的条件。

很显然，作为条件的T的运动方向都是指向Z的，即都认为是T有利于或者说促使了日本朱子学的产生。在这种逻辑下对日本朱子学勃兴的研究，笔者并不是要予以全盘否认，不过显然这种逻辑是将日本朱子学视为"客人"，而将日本社会视为"主人"，认为只要"主人"准备了足够的条件欢迎"客人"，"客人"就一定会在"主人"所准备的条件下"住"下来。但仔细剖析就会得

---

① 〔日〕尾藤正英：《日本封建思想史研究：幕藩体制的原理和朱子学的思维》，青木书店出版社，1986，第27~30页。

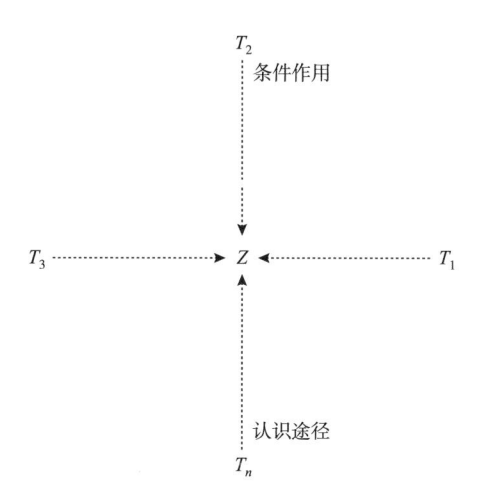

```
                T₂
                ┆条件作用
                ┆
                ↓
    T₃ ┈┈┈┈→ Z ←┈┈┈┈ T₁
                ↑
                ┆
                ┆认识途径
                T_n
```

图 1-2　关于日本朱子学勃兴的条件认知

知"客人"显然不会完全因为"主人"的欢迎就"住"下来，如图 1-2 所示的认识途径显然是一种一厢情愿的行为。

因此探寻日本朱子学的确立，尽管近世社会所提供的条件不能无视，但显然不能简单地将这些条件的具备自然就视为日本朱子学的产生。这些近世日本社会所呈现的主观或是客观条件都是日本朱子学产生的必要条件，而不是逻辑意义上的充分条件。笔者试图用一种"反客为主"的研究方法，以日本朱子学本身为研究中心，借此恢复日本朱子学在其确立过程中应有的主体地位。

如图 1-3 所示，笔者认为日本朱子学的确立是以朱子学（以 Z 代表）为主体的，是其自觉和主动向日本社会的相关层面（以 C 代表层）辐射和传播的结果。在向近世日本社会各个相关层面辐射的过程中，日本朱子学与日本各个相关层面建立了事实上和意义上的关联。这种关联改变了以往日本社会各个相关层面的存在结构，出现了不同程度上依托朱子学学说对各个层面进行界定或者说受朱子学学说影响的局面。其体现在图1-3上就是Z与C_1，C_2……C_n作用之后会形成ZC_1，ZC_2……ZC_n的构造。作为日本朱子学与近世日本社会各个相关层面建立关联的结果ZC_1，ZC_2……ZC_n的构造的形成，就意味着日本朱子学在这些层面上宣告了其确立。

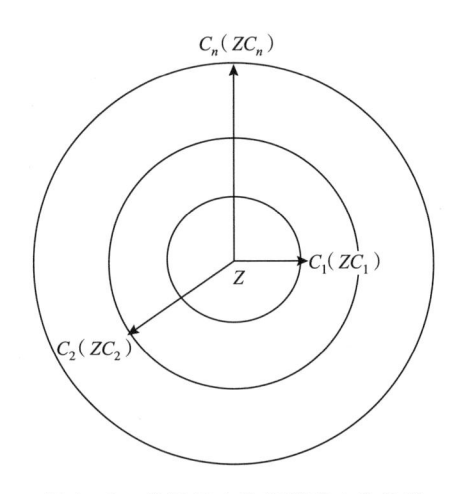

图1-3 关于日本朱子学确立的构造

进一步说，笔者认为日本朱子学的确立不只是一个与时间继起的过程，即一般意义上随着时间流动而使得日本朱子学日渐确立的过程。时间或者说是时代背景所提供的条件只是日本朱子学确立的可能，并不能代替日本朱子学为主体的自身的实践努力。对于日本朱子学的确立而言，更重要的是直接逻辑意义上的过程，即日本朱子学者如何实现自身对朱子学的信奉，进而在信奉朱子学的基础上，自觉将朱子学说向日本社会相关各个层面进行传播和辐射，以期建立日本朱子学与近世日本社会相关各个层面的关联。正是基于以上思路，笔者拟从以下五个方面来说明日本朱子学如何通过向近世日本社会层面的辐射而得以确立的过程。

首先在第二章要说明的是日本中世时期朱子学的存在情况。

源自中国的朱子学早在日本中世时期就已经由禅僧引入日本。但是朱子学在日本中世时期存在着这样的尴尬境遇，即中世时期并没有像江户时代那样的日本朱子学者阶层，因此在日本中世时期朱子学处于一种没有朱子学者承载的被动局面。因此本章主要介绍了在日本中世时期朱子学所依托存在的日本禅儒一致构造，以及在日本的禅儒一致构造下，禅僧视野或者说在禅僧的理论建构中朱子学所处的地位和作用。除此以外，还介绍朱子学传入日本以后，以公家和博士家为代表的日本旧有儒学基础与禅僧所单向度界定下的禅儒一致构造的"互动"，对中世朱子学在日本的存在有何影响。

在第三章笔者着眼于基于个体的日本朱子学者如何产生。不言而喻，近世日本朱子学者的确立，大大改变了日本中世时期没有朱子学者的朱子学存在局面，从此朱子学在日本的存在进入了由日本朱子学者界定和向外辐射和传播的局面。就这个意义上而言，日本朱子学者的产生对日本朱子学的确立，无疑起到直接逻辑意义上的促进作用。在日本朱子学者如何产生这个问题上，涉及这些最初与禅宗有所关联的学者向信仰朱子学转变的过程，以及在这个过程中当时日本社会背景所起到的作用。然而，日本社会整体上是消极地看待和应对日本朱子学者的产生的。

在第四章笔者着眼于日本朱子学者在面对整体日本社会层面对朱子学以及日本朱子学者的消极态度所采取的本土化叙述策略。因为日本朱子学者在个体意义上的或者在小范围内知识群体内的确立，并不等于或者说同步于在整体日本社会层面上的确立。为此，日本朱子学者将朱子学向外辐射的一个重要方向，就是与当时作为日本主要的甚至是固有的思想文化体系建立关联。本章介绍了日本朱子学者将朱子学与日本佛教、日本历史和日本神道建立意义上的关联，以便通过对固有思想文化体系的界定，主动创造出日本的朱子学样态，借此实现朱子学在日本的语境转换。除了日本朱子学者主动地将朱子学向日本佛教、日本历史和日本神道等领域辐射以外，日本朱子学者还感受到了朱子学的中国特性与日本现实社会的距离，并采取了应对策略。日本朱子学的本土化叙述策略是日本朱子学走出个体的朱子学者或者小范围内的知识群体在日本社会层面确立的重要步骤。

在第五章笔者关注的是日本朱子学在确立过程中与日本政治权力所建立的关联，即以何种方式借助德川幕府政治权力来实现日本朱子学的组织和制度存在方式的确立。由于政治权力和政治秩序无疑对整个社会层面都有塑造作用，所以日本朱子学者通过主动借助与德川幕府政治权力建立关联，一方面实现了日本朱子学的制度存在方式的确立，另一方面还有利于日本朱子学对日本社会的辐射和传播。本章主要介绍的是，林罗山及其林门后代如何在德川幕府层面上，先是实现使其朱子学者特质被接受，然后促使德川幕府以行政力量通过官学校这种组织和制度的方式，来使日本社会接受日本朱子学的辐射和传播。

在第六章笔者关注的是体现在藤原惺窝、林罗山和山崎暗斋那里的日本朱子学与朱子学的关系。尽管这些日本朱子学者对朱子学大多采取祖述的态度，但是体现在这里的日本朱子学者的哲学偏向和朱子学还是有所距离的。即日本朱子学者的朱子学并不完全是中国朱子学的复制物，其中也体现出日本朱子学者的哲学自觉。体现在日本朱子学者中的哲学自觉是，日本朱子学具体以什么哲学形式把握世界，这也是日本朱子学确立的重要维度之一。

第二章
朱子学在日本中世的依附性存在

在日本中世时期，由日本的入宋僧和东渡的中国禅僧将朱子学引入日本。但这些禅僧至多是把朱子学相关的新注书引入日本，因而并不能简单地把这些禅僧视为纯粹的朱子学研究者，更不能据此乐观地说明朱子学在日本的存在和发展情况。在日本的王朝时期，其对中国儒学的吸收以世俗的贵族力量为主体，甚至形成了专门的学校制度来承载儒学。但是从日本中世时期对朱子学的引入和吸收情况来看，作为直接承载朱子学的儒学者并不存在，即便是日本的儒学已经有了一定的基础。反而是在日本临济禅宗建立和发展的过程中，在禅儒一致的构造下，朱子学能以被动的他者形式存在着，由五山禅僧间接地承载着朱子学，并使其缓慢地波及日本原有的儒学基础。因此可以说，日本禅儒一致的构造特点和变化情况，在很大程度上决定了朱子学在日本的存在和延续情况。

第一节 日本临济禅宗的确立与禅儒一致构造

一 中国朱子学的形成与日本儒学的衰落

日本王朝时期就已经开始了对中国儒学的吸收，并有专门的承载者——博士，甚至还有专门的学校制度。另外，儒学所主张的价值体系也是维持王朝统治的理念之一。因为日本这一时期对中国儒学的吸收，基本上与王朝权威密切相关，与贵族对中华文化的仰慕心态有关，所以其对中国儒学吸收的节奏和幅度都取决于王朝的政策和态度。就儒学在这一时期的存在方式而言，其与同样是外来价值体系的佛教不能比肩而立。因为佛教在被日本上层社会接受的同时，自身并没有仅仅作为政治权威的附属物而存在。就佛教在日本活跃的文化和社会空间来看，其要比儒学大得多、深入得多。佛教整体上对日本社会浸透的程度，要远远超过只是服务于贵族或者说只是以贵族为其承载者的儒学，可以说这一时期的儒学是依附于王朝的权威而存在的。王朝通过中央集权而能对社会进行全面的控制，甚至使社会各个子系统依附于中央政权而存在，因而天皇朝廷有能力来提倡和扶植某种价值系统，中国儒学被日本接受就是在这种逻辑下实现的。但是随着王朝权威的衰败，在以王朝为核心的统治秩序无法得到保证的时候，这就会导致与王朝权威直接相关的各个子系统都无以为继，主要服务于王朝贵族的儒学后来走向衰落就缘于此。随着王朝的衰落，学校制度无以为继，最终儒学的承载已经萎缩甚至其沦落为少数博士家的家学。在博士家学中，儒学也失去其原有道学价值体系的本质，只是被博士家们通过辞赋记诵这些技术形式来延续着。王朝衰落后的儒学只是作为博士家的家学被延续，不仅比王朝时代的儒学规模要萎缩了好多，而且也比王朝时代更加封闭。总之，衰落的日本儒学不具有流动性，也没有自我更新的可能性。

而中国汉唐儒学经过宋儒学者们的努力并由朱熹（1130～1200）集大成从而产生了新儒学——朱子学。朱子学在论证儒家道德的方法上，借鉴了佛教和道教的思想方式，从本体论、认识论等哲学角度确立了道德形而上学的基础，这样"儒家的伦理原则哲学化了，使其上升至宇宙本体的地位，从而由哲学的高度论证了封建伦理道德的合理性"。① 从儒学发展史来看，宋儒们对儒学的这种解读方式日渐占据了儒学话语的主流后，由孔孟儒学、汉唐儒学向朱子学的转变完成了。儒学向朱子学这种解读方式的转变，对宋儒以后的儒学者而言，朱子学就等同于儒学正统，朱子学对儒学经典的解读方式是不可回避的儒学教科书。甚至可以说，宋儒以后儒学者们的儒学视野和理论的展开都需要通过朱子学这个媒介来进行表述。这也可以从宋儒以后中国儒学的发展趋向上得到证明，不但是在那些祖述朱子学的儒学者们那里，就是在批判朱子学的儒学者那里也是如此，如王阳明（1472～1529）在批判朱子学的基础上创立了阳明学。

朱子学在中国产生以后，东亚儒学世界也相继进入了引入和吸收朱子学的阶段，并使朱子学在本土实现语境转换，以便建立具有地域性特色的朱子学。对日本而言，日本天皇朝廷衰落以后，日本的武士团体及幕府机构实际上成为日本权威和力量的代表。对于武士及幕府机构而言，因其专于武力权威，尽管可能对作为文化和价值体系的儒学有着兴趣，但是这种兴趣不论是对武士的行为方式，还是对幕府的运营而言，都不是首要的。所以，幕府和武士对中国朱子学所实现的对儒学解读方式的转换显得迟钝、不敏感。进一步说，他们可以对来自中国的文化发生兴趣，但是这种兴趣不一定借此转化为促使日本吸收朱子学，也无法帮助朱子学构建王朝时代式样的辉煌。因此对进入了日本中世的朱子学而言，幕府和武士并没

---

① 王家骅：《儒家思想与日本文化》，浙江人民出版社，1990，第80～81页。

有起到如天皇朝廷对儒学的提倡和扶植那样的作用。

而失去权威的天皇朝廷显然更不具有帮助日本吸收朱子学和实现朱子学在日本中世社会确立的可能了。视儒学为家学并且只是专于记诵之类的博士们，其崇信的儒学还是汉唐儒学，其对儒学的传承体现在记诵辞赋等技术层面上，另外这些博士的儒学知识对外只是作为天皇的侍读而发挥着作用。因此日本朝廷时代遗留的儒学知识无疑具有封闭性，而不是流动性的，其不仅对外界的辐射有限，而且对外界的变化反应亦不敏感。这种构造导致日本既有的儒学基础对中国朱子学所实现的儒学转换的反应是迟钝、消极和被动的。博士家儒学与朱子学的距离，不仅仅是学问体系上的差别，更多的是因为后王朝时代儒学内在构造上无法自然地、直接地与朱子学建立联系。因此，尽管中国实现了汉唐儒学向朱子学的更新和转换，但是日本既有的儒学基础不但自身无法更新，甚至对中国朱子学的产生也不具有敏感性。而就朱子学在日本的存在而言，其实际上是在另一种更迂远的方式下进行，即由禅僧们在禅儒一致构造下实现的。

二　日本临济禅宗的确立方式与朱子学进入日本

日本临济禅宗主要是在日本的入宋僧和东渡的中国禅僧共同努力下建立的。禅宗在日本的兴起主要是通过如下两种方式实现的。第一种方式是由旧日改良主义者发起的对禅宗主动地寻求，这种不是以单纯的禅宗引入为目的，莫如说是作为对旧佛教的救治手段而采用禅宗的，没有与旧宗教断绝关系。[①] 其代表人物是日

[①]〔日〕川崎庸之、〔日〕笠原一男：《体系日本史丛书18》，《宗教史》，山川出版社，1981，第193页。

本禅宗的开山祖师明庵荣西（1141～1215）。明庵荣西在入宋之前是一位通晓显密的天台宗僧人，入宋接触到临济禅宗以后，回到日本开始提倡临济禅宗。其著作《兴禅护国论》就是基于对旧佛教的改良而提倡禅宗的。他认为："镇护国家门者，仁王经云：佛以般若付嘱现在未来世诸小国王等，以为护国秘宝文。其般若者禅宗也。谓境内若有持戒人，则诸天守护其国云云。"① 接着以问答的形式表述道："问曰：或人难云，何禅宗独为镇护国家法耶？答曰：四十二章经云，尔时世尊既成道已，作是思惟，离欲寂静，是最为胜。住大禅定，降诸魔道。令转法轮度众生文。遗教经云，依因此戒，得生诸禅定，及灭苦智惠文。是知非禅力者，一切恶难破乎。仍以此宗为镇护大要而已。"② 从中可以看出他从天台宗僧人出发而接受临济禅宗的轨迹，即带有浓重的天台宗色彩。因为在"最澄之后，日本天台宗盛传密教，特别重视'镇护国家'、'积福灭灾'为目的的祈祷、读诵和秘密修法等"。③ 因而可以说，明庵荣西尽管被视为日本禅宗的开山祖，但是其禅宗带有很浓重的天台旧佛教痕迹，不能被视作纯粹的禅宗。同样是从旧佛教出发主动接纳禅宗的还有日僧圆尔辩圆（1202～1280）。在其25岁那年（1226），"师（即圆尔辩圆，笔者注）自忖云：今其东壤学者以心为指南，肤浅如此，我心谁依？当往宋朝访宗匠，于是始蓄渡宋之心"。在其32岁的时候（1233），"……亲闻显密二宗，不

---

① 〔日〕市川白弦、〔日〕入矢义高、〔日〕柳田圣山校注《日本思想大系16 中世禅家的思想》，岩波书店，1972，第100页。
② 〔日〕市川白弦、〔日〕入矢义高、〔日〕柳田圣山校注《日本思想大系16 中世禅家的思想》，岩波书店，1972，第106页。
③ 杨曾文：《日本佛教史》，浙江人民出版社，1995，第121页。

为无得,是故已登传灯大阿阇梨位,然教外宗旨未领厥旨此凤缘稍老,尔愿欲往宋访寻知识"。① 文中"教外宗旨"显示出了圆尔辩圆想要入宋学习禅宗。尽管圆尔辩圆也是台密兼学的僧人,但是其回到日本以后就开始不遗余力地提倡禅宗。值得一提的是,圆尔辩圆为后嵯峨天皇讲解了《宗镜录》,为幕府执政者北条时赖讲解了《大明录》。《宗镜录》讲述的是关于教禅融合的道理,而《大明录》讲述的则是关于儒、道、佛三教一致的学说,其中关于儒教的部分较多地引述了二程的学说。实际上自日僧圆尔辩圆以后,从旧佛教出发吸纳禅宗的方式就此终结,而其主要是通过第二种方式,即在中国禅宗的直接影响下日本禅宗被动地确立。②

在谈及日本禅宗确立的第二种方式时,需要指出的是,禅宗发展到了宋朝时已经对最初的"不立文字、教外别传、直指人心、见性成佛"的形式有所改变,其中有向着教禅融合和禅儒一致演进的趋向,也就是说此时的临济禅宗已经开始走向文字化、教团化和世俗化了。对于临济禅宗而言,关于禅儒一致的论说和立场更是其重要的组成部分。因此东渡的中国禅僧自然将临济禅宗关于禅儒一致的论说和立场带到了日本,并使之成为日本临济禅宗的重要传统。在日本临济禅宗的确立过程中,亲自东渡日本传授临济禅宗的有中国禅僧兰溪道隆(1212~1278)、兀庵普宁(1179~1276)、大休正念(1215~1289)、无学祖元(1226~1286)、一山一宁(1247~1317)等,他们在传播临济禅宗时都坚持禅儒一致构造。比如兀庵普宁说:"天下无二道,圣人无两心,

---

① 〔日〕虎关师炼编《圣一国师语录》,1417,第8、10页。
② 〔日〕川崎庸之、〔日〕笠原一男:《体系日本史丛书18》,《宗教史》,山川出版社,1981,第196页。

若识得圣人之心，即是自己本源自性。"① 再如大休正念认为："然儒、释、道三教之兴，譬若鼎鼐品分三足，妙应三才，阐弘万化，虽门庭施设之有殊，而至理所归之一致。"② 还有无学祖元的塔铭上记载着："佛光（祖元号也）起乎会稽，赴平氏招日本地近又适其时，呜呼佛光亦忠孝人哉……孔释虽异，忠孝则同，孰知我元参天配地、孔释并隆无远不至。"③ 由此可见，东渡的禅僧在弘扬临济禅宗的时候，也把禅儒一致的立场和论说介绍到了日本。

这时临济禅宗所谓的佛儒一致，其论说和立场并不是朱子学产生以后才开始的。事实上，唐朝以后佛、儒、道之间的理论就开始交叉并互相融合，因此南宋时期的佛儒一致构造中儒的部分，应该主要是孔孟儒学和汉唐儒学，尤其包括对儒学排佛论的回应。而此时朱子学的理论也才刚刚完成不久，因此即便是在当时的儒学领域里，朱子学的理论也还是处在逐渐被接受的阶段，远远没有达到实现更新或者取代孔孟儒学和汉唐儒学，而成为儒学代表的程度。因此这时即便是在中国禅僧的禅儒一致构造中，儒的部分还不能说就是朱子学。这也可以从上文所引东渡的中国禅僧关于禅儒一致的论说中得到印证。从中国禅僧兀庵普宁、大休正念、无学祖元的言语中提及的"道""圣人""儒、释、道""忠孝""孔释虽异，忠孝则同""孔释并隆"这些词所指进行分析，其儒佛一致中儒的部分主要还是停留在传统儒学上，并没有马上转向

---

① 朱谦之：《日本的朱子学》，人民出版社，2000，第42页。
② 郑樑生：《朱子学之东传日本与其发展》，台北文史哲出版社，1999，第127页。
③ 〔日〕伊地知季安：《汉学纪源》，《续续群书类丛第十》，续群书类丛完成会，1969，第572页。

新儒学——朱子学。

　　但从临济禅宗角度出发的禅儒一致立场和论说来看,"这种思想广布,禅僧们修养体系中的儒学之比重便自然增加,研读儒书正当化的理论根据也从而产生"。① 所以当朱子学的理论形成并渐渐在儒学学问领域取得主导地位后,禅僧自然就会对朱子学进行关注。不消说已经受过朱子学熏陶的东渡中国禅僧那里,事实上,从圆尔辩圆开始,禅僧们所携带的书中,就有很多朱子学的新注书。② 这样朱子学的论说和立场很自然地被介绍到了日本,但这并不能被视为严格和纯粹意义上的朱子学的传播,应该说在禅儒一致构造下,朱子学作为一种不可回避的他者,在日本禅宗的确立过程中也被引入了日本。

　　在日本临济禅宗的确立过程中,以幕府和天皇朝廷贵族为代表的世俗力量起到了非常重要的作用,这体现在这些世俗力量接受禅宗并促成五山禅寺③的建立方面。当时有名的禅僧都与世俗力量有着密切的交往,可以说幕府、天皇和贵族等都是日本禅宗的重要传播对象,日本临济禅宗的传播途径,显然是走上层路线而不是主要向民众等下层传播。比如东渡的禅僧兰溪道隆被宽元上皇召见的时候,就做了一个偈表明心迹:"夙缘深厚到扶桑,忝主精蓝十五霜,大国八宗今鼎盛,建禅门废仰贤王。"④ "仰贤王"表明的是希望得到权力阶层的支持。

---

① 郑樑生:《日本五山禅僧的儒释二教一致论》,台湾《淡江史学》第5期,第88页。
② 〔日〕大江文城:《本邦儒学史论考》,全国书房,1944,第10~11页。
③ 日本的五山十刹制度是模仿南宋的官寺制度而建立的,日本在发展过程中,建立了镰仓五山和京都五山以及位于五山之上的南禅寺。
④ 《日本高僧传要文抄 元亨释书》,载〔日〕黑板胜美编《新订增补国史大系》第32卷,吉川弘文馆,2004,第104页。

当时日本不论是朝廷还是幕府，对于禅宗都是扶植和支持的。这体现为日僧明庵荣西完成《兴禅护国论》的第二年，其就被幕府请为担任供养不动明王的法会导师，后来明庵荣西在幕府的支持下开创了五山官寺的建仁寺和寿福寺。日僧圆尔辩圆传播禅宗更是卓有成效，他使后嵯峨上皇、后深草上皇、龟山上皇和幕府掌权者北条时赖都受"禅门菩萨戒"，并在幕府掌权者北条时赖的支持下，先后主持寿福寺和建仁寺，开创五山官寺东福寺。而东渡中国禅僧兰溪道隆也受到北条时赖的赏识，兴建了五山官寺之建长寺。兰溪道隆死后，幕府掌权者北条时宗甚至聘请中国禅僧主持建长寺，中国禅僧无学祖元接受聘请赴日。后来北条时宗建立五山官寺之圆觉寺，聘任无学祖元为开山住持。因此，从五山官寺的建立过程中可以看出，在日本禅宗的确立及其发展过程中，以幕府为代表的世俗力量一直起着积极的作用，并在很大程度上决定着禅宗的发展。也由此，五山禅僧在天皇和幕府所代表的上层社会中很有影响力，五山文化在很大程度上也得以左右日本中世的文化。后来朱子学日益被公家学问体系所了解，就是五山文化与公家学问体系交往的结果。

第二节　最初日本禅儒一致构造下朱子学的否定性存在

一　日本思想环境与日本禅僧对朱子学的单向度界定

受中国临济禅宗的影响，在日本禅宗确立的同时禅儒一致的论说和立场也被带到了日本。但即便是在中国，禅儒一致构造也不意味着禅宗与朱子学能够无矛盾地存在着，实际上朱子学和禅宗之间的关系是一种对手意义上的相互界定关系。进一步说，就是对朱子学而言，尽管其在理论的形成上吸收了佛教的一些理论，比如说，朱子学对理、性等范畴的使用上与禅宗很相近，居敬穷理的修为方法与禅宗的打坐见性有相通之处，但是朱子学在界定禅宗的时候，因为其主要基于儒学的道统立场，所以对禅宗持排斥态度。对禅宗而言，其面对朱子学排佛立场的时候，采取了禅儒一致构造的策略。在禅儒一致构造下，其对朱子学排佛立场的回应大体采取了两种态度：一种就是包容，即强调朱子学和禅宗的一些相近性；另一种就是驳斥，即认为朱子学的排佛，是因为没有领悟禅宗，没有领悟到禅宗与朱子学的一致性。

但是在日本，朱子学只是在禅宗的建立过程中受中国禅儒一致构造的影响才得以进入日本的。因而可想而知，在禅儒二者关系的界定上，不可能存在中国那种势均力敌的对手关系。相反，在日本，朱子学和禅宗的关系实际上只是被日本禅僧所主导，是从禅宗出发单向度地界定朱子学。在这种情况下，日本禅僧如何应对朱子学鲜明的排佛立场和理论，这是在东渡的中国禅僧影响日渐消失以后，日本禅儒一致构造所要面临的问题。

当时，儒学的日本承载者本身与佛教势力相比是处在弱势地位的。例如，日僧圆尔辩圆作为禅宗的传播者，曾讲解主张儒、道、佛三教一致的《大明录》，但从他诘问当时著名儒者菅原为长中，可以看出他对儒学的轻视。"菅谏议为长，世业伟才，为时儒宗，尝曰：三教之于震旦也，随时陟降。此土儒学不及释之远矣，是搢绅之耻也，常奋之。闻尔之粹于释门，颇志抗衡。大相国听菅之言，欲见其能焉。异日与尔道话庄严院，谏议来谒，大相国为地也。寒温已，大相国曰：菅公本朝大儒，常衔释压儒，今两雄相遇，输赢可占耳。尔曰：承闻菅公从事儒术，是不？谏议色庄而曰：然。尔曰：我法之中佛佛授手，祖祖相传，不因师授为虚设焉，以故某自世尊五十五世，达磨以来二十七叶，强弩之穷矢，虽不穿鲁缟，犹以系受称释子，以释例儒，恐亦当然，不知公于孔子几世乎？谏议箝口而退，谓人曰：我欲与尔师角道义，彼以世系为言也，而我已陷重围中耳。"① 从中不难看出圆尔辩圆对儒学和当时日本儒者的蔑视，而菅原为长所代表的儒者却无力回应禅僧的诘难。

日本五山禅僧虎关师炼（1287~1346）对当时日本学术环境的认识是，"我日域纯大无小，其俱舍成实者备学而已，不立宗焉，有儒而无老庄，老庄之书又备于学而已，不立家焉，只儒有数家焉，而不与我竞，盖虽魔魔民，皆护佛法之谓乎"。② 从日僧圆尔辩圆和虎关师炼的描述中，可以看出日本禅儒一致构造实际上处于儒学不振的思想环境中。中国临济禅宗的禅儒一致构造所依托的思想环境是建立在两个基础之上的：一个是自韩愈以来儒学从道统出发而形成了鲜明的排佛立场，到了朱子学的时候，这种排佛理论已经基本构筑完毕，给临济禅宗的存在造成了很大的压力；另一个就是临济禅宗的传播对象是知识阶层，而不是下层民众，因而可以说它是贵族宗教。所以临济禅宗为了靠近具有深厚儒学背景的儒者，就要通过联系朱子学来说明禅宗，因而其采取禅儒一致的论说和立场，以说明禅宗的存在与儒学并不相悖。

但是在日本临济禅宗确立的过程中，不但在学说体系上没有

---

① 《日本高僧传要文抄 元亨释书》，载〔日〕黑板胜美编《新订增补国史大系》第32卷，吉川弘文馆，2004，第111页。
② 〔日〕北村泽吉：《五山文学史稿》，富山房，1942，第104页。

主张排佛的儒学压力，甚至也不存在能够与禅僧们争夺儒学解读话语权的儒者。尽管日本在天皇朝廷贵族那里已经有了基本的儒学基础，也有专于儒学的博士家，然而在博士家那里的儒学是世袭的和封闭的知识，而不是流动性的知识。这就导致了在禅僧将朱子学引入日本的时候，博士家的儒学在很大程度上与新儒学——朱子学的距离，要远于日本禅僧与朱子学的距离，显然这更不存在博士家接受朱子学排佛的道统立场来抗衡禅宗的可能。因此在日本的思想环境内，五山禅僧们针对朱子学的排佛立场有着很强的主动性，其可以从禅宗立场单向度地界定朱子学，可以相对容易地确立起对朱子学的排斥态度，而不需要像中国禅僧那样努力地对朱子学进行包容。笔者在此以日本本土的禅僧为中心，从上述角度来探究日本禅儒一致构造下朱子学在日本的际遇。

二 日本禅僧对朱子学的驳斥

镰仓时期日本临济禅宗中与朱子学有较深关系的是一山一宁派。井上哲次郎认为："如正安元年宁一山来朝，传以宋学则无疑焉。一山之门有虎关、中岩、梦窗等。虎关驳程朱、中岩亦论张程，惟梦窗不言程朱。出其门者有义堂，言宋儒之学说优于汉唐。"[①] 虽然日本临济禅宗的一山一宁派与宋学的关系较深，但是并不能由此得出这些日本禅僧就是朱子学在日本的承载者的结论。相反，即便是在这些与宋学渊源较深的禅僧那里，朱子学仍没有摆脱作为他者的地位。

---

① 〔日〕井上哲次郎：《儒教》，载〔日〕大隈重信编《日本开国五十年史》下册，上海社会科学院出版社，2007，第699页。

第二章　朱子学在日本中世的依附性存在

虎关师炼被认为是日本本土禅僧中最早论及宋儒的僧人，其学问虽然可以归结为儒佛一致论，但是对朱子学来说，他的态度具有一种排斥倾向的。① 圆尔辩圆为传播禅宗而讲解南宋居士圭堂著述的《大明录》，但是虎关师炼在其《济北集》中，对主张儒、道、佛三教一致的《大明录》中涉及程朱理学的部分几乎达到了逐条批驳的地步。"书之曰《大明》，其布置伤之烦碎焉，其评论多有乖戾。""又举程明道语，佛氏之教，滞固者入于枯槁；疏通者归于恣肆。曰此大贤之语也。夫程氏主道学排吾教，其言不足攻矣。堂已饭我，当辨是等之虚诞，还称是，何哉？""三家章曰：厥初人道之始生，而儒教已为之主，既而两教乃入，特为伴焉，非主也。又曰儒教本为人道之宗主；此等之言，其失不寡矣。夫儒者支那（'支那'一词来自中国僧人将印度僧人对中国称呼Mahachinathana的音译'至那'和'支那'，然后日本文人开始使用这个称谓）一域之化也，岂阎浮之通典乎哉？支那亦非阎浮之本邦，堂言人道之始，儒教为主者，是偏狭之言也。又儒为主两家为伴者，历代天子多顺奉礼乐文物，四海则之之谓乎？以天子顺奉言之，亦有不然者。秦烧儒书，此时不可为主矣，汉文景贵黄老，此时岂为主乎？魏晋之代尊虚玄，亦不得主。因此而言，时势也，非定主也，堂何定主伴耶？"② 由此可以看出，虎关师炼反对圭堂主张的以儒教为主佛教为伴的论说。

他进一步认为："夫道者以理为主，不以迹为主，以佛教见儒道者，人天乘耳；犹不与二乘竞，况佛乘哉。堂之论，不学之过

---

① 〔日〕北村泽吉：《五山文学史稿》，富山房，1942，第120页。
② 北京大学哲学系东方哲学史教研组编《日本哲学 一、古代之部》，商务印书馆，1962，第97页。

也。堂又引伊川语合之曰：真具正眼者，终不妄摘其一二句之相似者，强合附会，以紊儒宗立天地正人心之大统，所谓不同之同，此言又疏阔之甚也。夫儒之五常，与我教之五戒，名异而义齐，不得不合，虽附会何紊儒哉。其余合句，先辈之书多矣，请先取嵩公《辅教篇》见一遍。虽然儒释同异，只是六识之边际也，至七八识儒无分焉，何合会之有？故曰儒释同异者，六识边也，非七八识矣。"①

对于朱子学的排佛立场，虎关师炼的回应更激烈。"我常恶儒之不学佛法谩为议，光之朴真犹如此，况余浮矫类乎。降至晦庵益张，故我合朱氏而排之云。""朱氏当晚宋称巨儒，故《语录》中，品藻百家乖理者多矣，释门尤甚。诸经文士润色者，事是而理非也，盖朱氏不学佛之过也。……是朱氏不委佛教，妄加诬毁，不充一笑。""又云：《传灯录》极陋。盖朱氏之极陋者，文词耳，其理者非朱氏之可下喙处。凡书者其文虽陋，其理自见，朱氏只见文字不通义理，而言佛祖妙旨为极陋者，实可怜悯。""我又尤责朱氏之卖儒名而议吾焉。《大惠年谱序》云：朱氏赴举入京，箧中只有《大惠年谱》一部，又无他书，故知朱氏剽大惠机辩，而助儒之体势耳。不然百家中、独特妙喜语邪？明是王朗得论衡之谓也。朱氏已宗妙喜，却毁《传灯》何哉？因此而言，朱氏非醇儒矣。"② 从虎关师炼那里可以看出，其在禅儒一致构造中，针对朱子学的排佛立场而持有一种激烈驳斥的态度。

---

① 北京大学哲学系东方哲学史教研组编《日本哲学 一、古代之部》，商务印书馆，1962，第97~98页。
② 北京大学哲学系东方哲学史教研组编《日本哲学 一、古代之部》，商务印书馆，1962，第101~102页。

关于禅僧与朱子学的关系，还需提及的是五山禅僧义堂周信（1325～1388）。义堂周信的禅儒一致构造，试图从学说上建立起对汉唐儒学进而对朱子学的优势。在向将军足利义满传播禅宗的时候，他充分发挥了儒学的"助道"作用，为了迎合将军足利义满的儒学兴趣，义堂周信为其讲解《贞观政要》、《孟子》、《大学》和《中庸》等，在讲解中阐发其对禅儒一致的看法。

他认为儒学对禅宗是有益处的。"客又问曰，如有人佛名而儒行者，吾子引之乎？麾之乎？予答曰引之，於是客益疑之。予徐而语曰，今丁大法季运之厄，冒姓释氏，而混形於军伍者，公然弗顾，习以为常。……若夫先告以儒行，令彼知有人伦纲常，然後教以佛法，悟有天真自性，不亦善乎。是则予之所以引而不麾也。……而旁通儒典之人也，予虽未识其人，观其送树中心一篇，词丽而不疏苟焉，理深而不肤浅焉，非佛儒兼通者，安能尔耶。"①但是他认为儒学的作用也是有限制的。"凡孔孟之书于吾佛学，乃人天教之分，齐书也，不必专门，姑为助道之一耳，经云法尚可舍，何况非法，如是讲则儒书即释书也。""在儒仁义礼智信，在释不杀不盗不淫不妄不酒，儒谓之五常，释谓之五戒，其名异其义同，佛初为下根凡夫说人天乘即五戒十善也，然则佛教得兼儒教，儒教不得兼佛教。"②

针对之前关白二条良基询问关于儒学新旧二学问之间的区别时，其"曰汉以来及唐儒者，皆拘章句者也，宋儒乃理性达，故

---

① 〔日〕义堂周信：《空华集》第11卷，载〔日〕上村观光编《五山文学全集》第2卷，思文阁，1992，第1664～1665页。
② 〔日〕北村泽吉：《五山文学史稿》，富山房，1942，第359～360页。

释义太高,其故何,则皆以参吾禅也"。① 从中可以看出,在义堂周信那里已经能够区分出新旧儒学了,并对新儒学——朱子学有所褒扬。但是这种对朱子学的褒扬是出于禅僧为了达到方便兴禅的功利主义做法,这也规定了其对朱子学研究的限度。② 比如当他发现自己的弟子执着于儒学等外典的时候,就以烧掉这些外典相威胁。甚至,当他发现有僧侣执着于儒学的时候,不惜修书责问,"资中身为沙门,口读儒典,教坏诸佛子之徒……而末世附佛法之魔也,佛法衰微之渐,可不戒乎,请白太守,集止禅徒学于资中门"。③

在东渡中国禅僧们的直接影响消失以后,日本本土的禅僧们开始主导着禅儒一致构造的走向时,从日僧虎关师炼和义堂周信所代表的直接表述禅儒一致构造的禅僧那里,我们可以看出,这些禅僧们更在乎的是作为禅宗佛教徒的认同感和优越感,因此其对还没有那么激烈排佛的旧儒学是可以接纳的,这导致这些禅僧对朱子学的关注也就集中在对朱子学鲜明排佛立场的驳斥上了。

三 日本禅僧对朱子学的漠视

虎关师炼、义堂周信在对朱子学有所了解的基础上,基于禅宗的立场,针对朱子学的排佛立场直接表示出对朱子学的排斥和优越感。但是在绝大多数禅僧那里,朱子学并没有进入其视野

---

① 〔日〕义堂周信:《空华日工集》,载〔日〕细川润次郎等编《古事类苑 文学部二》,吉川弘文馆,1983,第765页。

② 〔日〕和岛芳男:《中世的儒学》,吉川弘文馆,1996,第78页。

③ 〔日〕北村泽吉:《五山文学史稿》,富山房,1942,第362页。

中。也就是说，这些禅僧在阐述禅宗思想的时候，至多祖述与重复一下禅儒一致的立场，而没有围绕着朱子学进行论说，更遑论以此契机来研究朱子学了。笔者将这种状态归结为对朱子学的漠视。

日本禅宗确立以后，在其学说的完善过程中，其对儒学基本上停留在了禅儒一致的立场和论说上，这些禅僧并没有在禅儒一致构造的促使下对朱子学产生兴趣和开始研习朱子学。

中岩圆月（1300－1375）在日本禅儒一致的构造中是一位比较特殊的禅僧。尽管后人多认为中岩圆月的宋学水平在当时是一流的，但其在著作《中正子》中没有将朱子学纳入视野中去，更没有直接表明自己对朱子学是持有什么样的立场。《中正子》分为外篇和内篇，外篇与禅宗没有直接的关系，是关于儒教世界观、伦理说、经世论和历术的。之所以如此，是因为"中正子以释内焉，以儒外焉。是以为其书也，外篇在前，而内篇在后。盖取自外归内之义也。"① 也就是说，中岩圆月不像当时批判朱子的多数禅僧那样，认为朱子对佛教的理解比较浅薄、片面，所以只从佛教的立场进行责难。中岩圆月首先将自己置身于儒教的世界，在弄清儒家思想的每个问题的同时，根据自己的理解进行整理。② 然而，中岩圆月的禅儒一致构造中儒的部分主要是孔孟儒学和汉唐儒学，即便在批判持有排佛论的儒者时也没有提及朱熹。"当见正

---

① 〔日〕市川白弦、〔日〕入矢义高、〔日〕柳田圣山校注《日本思想大系 16 中世禅家的思想》，岩波书店，1972，第 171～172 页。
② 〔日〕入矢义高：《中岩和"中正子"思想的性格》，载〔日〕市川白弦、〔日〕入矢义高、〔日〕柳田圣山校注《日本思想大系 16 中世禅家的思想》，岩波书店，1972，第 489 页。

于佛教，当知孔子之道与佛相为表里者也，然独区区别之。甚哉！韩子舍本而取末，与孔子、子思之道相远也如此，甚矣哉！"① 在《中正子》中，只有一处提及了宋学："夫伊洛之学，张程之徒，夹注孔孟之书，而设或问辩难之辞，亦有恁地、便是恰好、什么说话、无道理了、那里得个不理会得、却较些子等语。然其注意在于搥提佛老之道也，此等语非禅也审矣。禅者佛之心也，其量大而能博，无所不容。故得其心者，发而言之，何言不中，寓而表之而已。苟不得佛心者，纵使亲口佛语，亦非禅也，特教焉耳。"② 对这一段史料，学者们有不同的解读，但是可以肯定的是，这段唯一涉及宋学的史料中没有提及朱子以及他对朱子学的态度。

从中岩圆月的经历来看，他曾在元朝的时候来过中国，而元朝时期朱子学已经广为社会所接受了，甚至还被元朝定为科举考试的教科书。据此可以推断出，中岩圆月的朱子学素养应该是超过激烈批判朱子学排佛论的虎关师炼，与当时其他人相比也是一流的，但是其在禅儒一致构造中对朱子学显然是漠视的。这也可能是因为中岩圆月的朱子学认识仅限于一种认知的水平，还没能达到深入的地步。③ 从其主要著作《中正子》的论说来看，对朱子学的学说和立场并不是其思想立论的重要资源所在，应该说，他具有的朱子学知识还没有为其理论构建所用。

---

① 〔日〕市川白弦、〔日〕入矢义高、〔日〕柳田圣山校注《日本思想大系 16 中世禅家的思想》，岩波书店，1972，第 180 页。

② 〔日〕市川白弦、〔日〕入矢义高、〔日〕柳田圣山校注《日本思想大系 16 中世禅家的思想》，岩波书店，1972，第 183 页。

③ 〔日〕入矢义高：《中岩和"中正子"思想的性格》，载〔日〕市川白弦、〔日〕入矢义高、〔日〕柳田圣山校注《日本思想大系 16 中世禅家的思想》，岩波书店，1972，第 504 页。

关于禅儒一致的论说，日本禅僧瑞溪周凤（1392～1473）认为："曰释，曰儒，假也，妄也，不二境中，何异之有？"① 日本禅僧景徐周麟（1440～1518）的《翰林葫芦集》中"孔子"二字出现的次数达20次之多，他认为："古人所谓：孔子生西方，设教如释迦；释迦生中国，设教如孔子者，晓其道之无二也。""取诸孔子耶，取诸能仁氏（笔者注，能仁氏指的是佛教）耶？予曰：吾岂二其道乎？无尽有谓曰，孔子果求闻何道哉？岂非大觉慈尊识心见性无上菩提之道也，彼则大儒而参禅领旨，其言不诬矣。况孔子儒童菩萨回也，净光童子遣之化中华者也，吾岂二其道乎？公自能识心见性，而知平生所从事伎艺文字皆是忤之妙用，则所以存孔子道，而求合於能仁氏之道也，不亦乐乎？"② 从中可以看出其在思想中对禅儒一致的祖述，但是在他的禅儒一致中的儒的部分很少涉及朱子学。在其《翰林葫芦集》中，明确提及"朱子"一词的，笔者只找到了1处。"子程子曰：中心为忠，夫子告参乎以一贯之道，参以忠恕二字释之。子朱子曰：一是忠，贯是恕。又曰：一是一心，贯是万事，是乃儒家者之就心以论中字者也。吾能仁氏，好居中，所以升中天，降中国，居中山，说中道，中道则中心也。"③ 由此可知，在景徐周麟的思想中，尽管其坚持禅儒一致的立场，但是并没有以此为契机关注和研习朱子学。

---

① 〔日〕瑞溪周凤：《与宗明教禅师行状》，转引自郑樑生《日本五山禅林的儒释道三教一致论》，《史学集刊》1995年第2期。
② 〔日〕景徐周麟：《翰林葫芦集》，载〔日〕上村观光编《五山文学全集》第4卷，思文阁，1992，第386、466～467页。
③ 〔日〕景徐周麟：《翰林葫芦集》，载〔日〕上村观光编《五山文学全集》第4卷，思文阁，1992，第413～414页。

当然还有很多在东渡禅僧的直接影响消失以后，认为无须言及儒学乃至朱子学的禅僧。比如日本禅僧梦窗疎石（1275~1351）就告诫道："我有三等弟子，所谓猛烈放下诸缘，专一穷明己事，是为上等。修行不纯，驳杂好学，谓之中等。自昧己灵光辉，只嗜佛祖涎唾，此名下等。如其醉心于外书，立业于文笔者，此是剃头俗人，不足以做下等。"① 这些禅僧，"他们以禅为第一，诗文为世俗人之事而持否定的态度"。② 也就是说，在日本禅宗刚刚确立之际，儒学、朱子学还有诗文之类的对于禅宗的价值都没有被承认，日本禅宗在完善理论的时候，也很少利用或者围绕着朱子学来进行理论构建。比如说，在虎关师炼所写的纪传体高僧史书《元亨释书》中，不论是在记述主张禅儒一致的中国禅僧兰溪道隆、兀庵普宁、大休正念、无学祖元、一山一宁的生平和思想的时候，还是在记述日本本土禅僧的生平和思想的时候，全篇几乎很少涉及这些禅僧对儒学的立场，更不用说剖析这些禅僧的儒学研究了。虎关师炼的这种取舍，反映的是中国禅僧的直接影响消失以后，日本禅儒一致构造，对儒学乃至对朱子学的关注日渐稀释的现象。同样的，在其他的禅僧所留下的《语录》中，讲述的多是这些禅僧参禅的内容，几乎很少出现对朱子学的论说。

显然，日本的禅儒一致构造不能像中国的禅儒一致构造那样，形成一种对朱子学关注的显著模式。日本的禅儒一致构造，在儒学不振所导致的日本特殊的、失衡的思想环境下，尽管实现了把朱子学的相关经典引入日本，但是随着中国禅僧的直接影响的消

---

① 〔日〕山岸德平编《日本汉文学史论考》，岩波书店，1974，第409页。
② 郑樑生：《朱子学之东传日本与其发展》，台北文史哲出版社，1999，第19页。

失，日本的本土禅僧们，即便是坚持禅儒一致的禅僧，也没有转变为朱子学的直接承载者。反而是因为日本禅儒一致构造的特殊性，朱子学很少被关注，他们更不像中国禅僧那样，对朱子学加以利用，或者说围绕着朱子学来说明禅宗的合理性。在这种情况下，朱子学在中世日本处于这样一种尴尬的境遇，即在日本禅宗的建立过程中，受到中国禅宗禅儒一致构造的影响，朱子学伴随着禅宗而被引入日本，随着禅宗的日渐巩固和完善，朱子学却在日本禅僧的学说中被稀释和漠视。这种意义上的禅僧自然谈不上对朱子学进行深入研究。

第三节　日本禅儒一致构造的调适与朱子学被接受

一　日本禅儒一致构造的调适与变形

在日本禅宗的建立过程中，最初虽然引入了禅儒一致的构造形式，似乎可据此说明朱子学在日本的存在情况了，但是随着中国本土禅僧影响力的消失，在日本本土禅僧对禅宗学说体系吸收和完善的过程中，日本的禅儒一致构造反而没有形成对朱子学的关注。甚至在诸如虎关师炼这样的禅僧那里，因为朱子学的排佛立场与佛教背道而驰，因而朱子学被其视为一种否定性的存在而对它加以排斥和漠视。可以说，在日本禅宗学问体系的营造和完善中，尽管禅儒一致的论说和立场被延续下来，但是日本的禅儒一致构造是建立在从禅宗视野单向度界定朱子学以及禅宗与朱子学关系的基础上的，所以这导致总体上无法实现促使日本本土禅僧研习朱子学的逻辑，日本禅僧也无法借此转换为朱子学的承载者和传播者。

在谈及上述虎关师炼和义堂周信所代表的日本本土禅僧的时候，他们的禅儒一致构造体现出的是一种简单的逻辑。首先此构造遵循的是一种简单的因果关系：因为坚守禅宗的认同和优越感，因为朱子学排佛，所以就对朱子学持排斥和漠视的态度。其次这种构造在很大程度上是在祖述中国的语境，而没有完成禅儒一致构造向日本语境的转换。在中国的语境中，因为朱子学鲜明的排佛立场，并且朱子学这种对儒学的解读方式日渐被士大夫阶层所接受，这就导致禅宗应对朱子学崛起的时候需要强调禅儒一致。当临济禅宗传到日本的时候，自然就将禅儒一致的论说和立场传到了日本。但随着中国禅僧的离去，在日本本土的禅僧开始主导禅宗的时候，类似虎关师炼和义堂周信这种对朱子学的关注只能算是惯性地重复中国禅宗的语调。但事实上，不消说日本没有朱子学者及其排佛压力，即便是在旧有的博士家儒学那里也看不到排佛的论说，这才是日本临济禅宗所面临的真实环境之一。因此有必要探究日本的临济禅宗在建立后，为了成为一种能向社会辐射的社会思想体系，为能将自己的学说体系面向日本社会，有意识地做出的调适和迎合，以及在这一过程中对朱子学在日本的存在所造成的影响。

首先，在日本的社会系统中，就日本临济禅宗所存在的思想环境而言，日本的旧有儒学基础实际上处在一种萎缩的后王朝时代构造中，不具备与禅僧竞争的能力。因为日本的旧儒学，不但在学说上没有形成对佛教排斥的传统，而且现实中的日本旧儒学也不挑战临济禅宗的优越感。甚至即便是在禅宗和旧儒学各自的作用领域出现交叉的时候，二者之间的关系也不是冲突和对峙的。这体现为作为文化体系一端的临济禅宗，为了得到天皇和公卿们的认可，而把天皇和公卿作为传播禅宗教义的重要对象。这似乎是进入了博士家们的传统领域。然而，尽管禅僧在与天皇和公卿的交往过程中也会涉及儒学的知识，却不撼动博士家们在日本儒学上固有的权威。因而就日本临济禅宗所面临的思想环境而言，其很少需要像虎关师炼和义堂周信那样，为了维持禅宗的优越感，而对朱子学采取针锋相对的立场以应对儒学的影响力。简而言之，在日本的思想环境下，日本临济禅宗没有处在中国禅宗那种由儒学甚至朱子学来界定禅宗的压力中。因此，日本临济禅宗应对朱子学的排佛而采取"御外辱"的举动就没有必要，反而有一种"空中楼阁"的意味，也不是其在学说体系完善过程中需要强调和放大的部分。这也是日本临济禅宗在由学说体系向社会思想体系的角色相互转换过程中所明确下来的趋向之一。

其次，从长时段来看，在日本社会各种因素的促使下，从临济禅宗所发挥的作用来看，它与其说是一种宗教体系，毋宁说是一个世俗文化体系更准确些。也就是说，体现在其学说体系中，对临济禅宗最直接的宗教属性即道眼的明暗、道力的大小和禅机的锐钝等问题的强调和叙述越来越少、越来越稀薄。日本禅僧一休宗纯（1394~1481）对此讽刺道："昨日俗人今日僧，生涯胡乱是吾能，黄衣之下多名利，我要儿孙灭大灯。""临济禅风扫地灭""山林富贵五山衰，唯有邪师无正师""学道参禅失本心""扶桑国里没禅师，东海儿孙更有谁，今日穷途无限泪，他时吾道竟何之。""药峤挑灯何所为，怪哉天下老禅师，临济宗风有谁嗣，婴孩垂发白如丝。"[①] 从一休宗纯的话中可以看出，在日本临济禅宗的学说中，

---

① 〔日〕市川白弦、〔日〕入矢义高、〔日〕柳田圣山校注《日本思想大系 16 中世禅家的思想》，岩波书店，1972，第 299、308、326、337、359 页。

作为与参禅悟道最直接相关的部分日渐稀薄的同时，与世俗相关的部分却被放大和固定下来，其是作为社会思想体系向社会辐射的主要部分，并在这个意义上成为中世日本文化的代表者和承载者。吉泽义则就认为，不论是日本的朝廷公卿还是武家都无法与日本禅僧相比，德川三百年的文化实际上是拜五山的禅僧所赐。①日本禅僧所承载的文化与日本临济禅宗的五山十刹制度息息相关。

学术界一般将临济禅僧所承载的文化体系称为五山文学。值得一提的是，在江户时代，林罗山、江村北海、赖山阳和伊地知季安都没有使用五山文学这个术语，五山文学这个学术用语最开始出现在北村泽吉于1899年在《帝国文学》上连载的论文中。这些论文后来成为1941年出版的《五山文学史稿》的总论部分。②北村泽吉认为，五山文学就是从镰仓时代开始到战国时期约四百年的中世汉文学。

上村观光把五山文学定义为日本汉文学史上的一个历史阶段，即从镰仓末期开始贯穿整个足利时代的，通过临济禅五山的硕学僧人之手，逐渐发展起来的文学，其范围包括汉诗、汉文乃至那个时代的日记与随笔等。③此外，海村惟一也认为五山文学就是中世日本的汉文学，与其对应的是平安贵族的汉文学、江户学者的汉文学、明治文人的汉文学等。④从中可以看出，在把五山文学界

---

① 〔日〕吉泽义则：《室町文学史》，东京堂，1936，第419页。
② 〔日〕海村惟一：《"五山文学"研究的诸问题》，《福冈国际大学纪要》2004年第11期。
③ 〔日〕海村惟一：《"五山文学"研究的诸问题》，《福冈国际大学纪要》2004年第11期。
④ 〔日〕海村惟一：《"五山文学"研究的诸问题》，《福冈国际大学纪要》2004年第11期。

定为受中国影响的日本汉文学这一点上是没有争议的。

但是五山文学是经禅僧之手形成的，这是否意味着五山文学就是禅文学？芳贺幸四郎对将五山文学都无条件地作为禅文化的一部分而将其称作禅文学持否定的态度。他认为，五山文学的展开，从镰仓时代中期开始到南北朝时代末期为第一期，室町时代到应仁之乱为第二期，应仁之乱以后为第三期。在这三期的区分中，作为本来意义上的禅文学，只是属于第一期禅僧的作品，第二期、第三期禅僧的作品大部分是与禅宗相伴的文学，并不是真的禅文学了。① 至于五山文学这三个阶段中所发生的变迁，就是禅僧们的兴趣由关注道眼的明暗、道力的大小和禅机的锐钝等问题，向关注诗文、学问的转换，并且这是一个不可逆转的过程，因此才有一休宗纯"扶桑国里没禅师"的讽刺，这最终导致了五山派禅院越来越朝着世俗化、珈蓝佛法和法会佛法演进，这种形式在室町后期取得了支配的地位。失去了禅宗寺院实质的五山十刹的禅僧，只是形式上的禅僧而已，在实质上是诗僧、学问僧和儒僧。②

作为日本临济禅僧们所创造和承载的五山文化体系，从演变过程来看，其实质上与禅宗最直接相关的部分日渐脱离，而向着关注世俗的诗文、儒学学问转变。在这个过程中，禅僧处在一种多样化的角色中，即身份上是禅僧，但从其关注的部分来看是"诗僧、学问僧和儒僧"。在五山文学的后期，五山禅僧的"诗僧、

---

① 〔日〕芳贺幸四郎：《禅文学和五山文学》，载〔日〕山岸德平编《日本汉文学史论考》，岩波书店，1974，第394页。
② 〔日〕芳贺幸四郎：《禅文学和五山文学》，载〔日〕山岸德平编《日本汉文学史论考》，岩波书店，1974，第419页。

学问僧和儒僧"的特性越来越明显。这时虽然还可以称其为禅僧，但在这些禅僧的思想中，已经无矛盾地默认了由执着于参禅向执着于诗文和儒学的转换。与本书相关的是，正是在这个意义上，因为日本临济禅宗在发展趋向上的调适，促成了禅宗与朱子学处于一种可以称之为特殊"禅体儒用"的关系中。这里的"体用关系"并不是那种"体"决定"用"的关系。作为"体"而言，其指的是这些禅僧仍然是在禅宗框架下进行的。尽管这些禅僧就此疏于坐禅悟道，而将兴趣重心转移到了对诗文和朱子学的研习上，但这并不意味着这些禅僧就此摒弃禅宗，其在逻辑上还达不到那么直接的程度。而作为"用"而言，禅僧研习儒学，是日本临济禅宗在将学问体系向社会辐射过程中明确固定下来的趋向，这导致禅僧就此投入了研习朱子学之中。研习朱子学是日本禅僧在承载中世日本文化、介绍中国汉文化、创造五山文学层面上进行的，是五山文学的重要组成部分。

下面说明造成日本临济禅宗与朱子学有特殊"体用关系"的日本禅儒一致构造调适是如何实现的。与中国一样，日本临济禅宗的传播依托的也是政治权力和上层贵族。因此尽管在学说体系上其还属于出世的佛教，但是日本临济禅宗与中国临济禅宗一样，其在传播和对外辐射的时候都曾积极地将视野投向世俗社会。在这一点上，恐怕日本的五山禅寺与中国的五山比较起来有过之而无不及。当时日本不论是朝廷还是幕府对于禅宗都是扶植和支持的。日本临济禅宗依托的五山禅寺具有官寺的性质，除此以外，五山禅僧与幕府将军和天皇朝廷贵族有着密切关系。传入日本的禅宗作为新兴宗教成为武士阶级的精神支柱，镰仓的五山就是镰仓武家所支持的，京都的五山就是京都的武士所支持的，禅僧以五山为据点，其作为新兴宗教而言也得到了公家的认同。

但日本的五山对于中世的日本而言，并不仅仅是一种新兴的宗教而已。一般认为，随着中国禅僧一山一宁来到日本，受其诗文和学问的影响，甚至是在其直接的指导下，日本的临济禅僧们除了忠实地参禅悟道以外，也兴起了对诗文和学问的兴趣。一山一宁对日本临济禅宗的影响，在于赋予了禅僧作为广义的汉文化的传播者和世俗五山文学时代的创造者这些新的属性。

一山一宁之后，这种新的属性在禅宗向日本社会的辐射中日渐得到加强。在日本禅僧梦窗疎石的时代，日本禅宗在向社会辐射的时候，已经预示了社会与其视野重合的部分，恰恰是日本禅宗最开始所不愿意见到的部分——诗文和学问，这也正是梦窗疎石晚年在《三会院遗诫》中所告诫的。但恰恰是在禅僧梦窗疎石的时代，日本临济禅宗积极地参与世俗社会。他和他的弟子们与继承禅宗法嗣传法相比，更关注的是对世俗的教化和布教。足利尊、直义的武家，北朝光严院、光明院的皈依和支持，促成了临川寺和天龙寺大教团的形成，使得梦窗一派在世俗社会中繁盛起来。与此同时，禅风不再严厉，堕落为文字禅的倾向日渐明显，所以在晚年他才会有《三会院遗诫》中的告诫。

梦窗派为了接近政治和得到世俗社会的认可，在向世俗体系传播的时候除了禅宗被接受以外，其诗文技能也被看重和固定下来。原来意义上的禅宗与山林为伴，专于道眼和道力，现在这只是禅宗的一个组成部分，而不是全部了。在现实社会的感召下，禅僧们开始调整自己的学问体系以便迎合世俗社会的需要，甚至成为向世俗社会固定的辐射成分。这不仅对于固有文化缺失的日本来说如此，而且对于中国禅僧来说也是如此，他们专于禅机的同时，也要周旋于世俗社会、迎合世俗社会。

室町时代前期，足利义满创建了相国寺。作为五山派的寺院，该寺以室町将军和守护大名为其檀越，拥有很多的寺领和塔头，作为贵族的佛教兴盛起来。这派的禅僧们不仅担任幕府的外交和文化顾问，而且还主持葬式和佛事法会，专门夸耀世俗的显荣，这表明其已经很深地介入世俗社会了。

将军家和守护大名们对这些禅僧所期待的，不是作为宗教的禅宗，而是与禅伴随而来的异国的文化，是其做庄重的、宏大的法事法语和写诗文的才能，还有如同百科全书家的学问修养和外交官的举止。所以作为禅僧的评价基准不只限于道眼的明暗、道力的大小和禅机的锐钝等问题，诗文的巧拙和学问教养的多寡也是评价禅僧们的标准，并且在很大程度上左右了禅僧地位的上升。因此其结果自然是在世俗的鼓励下，五山禅僧不由自主地注目于诗文的创作和对外典的学习，放弃了严格的禅的修行。这样五山派的禅在室町中期的时候作为禅的法脉绝迹了，只有形式上的法系还延续着，真正的传法和嗣法无以为继，五山派的禅僧堕落于伽蓝佛法、法会佛法当中。五山派的禅僧只是形式上的禅僧，充其量只有浅浅的悟性，而只是作为诗僧和学问僧而已。① 禅僧们在应永时期（1394～1427）以前关于儒学详注方面的著述并没有出现，只有诗文方面隆盛，应永以后，注疏方面的研究开始渐渐出现了。② 日本应永年间以后关于儒学的注疏等方面开始兴盛起来，使得五山禅僧除了关注汉诗文以外，还对明朝朱子学的兴盛予以

---

① 〔日〕芳贺幸四郎：《禅文学和五山文学》，载〔日〕山岸德平编《日本汉文学史论考》，岩波书店，1974，第415～416页。

② 〔日〕吉泽义则：《室町文学史》，东京堂，1936，第416页。

关注。

在探讨朱子学在近世日本的存续情况的时候，主要应该集中于日本禅僧与朱子学的关系上。但是实际上，除置于日本这个开放的社会系统中，使得日本五山禅僧的关注重心由宗教性的禅文学向世俗的、带有汉文学特征的五山文学转变以外；不应该忘记的是，促使五山禅僧转变的还有另一个持续的动力源，即入宋、入元和入明僧在中国所受到的直接影响。尤其在五山禅僧由禅文学向世俗的五山文学转变的时候，日本与明朝的交往再次激活了日本的朱子学。"（应永）十年国朝使舶载四书及诗经集注等还自明国，八月三四赍致之洛阳乃讲之。当时新注未行乎世，足利学校教其生徒犹以古注，而多未知世有新注也，阳（禅僧岐阳方秀，笔者注）特悼之，每讲新注辄有论焉，曰夫志乎儒有注之和点以弘于世者。……于是乎阳遂加倭点以授其徒章一庆、岩惟肖等云。"① 从中可以看出，禅僧岐阳方秀（1361～1424）借助从明朝带回日本的朱子学典籍，开始了对朱子学的研究和整理。而"国朝使舶载四书及诗经集注等还自明国"中所列典籍应该是明成祖时期所颁行的《四书五经大全》。因为日本禅宗存在于一个开放的系统中，所以界定禅宗的标准就变得多元化了，这样就导致日本禅僧们对禅宗的认同感和优越感的坚持，与对诗词歌赋和儒学修养的关注之间的冲突变得缓和了。因此日本临济禅宗的发展，实际上是由日渐疏离坐禅悟道的孤独禅僧，转变为与禅宗渐行渐远的诗僧和儒学问僧的。

---

① 〔日〕伊地知季安：《汉学纪源》，载《续续群书类丛第十》，续群书类丛完成会，1969，第 576～577 页。

二　禅僧对朱子学的接受和研究

谈到这一时期禅僧对朱子学的接受与研究，大体上可以从如下三个层面进行分析：朱子学相关经典文献的传入和整理，对朱子学相关学说体系的解读以及朱子学相关学术群体的形成。

1. 朱子学相关经典文献的传入和整理

与日本平安时代的日本僧侣很少从中国带回佛教以外的典籍不同的是，在日本禅宗的确立过程中，来华的日本僧侣除了收集有关禅宗的内典以外，还受到中国禅儒一致构造的影响将许多外典带往日本。实际上这打破了日本平安时代僧侣获取中国佛教典籍而由贵族知识分子获取中国其他文献典籍的分工。日本禅僧对内典和外典的获取，意味着日本禅僧不再只是作为狭义上中国佛教文明的承载者，实际上也是广义上中国文明的传入者。因此，对日本而言，日本禅僧在中世日本所起到的作用，不仅仅是宗教意义的文化承载者，也是日本中世汉文学的承载者。这一双重角色意味着依托镰仓五山和京都五山的禅僧们创造的五山文学具有禅文学（宗教文学）和汉文学（世俗文学）的双重意味。

日本僧侣的这种双重角色体现在日本禅宗的确立过程中。据江户时代历史学家伊地知季安（1782~1867）的《汉学纪源》记述："当时本邦有僧名俊芿者，字曰我禅，俗藤氏，肥后饱田郡人。建久十年浮海游宋，明年至四明，实宁宗庆元六年，而朱子卒之岁也，居十二年嗣法北峰，世庶崇尊至画其像，乞瑞律师为之赞词，而纳祖堂，而其归则多购儒书（二百六十五卷）回于我朝，乃顺德帝建历元年，而宁宗嘉定四年刘爚刊行四书之岁也。据是观之，四书之类入本邦，盖应始乎俊芿所赍回之儒书也，书俟博识尔。"① 伊地知季安依据僧人俊芿（1166～1227）于建历元年（1211）所携带回日本的265卷儒书的时间与当时中国朱子学四书的刊行时间的吻合，从而得出了俊芿最先把朱子学传入日本的结论。但是对把俊芿作为第一个将朱子学相关典籍传入日本的结论，日本学者大江文城就表示怀疑。他本人在大正七年（1918）5月，在云村文库中看到了正治二年（1200）大江宗光署名的《中庸章句》。② 因此，对于将朱子学文献传入日本而言，大江宗光要早于建历元年（1211）才将朱子学相关典籍带回日本的俊芿。

除此以外，因为伊地知季安没有提及关于这265卷儒书的详细书目，而现今俊芿所携带回日本的265卷儒书已经散佚，关于这些儒书的书目就更不得而知了。但在日本宝治元年（1247），被称为"陋巷子"的民间私刻者刊刻了朱熹的《论语集注》十卷，一般被称为"宝治本论语"或"陋巷子论语"。"宝治本论语"恰恰刊行于俊芿1211年回日本之后，因此有学者认为"陋巷子"刊刻朱熹的《论语集注》十卷实际上是俊芿所携带回日本的朱子学相关典籍的复刻本。③ "宝治本论语"就成为在日本刊印朱子学相关经典的滥觞。④

尽管俊芿带回日本265卷儒书，但是因为没有这些儒书的详细资料，所以这不能完全使人信服。明确地将朱子学的相关典籍带

---

① 〔日〕伊地知季安：《汉学纪源》，载《续续群书类丛第十》，续群书类丛完成会，1969，第572页。
② 〔日〕大江文城：《本邦儒学论考》，全国书房，1944，第9～10页。
③ 严绍璗：《汉籍在日本的流布研究》，江苏古籍出版社，1992，第126～128页。
④ 〔日〕北村泽吉：《五山文学史稿》，富山房，1942，第869页。

回日本的是上文曾经提及的日本禅宗创始人之一圆尔辩圆。从圆尔辩圆那时期保存下来的目录中可以看出，他带回来的朱子学相关典籍如下：吕祖谦的《吕氏诗记》、胡安国的《胡文定春秋解》、朱熹的《晦庵大学》、朱熹的《晦庵大学或问》、张九成的《无垢先生中庸说》、朱熹弟子的《论语直解》、朱熹的《论语精义》、朱熹的《孟子精义》以及《晦庵集注孟子》。① 诸如像圆尔辩圆这样的僧侣从中国带回汉籍外典的行为，从长远来看，这并不是禅僧们的个人行为，而是继圆尔辩圆以后入宋、入元僧的普遍行为。② 从中可以看出，日本禅宗受到中国禅宗禅儒一致构造的影响，在引入禅宗经典的时候，也自然引入了诸如朱子学这类的外典。日本禅宗对日本中世而言，一方面体现的是狭义上的禅宗文化体系；另一方面体现的是广义上的对大陆文明的引入者和中世日本文化的创造者。

对于朱子学相关文献的传入而言，其主要是通过日本禅僧在中国直接获取的。除此以外，日本也刊刻了一些朱子学的相关典籍，进一步促使朱子学的相关文献向日本社会延伸、向日本文化体系中渗透，最终为日本朱子学作为一种主体性的存在提供了必要的条件。

日本对朱子学相关典籍的刊刻，除上文提到的"宝治本论语"或"陋巷子论语"以外，主要是通过"五山版"③ 形式存在着的。

---

① 〔日〕大江文城：《本邦儒学论考》，全国书房，1944，第10~11页。
② 〔日〕大庭修：《汉籍输入的文化史：从圣德太子到吉宗》，研文出版，1997，第90页。
③ 五山版，一般指的是，以镰仓五山和京都五山为中心的禅僧，为了专研禅文化和汉文化的需要而刊刻的典籍。其中既包括内典，也包括与禅宗无关的外典。五山版主要是刊刻中国宋元时期的典籍，同时也刊刻日本禅僧的作品等。

"五山版"与五山文学这个概念的内涵和外延是相吻合的,即作为佛教的禅文学和世俗的汉文学作品而存在着。据日本川濑一马博士的调查,在"五山版"对外典汉籍的刊刻中,经部书 14 种,史部书 6 种,子部书 12 种,集部书 46 种。① 而据长泽规矩也的调查,截至室町末期,被刊行的汉籍外典在昭和 32 年(1957)仍然存在的,有经部 21 种,史部 12 种,子部 13 种,集部 55 种。② 尽管统计的结果并不相同,但是从中可以看出,日本的禅僧们对中国汉籍外典的引入和出版是持续和一贯的,朱子学的相关典籍正是在这个意义上被延续下来的。

2. 对朱子学相关学说体系的解读

最初在禅儒一致的构造中提及朱子学的中世日本禅僧,主要集中在诸如虎关师炼、义堂周信等少数有着较深儒学修养的禅僧那里。对于其他禅僧而言,朱子学对于禅宗的价值并没有被认识到,也很少进入他们禅宗的论说之中。即便是在提及朱子学的虎关师炼、义堂周信等禅僧那里,他们也是基于禅宗的立场单向度地界定朱子学,尤其是对朱子学的排佛立场十分反感并予以驳斥。这些禅僧对于朱子学的认识,仅限于初步的了解而已,谈不上对朱子学有较深的认识或者说崇信朱子学的经典。

但在日本的开放系统中,五山禅僧在将学问体系向社会系统辐射的时候,在其所提供的学说资源与世俗社会系统对其所期望的重合点上,除经常被人所提及的禅宗以其宗教论说为经常出入生死之门的武士提供一种慰藉。而除被武士们所认同以外,在现

---

① 严绍璗:《汉籍在日本的流布研究》,江苏古籍出版社,1992,第 134 页。
② 〔日〕大庭修:《江户时代接受中国文化的研究》,同朋舍,1984,第 15 页。

实层面上，如上所述，日本的社会系统希望五山禅僧作为一种世俗文化体系的承载者，作为汉文化的介绍者来发挥作用。这种与社会系统的重合反过来促使日本临济禅宗进行关注重心的调整，即如芳贺四郎所说的从宗教性的禅文学向世俗的汉文化的五山文学转换。这就进一步导致了五山禅僧在学说体系的选择上能突破诸如虎关师炼、义堂周信等禅僧的，狭隘的、不充分的禅儒一致阶段，从而进入一种特殊的"禅体儒用"阶段。这时禅与儒的关系不是相互界定意义上的，而是力图维持一种禅僧研习朱子学的无矛盾状态。正是就这个意义而言，朱子学开始进入了被五山禅僧所研习的阶段。

而说到对朱子学有较深入的理解和进行一些整理的话，禅僧岐阳方秀和其弟子桂庵玄树（1427~1508）所起到作用更大些。

北村泽吉认为，禅僧岐阳方秀公然讲授朱子学，改变了程朱新注虽然传到日本但只是在私下"窥视，窥之"传授的局面。① 但是日本学者和岛芳男认为，关于朱子学的《四书集注》在圆尔辩圆时期就已经传入日本，因此他对禅僧岐阳方秀"始讲此书"的论断表示怀疑。② 尽管对禅僧岐阳方秀是不是第一个讲解朱子学的《四书集注》存在争议，但是都比较认同禅僧岐阳方秀对朱子学所做的如下两方面的整理工作：一是对朱子学哲学的理解；二是对朱子学训点。

就禅僧对朱子学哲学的理解而言，到了禅僧岐阳方秀的时候，实际上是顺应了五山的学术倾向。这时五山的学术倾向有了变化，

---

① 〔日〕北村泽吉：《五山文学史稿》，富山房，1942，第601页。
② 〔日〕和岛芳男：《日本宋学史的研究》，吉川弘文馆，1988，第110页。

废弃了禅宗的坐禅讽诵的习惯。伴随着禅宗势力的消减,禅僧研习儒学的风气也开始兴盛起来。① 从禅僧岐阳方秀的著作《不二遗稿》中可以看出,其对朱子学哲学理解的深度,已经远远超出了虎关师炼时期那种只注重禅儒一致的形式,而实际上对朱子学持有排斥态度。从这个意义上说,北村泽吉认为禅僧岐阳方秀算是一个完全的程朱学者,因此他也被认为是日本朱子学的起源。② 但是实际上,禅僧岐阳方秀对朱子学的理解,尤其是面对与作为佛教的禅宗相联系的时候,寻求的是一种朱子学与禅宗的相似和相一致之处。"昔尧以此明德传之舜,舜传之禹,历于夏殷暨周文王。厥德克昌,未治天下。武王继而发之,明之于天下。而後有周公有孔子,皆明明德于天下者也。吾佛大圣人亦传之大龟氏,大龟氏以传之庆喜。庆喜之数传以至达磨氏,始来于震丹,以至于惠日,而光明盛大焉。皆传一心于万世者也,其所传者异乎其名,而其实一也。"③ 体现在这个时期或者说体现在禅僧岐阳方秀思想中的禅儒一致与日本最初的禅儒一致并不相同。与早期禅儒一致构造中朱子学没有话语权不同的是,在禅僧岐阳方秀那里,朱子学拥有了一定的自主性甚至被借助用来说明禅理。"一日谒予曰:字者明友之为也,子为予命字,不亦善乎?予乃字之曰明之。上人又求说其义焉。予考于周易离卦,说之曰:离明也,明也者明德也者。乃吾圣人之徒,所谓一心也,人人之所具,素有之大本,寂而常照。照而常寂,若止水焉,若明镜,若帝纳珠焉。然则明德一心

---

① 〔日〕北村泽吉:《五山文学史稿》,富山房,1942,第604页。
② 〔日〕北村泽吉:《五山文学史稿》,富山房,1942,第605页。
③ 〔日〕岐阳方秀:《不二遗稿》,载〔日〕上村观光编《五山文学全集》第3卷,思文阁,1992,第2995~2996页。

之用，一心明德之体。惟人不明之作狂。惟狂克明之，则作圣。圣之与狂，其在一心之明之与不明者也欤？"① 在关于"明"字的解说上，其中朱子学对"明德"这种"人人之所具，素有之大本"的形而上学的解释方法被禅僧岐阳方秀所引述。

虽然岐阳方秀对朱子学的哲学有了很深的了解，并且开始借助朱子学的理论来说明禅理，但是笔者认为体现在岐阳方秀思想中的朱子学与真正的朱子学还是有所不同的。这种不同体现为禅僧岐阳方秀对朱子学价值观的不认同。对朱子学而言，尽管其在哲学论说形式上与禅宗有着相似之处，但是作为朱子学的哲学形式是为论证儒家的道德价值观所服务的。而禅僧岐阳方秀不认为现实的伦理是有价值的。"乃求闻余至孝之道。余曰：夫孝也者，顺也乎理以为孝也。但以理有浅深，而不同尔。戒慎不睹，恐惧不闻者，儒教所以行孝而顺于理也。至金仙氏说，又不能无其浅深焉，权教推妄于业种，求真于凝然，不亦浅乎？真不独生，妄不单成，本末镕融，如波与水，则实教幽深之理，而顺乎此以行其孝者，义深矣哉。吾宗则不尔，人人但向父母未生以前，发大精进，起大勇猛，撞着所谓本来面目，则谓之顺理。"② 禅僧岐阳方秀关注的是"父母未生之前"这种出世的价值观。由此可见，禅僧岐阳方秀在其《不二遗稿》中所主张的儒释不二基础上的朱子学认识，与真正的朱子学理论存在的差异，这并不是简单的、形式的不同，所反映出的是二者在本质上的不同。

---

① 〔日〕岐阳方秀：《不二遗稿》，载〔日〕上村观光编《五山文学全集》第三卷，思文阁，1992，第2995页。
② 〔日〕岐阳方秀：《不二遗稿》，载〔日〕上村观光编《五山文学全集》第三卷，思文阁，1992，第2893页。

在对朱子学的训点上，涉及的是如何实现在日本语言环境下阅读朱子学经典的问题。对于汉文水平较高的禅僧而言，尤其是有机会留学中国的禅僧，直接阅读汉文经典对他们而言是不成问题的，他们可以按照中国的语音读法来阅读。但是如果将阅读朱子学相关经典这个问题置于日本本土学术群体中，那么不论是上文所说的对朱子学相关经典的有意识地引入和复刻，还是如何实现在日本的语言环境下日本学术团体对朱子学相关经典的解读，都是必须要解决的问题。因为这些问题不是日本禅僧在中国如何学习朱子学的问题，而是在日本朱子学的相关文献如何被更广泛地接受的问题。为了满足日本本土学术群体阅读汉文经典的需要，出现了"汉籍和训"，即在汉籍著作上按照汉字的训诂意义，注上日本的本土语言假名，这样能使不懂得汉语或者汉语程度较浅的人也能够理解。"汉籍和训"起源于平安时代，但是就朱子学的"汉籍和训"始于禅僧岐阳方秀的"四书和训"。① 遗憾的是，禅僧岐阳方秀的"四书和训"已经散佚，只能从继承禅僧岐阳方秀法统的桂庵玄树的《桂庵和尚家法倭点》中看出一些端倪来。桂庵玄树的《桂庵和尚家法倭点》中记载："不二和尚曰：吴音汉音之事更难信。"② 文中"吴音汉音"的阅读方式就是日本人按照中国人的读音读法的"直读"，实际上这种方式只有少部分人能适应得了。从禅僧岐阳方秀开始对朱子学的和训，到桂庵玄树和文之玄昌进一步更正了禅僧岐阳方秀的和训，禅僧桂庵玄树的训读法被称作"桂庵点"。在藤原惺窝（1561～1619）时期，日本禅僧都

---

① 郑彭年：《日本中国文化摄取史》，杭州大学出版社，1999，第256页。
② 〔日〕桂庵玄树：《桂庵和尚家法倭点》，1624，第31页。

还在为四书五经加注和训,"和训"的方法便利了日本学人对朱子学经典的接受。

因为桂庵玄树曾在明朝来过中国,感受到了明朝朱子学的昌盛,因此其在《桂庵和尚家法倭点》中认为:"宋朝以来儒学不原于晦庵,不以为学焉。故儿童走卒皆诵不宗朱子元非学,看到匡庐始是山。两句唐音不宗朱子元非学,看到匡庐始是山,此意汉儒以来儒者虽多,以晦庵为宗之义也。宗,领也。匡庐山,于山众美相备,喻朱子之学也。新注诸家之说,违背晦庵之义者,皆不敢取也。"① 他还介绍了朱子学所解读的儒学经典。"四书者,大学旧礼记,第四十二篇也。二十九卷载之今晦庵章句。中庸旧礼记,第三十一篇也。二十五卷载之今晦庵章句。论语古注何晏集解,今晦庵集注。孟子古注超岐,今晦庵集注。""若人问五经新注如何答?易朱子本义、书蔡氏传、诗朱氏集传、春秋胡氏传、礼记陈澔集说。"②

3. 朱子学相关的学术群体的形成

在谈及朱子学在中世日本的情况之时,上文所述的与朱子学相关的人物,严格意义上说,只是起到标志性的点的作用,但是依托这些与朱子学相关的人物也能够折射出朱子学在中世日本面上的存在。这种朱子学在中世日本面上的存在,具体来说就是中世日本朱子学相关的学术群体。这些与朱子学相关的学术群体还不可以被界定为严格意义上的朱子学派,这些群体的思想重心还不是朱子学,仅仅是因为这些群体的思想在不同程度上涉及朱子

---

① 〔日〕桂庵玄树:《桂庵和尚家法倭点》,1624,第1~2页。
② 〔日〕桂庵玄树:《桂庵和尚家法倭点》,1624,第2、4~5页。

学，因而被称为朱子学相关学术群体。概括朱子学的学术群体，大体可以分为如下几个：依托五山禅寺的群体，日本临济禅宗的一山一宁派，以及足利学校、萨南学派和海南学派这类地方性的群体。

对于作为依托五山禅寺的朱子学群体而言，整体上不论是镰仓五山，还是京都五山，在其对禅宗的延续和发展过程中，在禅儒一致构造下，一直都存在着程度不一的对朱子学的论说，尤其是这种论说在随着五山禅僧们所承载的由宗教的禅文学向世俗的五山文学转变的过程中，对朱子学的关注是日渐加强的。比如出生于东福寺的禅僧岐阳方秀，以及出身于相国寺的藤原惺窝，还有出身于建仁寺的林罗山（1583~1657），从中都可看出：出身五山禅寺的禅僧能够接触到朱子学，并且能在五山禅寺中得到基本的朱子学教育。进一步说，依托五山禅寺某些禅僧也可以具有儒学问僧的特征。作为朱子学相关学术群体的一山一宁派而言，与其他五山禅僧们相比较，一山一宁派对朱子学的涉及要深一些。

对于作为朱子学相关学术群体的足利学校而言，其对地方儒学的发展起到很大的作用。足利学校由足利义兼创设，后被镰仓管领上杉宪实于永享十一年（1439）再度复兴为儒学教育的学校。上杉宪实聘请镰仓圆觉寺的禅僧快元为首任校长，快元之后，历任校长都是五山禅僧。足利学校安置有孔子的圣像、圣庙，并举行释奠礼。足利学校现存书目中有程朱理学的书籍，由此可以把足利学校作为朱子学相关学术群体。除此以外，朱子学相关学术群体还有萨南学派和海南学派。萨南学派的创始人是禅僧桂庵玄树，其在肥州的菊池和萨摩的岛津的支持下建立该派。桂庵玄树上文已经有所介绍了，这里不再赘述。桂庵玄树以后，文之玄昌

(1550～1620）还"和训"了如下三种书：《四书集注倭训》、《周易传义》及《黄石公素书》。海南学派以南村梅轩（？）为远祖，南村梅轩的弟子谷时中（1599～1649）号称是南学之祖，在谷时中的门下就有江户时代非常著名的儒学者山崎暗斋（1619～1682）。

第四节　日本禅儒一致构造与以往日本儒学基础的"互动"

一　日本后王朝时代的儒学构造

天皇朝廷时期，在中央权力的支持下，日本的儒学构造得以拓展出相当的文化空间和制度空间。其中引入汉唐儒学这种学问体系和朝廷所期望的儒学发挥价值体系的重要交汇点体现在大学寮制度的建立上。天皇朝廷设立大学寮的初衷就在于，"以为夫学校者，贤才之所聚，王化之所宗也，理国理家，皆赖圣教，尽忠尽孝，率由兹道"。[①] 也就是说，天皇朝廷通过建立学校制度促使儒学这种思想体系成为一种有利于王朝统治的价值体系。

简单地说，日本王朝时代的儒学构造特点如下。首先，王朝时代的儒学在对外的交流上，通过不断派遣遣唐使，尤其是留学生，使其在唐朝直接接触儒家经典，精通汉唐儒学。通过这些留学生回国传播儒学，使得日本王朝时代的儒学与中国唐代儒学大体保持稳定的师承关系，这对于日本儒学的发展是非常重要的。

---

① 《藤原家传下　武智麿》，载〔日〕细川润次郎等编《古事类苑　文学部二》，吉川弘文馆，1983，第1056页。

其次，王朝为了扶植儒学的发展，创立了相关的制度来拓展儒学的文化空间。例如，《大宝律令》的学令规定，在京城设立大学寮，在地方的"国"，设置"国学"。随后《养老律令》的学令，规定了日本儒学所必须依据的经典，如《周易》《尚书》《周礼》《仪礼》《礼记》《毛诗》《春秋左氏传》等。其中《周易》用郑玄、王弼注，《尚书》用孔安国、郑玄注，《三礼》《毛诗》用郑玄注，《左传》用服虔、杜预注，《孝经》用孔安国、郑玄注，《论语》用郑玄、何晏注，等等。大学寮的建立除了为天皇朝廷培养官吏，也是为了扶植儒学这种文化体系，其中大学寮设置的明经道是当时日本儒学研究和传授的重要途径。与后来延续儒学的博士家不同的是，大学寮时期明经博士们研习和传授儒学是一种制度行为，而不是世袭的家学行为。

但是随着王朝权威的衰败，以王朝为中心的统治秩序无法维持，导致与王朝权威直接相关的各个子系统都无以为继，日本整个社会也因此步入了动荡和失序之中，对于主要服务于王朝贵族的儒学来说，其所受的打击更是如此。大学寮的费用不足，就连举行释奠的仪式所需的费用都无法保证。治承元年（1177），京都发生大火，大学寮虽被夷为平地，但并没有被重建，最后连学校的名字都被取消了。

这样日本的儒学随之也进入了后王朝时代。后王朝时代大学寮制度的消亡，导致日本儒学不论是作为学问体系，还是作为一种政治价值体系，都无法对社会整体进行辐射，而只能以博士家为载体进行延续。因而这个时期日本的儒学研究和传授更多的是一种群体和世袭行为，而不是制度行为。具体说来后王朝时代日本儒学的构造如下。

在对外交流的层面上，已经改变了王朝时代以公卿贵族为主体留学唐朝学习儒学的方式，这一时期主要是采取日本僧人在入宋、入元、入明期间接触儒学然后将其带回日本的方式，或者是采取中国商人将儒学经典贩卖到日本的方式。

对于入宋、入元、入明的僧人而言，尽管其亲身感受到了朱子学在中国的昌盛，但是对于禅僧而言，在对朱子学有所涉猎这个层次上可谓众多，但是深入研究朱子学的禅僧只是很少一部分。即便是这部分研习朱子学的禅僧，他们也并没有转换成为日本的朱子学者，也没有踏入博士家学的范围，没有推动日本旧有儒学基础向朱子学转变。因为作为朝廷博士家的关于儒学的师行本具有绝对的权威，对于学士学问僧而言，讲授博士家世袭的家本是绝对不允许的。而除了博士家的传授以外，社会也不认可其他的讲授，甚至对于学问僧来说，对博士传授以外的典籍施加训点，都要托词说是神授的，或者是入元、入明得到的。①

不言而喻，商人将儒学经典视为商品输往日本，与王朝时代的以公卿贵族为主体系统地在唐学习和带回儒学经典是不可同日而语的。即便是商人及时地将中国最新的儒学经典输入日本，也不可认为这对日本儒学的发展起到多么大的作用。

因为在后王朝时代原本日本儒学的重要接受群体——公卿贵族的儒学水平严重下降。在这些公卿贵族那里，虽然对商人带来的朱子学典籍很重视，但是他们无法把握这些图书的思想内容体系，也没有能力理解这些经典的意义和价值，甚至没有可以求教

---

① 〔日〕大江文城：《本邦儒学论考》，全国书房，1944，第16页。

的学者。因此公卿贵族对这些珍贵的书籍只限于阅读之后，满足于形式上的议论而已，另外，公卿贵族依据的是汉唐的训诂之学，所以其对宋代性理之学的特征无法感知。①

造成日本儒学的原本重要接受群体——公卿贵族对儒学认识水平下降的原因就在于，大学寮时期，为了培养官吏的书写能力而在大学寮中设置文章道，进而促使公卿贵族们重视文章和诗文的风气日渐兴盛，而训诂的汉唐经学开始受到冷落。② 公卿贵族的关注焦点由明经道向文章道的转移，进一步促使学者和博士们争相以文笔之道取悦公卿贵族，并使得文章道向专门的职业转化。很多朝臣都依靠文章博士来完成工作而自己无须关心学问，这样公卿贵族所谓的重视学问只不过是一种修饰而已，很多人都不能阅读汉文了。从原本的重要接受群体公卿贵族中可以看出，后王朝时代儒学的衰微有多么的严重。而大学寮的消亡进一步加剧了日本儒学在公卿贵族中的衰落。如花园天皇（1297~1348）所指出的，"近代儒风衰微，但以文华风月为先"。③

除公卿贵族这个王朝时代重要的儒学群体其关注重心转向文章和诗文，并且对儒学的认识水平呈现倒退趋势以外，以往作为经学直接承载者的明经诸家，其对儒学的传授，不再是以大学寮教官的制度行为出现，而是将其作为一种家学向自己的子孙传授，明经家的清原和中原两家就是如此。中原和清原两明经家在后王朝时代常年不振，其对儒学的传授仍然墨守学令所规定的经学，

---

① 〔日〕和岛芳男：《日本宋学史的研究》，吉川弘文馆，1988，第55页。
② 王桂：《日本教育史》，吉林教育出版社，1987，第37~38页。
③ 《花园院御记》，载〔日〕细川润次郎等编《古事类苑 文学部二》，吉川弘文馆，1983，第763页。

他们对儒学的接受程度也只是限于记诵之学而已，连对诸家注疏的比较和探讨的能力都没有。① 明经家的清原和中原两家在中世日本一直继续着记诵这类技术性的儒学传授。随后日本开始进入公武政治秩序的转换，但是这一外在条件的变化，并没有促进日本儒学的发展，相反在文化方面公家仍然保持权威，而作为公家文化体系一部分的明经博士家们只是在延续着学令上所规定的家学。"于书写者虽借他人之手，于校点者用微躬之功，累祖之秘说，更无所脱漏，子子孙孙传此书者，深秘匦中，莫出阃外。"② 从中可以看出，博士的家学传承在"累祖之秘说，更无所脱漏"的同时，还作为一种秘传，要"深秘匦中，莫出阃外"。也就是说，明经家虽然作为权门侍讲，但是其家藏的秘本是不外传的，甚至包括权门在内。

总之，日本后王朝时代儒学的构造特点是以往王朝时代确保儒学文化空间和制度空间的相关环节全都脱落的结果，而只剩下清原和中原两博士家以家学的形式延续着日本既有的儒学基础，这样后王朝时代的日本儒学比王朝时代的日本儒学萎缩了很多，成为一种不受重视、不流动的、封闭的学说。

二 五山禅僧与博士家儒学的"互动"

后王朝时代日本的儒学与王朝时代的相比有了很大程度上的萎缩，王朝时代作为儒学制度化存在的各个环节都脱落了，与之相关的是，后王朝时代的儒学实际上是由朝廷的师行家清原和中

---

① 〔日〕和岛芳男：《日本宋学史的研究》，吉川弘文馆，1988，第49页。
② 〔日〕和岛芳男：《日本宋学史的研究》，吉川弘文馆，1988，第76页。

原两家的世袭家学形式承载着。如上文所述，后王朝时代博士的家学不再是一种流动性的知识，是一种固守学令所规定的封闭性的家学，正是从这个意义上说，博士的家学与朱子学的距离要大于禅儒一致构造下的五山禅僧们与朱子学的距离。但是作为与朱子学关系较为接近的禅僧们不能对博士家构成直接的教授关系，相反博士家学作为中世公家文化体系的一部分，其在日本儒学的权威还是不可动摇的。然而，持有禅儒一致的五山禅僧们以其对朱子学学问体系的了解，在向公家传播禅宗的时候，对于朱子学部分，会将其向公家有所介绍，这不可避免地与公家汉唐训诂的儒学发生了"互动"。这种"互动"对于促使日本旧有汉唐训诂儒学基础向朱子学的转变来说，无疑是一种自发的、基于个人行为的、缓慢的过程。

与上述虎关师炼和义堂周信等几位禅僧相比，从室町时代开始，比较明显的是，从五山禅僧玄惠法印（？~1350）、岐阳方秀和桂庵玄树那里，朱子学还存在着另一种际遇的可能，当然这种际遇并没有改变朱子学作为他者的被动地位，但是这些五山禅僧对朱子学的态度更为积极和缓和。不但在禅儒一致构造中儒的部分开始作为知识和修养而被接纳，且出现了对朱子学的研究，这样就造就了以禅僧面目出现的儒学问僧。正是在这个阶段上，五山禅僧们在接近公家的学问体系的时候，开始比较明显地涉及朱子学。一般认为最早的是禅僧幺惠法印在与公家接触的时候谈及了朱子学。

"元应元年闰七月四日丙戌，入夜资朝参，召前谈道，颇所得道之大体者也，好学已七八年，两三年间颇得道之大意，而与诸人谈，未称旨，今始逢知意，终夜必谈之，至晓钟不怠倦。廿二日甲辰，今夜资朝、公时等于御堂殿上局谈论语，僧等济济交之，朕窃立闻之，玄惠僧都义诚达道欤，自余人皆谈，义势悉叶理致。"①而据当时公卿一条兼良的《尺素往来》记载："清中（指的是清原和中原两博士家，笔者注）两家之儒，传师说候于侍读欤。传注及疏并正义者，前后汉晋唐朝博士所释古来虽用之，近代独清轩玄惠法印，以宋朝濂洛之义为正，开讲席于朝廷以来，程朱二公之新释可为肝心候也。"②江户时代编纂的《大日本史》中记载："僧玄慧……常读宋人司马光资治通鉴，尊信程颢程颐朱熹之学，后醍醐帝召侍读，先是经筵专用汉唐诸儒注疏，至是玄慧始唱程朱之说，世人往往多学之者。"③ 从中不难看出，禅僧玄惠法印将朱子学新注学向公家介绍的事实。

但是就中世的公家学问体系而言，其并不存在着从自身内部主动吸取朱子学新注学的动力和契机，相反，五山禅僧们在与公家学问体系接触的时候，逐渐地涉及朱子学新注学，并且在五山文学由宗教性的禅文学向世俗的汉文学转变过程中，随着五山禅僧们对朱子学研习的日渐加深，而加大了他们对公家学问体系介绍朱子学新注学的力度。

在清原家由汉唐旧注学向朱子学新注学的转变过程中，一直都流传着清原赖业（1122~1189）的"中庸本经说"，甚至是"大学表出说"。江户时代撰写的《大日本史》为清原赖业作传的时候，也因袭了这种传说。"清原赖业……尝读礼记，表出中庸，据

---

① 《花园院御记》，载〔日〕细川润次郎等编《古事类苑 文学部二》，吉川弘文馆，1983，第763页。

② 〔日〕一条兼良：《尺素往来》，载《群书类丛》第六卷，内外书籍，1931，第607页。

③ 〔日〕德川光国编《大日本史》第二百一十七卷，吉川弘文馆，1911，第287页。

本经为解，不取旧注，赖业与宋朱熹同时，熹注未传，其所见适相暗合，人以为奇。"① 可见江户学者对于这一传说并不怀疑。《大日本史》上述的记载依据的是《康富记》的如下记载："中庸注事，以本经为家说，不被执新注之由事，仁安比有大外记殿下（即清原赖业）奥书，件当年淳熙己酉也，朱熹新注未渡时节也，自然相叶道理，奇特之至也。"② 而清原宣贤比《康富记》中的"中庸本经说"更要前进数步，将"大学表出"之功也归于清原赖业。③《中庸》和《大学》都是朱子学四书中的重要组成部分，这样的传说似乎就是在说明清原家新注学的产生是与朱熹同步的，而不是受到朱子学的影响才产生的，更排斥日本的五山禅僧将朱子学新注学介绍到公家学问体系中的作用。

实际上，据后人考证，清原赖业的"中庸本经说"和"大学表出说"都是不可靠的，这很可能是清原业忠（1409~1467）或者是清原宣贤（1475~1550）的谣言而已。④ 清原家的这种伪作是为了维持自己在新注学上的权威，尤其是在清原家学开始由汉唐旧注学向着新旧注折中转变的时候，其力图否认禅僧在新注学中所起到的介绍作用。

因此，不存在博士家学自身主动摄取朱子学新注学的可能，五山禅僧实际上是向日本公家学问体系介绍新注学最基本的力量。这样也就导致了公家的学问体系在接受朱子学新注学时会被禅僧

---

① 〔日〕德川光国编《大日本史》第一百五十一卷，吉川弘文馆，1911，第55页。
② 《康富记》，载〔日〕细川润次郎等编《古事类苑 文学部二》，吉川弘文馆，1983，第766页。
③ 〔日〕和岛芳男：《日本宋学史的研究》，吉川弘文馆，1988，第44页。
④ 〔日〕和岛芳男：《日本宋学史的研究》，吉川弘文馆，1988，第45页。

对朱子学的理解所左右的现象的产生。花园天皇对此描述如下："元亨二年七月廿七日癸亥，谈尚书人数同先先，其义等不能具记，行亲义其意涉佛教，其词似禅家，近日禁里之风也，即是宋朝之义也。""元亨三年七月十九日己酉，凡近日朝臣多以儒教立身，尤可然，政道之中兴，又因兹欤，而上下合体所被立之道，是近代中绝之故，都无知实仪，只依周易、论、孟、大学、中庸立义，无口传之间，面面立自己之风，依是或有难谤等欤，然而于大体者岂有疑殆乎？但近日风体以理学为先，不拘礼义之间，颇有隐士放游之风，于朝臣者不可然欤，此是则近日之弊也，君子可慎之，况至于道之玄微，有未尽耳，君子深可知之。"① 从"其意涉佛教，其词似禅家，近日禁里之风也，即是宋朝之义也"和"近日风体以理学为先，不拘礼义之间，颇有隐士放游之风"之中可以看出，五山禅僧们在向公家介绍朱子学的时候掺杂了禅宗教义，甚至可以说仍然是基于禅儒一致构造来介绍朱子学的，公家接受的朱子学深受此影响。公家的学术体系中渐渐地有了朱子学新注学的内容，这可以看作禅儒一致构造除了在禅僧们内部增加朱子学的内容以外，对外辐射的结果。

在禅儒一致构造下五山禅僧们向公家这个平台介绍朱子学新注学内容的时候，因为五山禅僧们除对朱子学略有了解以外，对其他的儒学教养缺乏了解，加之日本的明经博士家作为朝廷的师行家一直维系着儒学权威，这样就促成了在中世日本拥有朱子学知识背景的五山禅僧与拥有相当儒学基础的明经博士家在广义儒

---

① 《花园院御记》，载〔日〕细川润次郎等编《古事类苑 文学部二》，吉川弘文馆，1983，第763页。

学范围内"互动"的有利条件。

室町时代以来,与明经清原博士家交往的是禅僧瑞溪周凤等人。在禅僧瑞溪周凤的著作《卧云日件录》中记载了其与明经博士清原业忠(1409~1467)的密切交往。"宽正七年二月三日,外记常忠居士来话次曰:四书大全永乐年中所撰也,论语三省三 等之三字,注云:自然平声,使然两音,盖一二三则自然也,三宿三具则使然也。"① 从瑞溪周凤与清原业忠的谈话中可以看出,虽然提到了与朱子学相关的《四书大全》,但是二者的谈话显然不是围绕着朱子学展开的,更没有涉及朱子学的学说体系,而只是延续了以往汉唐训诂学所关注的记诵之类的承载方式。从这个意义上说,尽管从表面上看,禅僧起到把朱子学介绍给明经博士家的作用,而明经博士家似乎也能够通过自己的儒学基础来补足五山禅僧们先天儒学基础的不足,二者似乎可以相得益彰,但是实际上,从上述二者交往的例子中来看,并没有产生促使朱子学被双方所深入摄取的作用。

尽管在日本禅儒一致这种构造下,并没有明确地使朱子学更新中世公家的学说体系,但是一般认为受到五山禅僧们对朱子学论说的长久刺激,明经家尤其是清原家开始有了将朱子学的新注学纳入自己家学体系中去的意图。但在笔者看来,清原家对朱子学新注学的摄取行为,并不能与王朝时代吸收汉唐儒学的制度行为相提并论。即便是到了清原宣贤(1475~1550)的时候,虽然他的治学与清原业忠有所不同,清原业忠是以古注为主参以新注,而清原宣贤则是以朱子学的新注为主参以古注。② 但是就清原博士

---

① 《卧云日件录》,载〔日〕细川润次郎等编《古事类苑 文学部二》,吉川弘文馆,1983,第765页。
② 朱谦之:《日本的朱子学》,人民出版社,2000,第99页。

家的儒学实质而言,从下面的这个例子中就可以看出来。庆长九年(1604)德川家康(1543~1616)询问清原秀贤,"新注古注义理相违之处",清原秀贤答道:"新注义理虽精微却而浅,古注其义虽不精却而得道心处深。"① 这种貌似对古注和新注公允的评论,实际上反映的是清原博士家在应对朱子学的时候采取了一种消极折中的方法。在这个意义上说,不论清原博士家对朱子学学说的理解与五山禅僧们相比有多高明,实际上博士家与五山禅僧,在与真正的朱子学者的距离上,不过是五十步和一百步的关系而已。

第五节　小结

在中国禅儒一致构造的影响下,朱子学在日本禅宗的确立过程中,以他者甚至可以说是陌生人的身份做客日本。儒学作为一种文化体系在中国文明的演进中具有一种原理地位,到了朱子学的时候,更是以其宏大的哲学体系贯穿宇宙、自然和人类社会。除这种宏大、无所不包以外,朱子学尽管仍然论证的是封建社会伦理道德的正当性,但从其学说体系来看,其论证与中国封建王朝的关联度很低,基本上是以一种哲学的、较为间接的方式来进行的。这种宏大的和间接的论证方式使得朱子学具有一种普遍性的特质,正是朱子学的普遍性,使朱子学更容易向周边国家传播。但吊诡的是,朱子学进入日本,是以一种他者身份由禅僧引入的,

---

① 《卧云日件录》,载〔日〕细川润次郎等编《古事类苑 文学部二》,吉川弘文馆,1983,第765~766页。

第二章 朱子学在日本中世的依附性存在

而且在朱子学相关经典和基本学说等都被引入日本以后，可以说朱子学作为一种文化体系被相对完整地引入日本了。朱子学被相对完整地引入日本，似乎已经突破了以往因为地理阻隔而造成的他者身份性质，其已经直接地存在于日本了。实际上，即便是完整的朱子学已经直接地存在于日本并存续下来，但是对于日本社会而言，朱子学还是一种他者身份，其存在还是一种依附性的存在。这就是永田广志所说的"普遍性的思想被地域性的思想和特殊性的思想所代言"① 所造成的结果。

具体说来，朱子学进入中世日本以后，并没有在地域性日本这个层面上，使得朱子学学说体系日渐被接受，然后在此基础上产生出日本的朱子学者，进而使日本朱子学者将朱子学学说体系向社会进行辐射，从而促使朱子学向拓展文化空间和制度空间的方向演进。相反，其只停留在朱子学学说体系被介绍和相关整理的阶段，这个阶段是通过禅僧和博士家学对朱子学的应对来完成的，也就是说朱子学只是成为五山禅僧和世系博士家学知识教养中的一部分而已。这个过程也就是朱子学依附性存在的过程。依托禅儒一致构造，朱子学实际上成为五山禅僧教养体系中的一部分。朱子学并不是日本临济禅宗所必须关注的一部分，他们更不需要围绕着朱子学来论证禅宗的合理性，相反，对绝大多数禅僧而言，朱子学只是知识教养延伸的一部分，某种程度上在虎关师炼和义堂周信所代表的禅僧那里，它甚至是消极的一部分。

中世日本朱子学主要是依附于禅儒一致构造才得以存续的，

---

① 〔日〕永田广志：《日本哲学思想史》，陈应年等译，商务印书馆，1983，第3页。

因为在禅儒一致构造中存在与朱子学的某种亲近关系。在日本社会整体的作用下，禅宗进一步世俗化，其所发挥的作用与其说是作为一种宗教体系，不如说是作为世俗文化体系的比重越来越大。这就意味着日本临济禅宗的禅儒一致构造中对儒学的亲近关系的可能性和所占的比重将日渐增大。在现实社会的期望下，禅僧专注于儒学尤其是朱子学的知识和修养是被鼓励的。而当禅僧需要将禅宗向外传播和辐射的时候，其说教中的重要部分就是迎合世俗社会的儒学修养需要。

从镰仓时期到战国时代末期，日本的禅僧是诗歌、艺术和儒学学问的承载者，而不仅仅是参禅的修炼者。比如说，即便是在对朱子学持激烈驳斥态度的虎关师炼那里，也可以看出这种多样化的存在。虎关师炼虽然对韩愈的排佛论不满，但是他又对韩愈的文学造诣赞叹不已，并且他自身也创作了大量的诗歌。这样由于禅僧本身的多样化存在，问题的重点转移到了在禅僧的多样化存在中包含的文学，尤其是朱子学部分，是如何由被引入到被亲近，乃至出现某种程度上游离于禅宗的文学和朱子学。禅僧所处的开放社会系统，促成了禅僧向着以文学和朱子学为代表的世俗文化体系的承载者的转变。而且在这个开放的社会系统中，禅僧得以具有主动性和选择性。具体说来，本来禅宗与诗歌、朱子学的关系应该属于不同阶层乃至是不同价值体系之间的对手关系，但是由于日本的社会环境，反而转变为一种狭义上的只是在日本临济禅宗范围内的内部关系了，这种情境下，不难想象日本禅僧所具有的主动性和选择权。

正是因为如此，日本以往儒学的衰落，朱子学鲜明的排佛立场以及某些与禅宗的根本冲突，在日本本土禅僧那里所造成的影响是不大的，反而朱子学在某种程度上能被作为一种知识和教养被禅僧主动地接纳，进而对其有了初步的研究和传播。当然禅儒一致构造也规定着日本本土禅僧与朱子学亲近关系的限度——禅儒一致构造中的根本边界就是始终坚持禅宗的认同感和优越感。因此，五山禅僧对朱子学理解的限度最多停留在一种知识层面上而已。"他们完全没有对儒学，尤其是宋学的本质的理解……禅林的儒学原来就建立在方便之一之上的，而这种方便不必非要经历过古注学的基础学习，突然就采取了新注，并且由于与禅的哲学从观念上联系起来，最终导致不能把握宋学本来的意义。"①"五山僧侣的儒学方面对士大夫提倡伦理纲常、德治主义的经世论的方面不太关心。"② 也就是说，尽管在五山禅僧的知识教养体系中，朱子学的部分可能会日渐吸引五山禅僧们的注意，但是这与中国朱子学者对朱子学学说体系的执着和关心是不可同日而语的。

五山禅僧与天皇朝廷公家体系的往来，造成了作为五山禅僧知识教养的朱子学部分开始被介绍到公家学说体系中去的局面。尽管公卿贵族曾与儒学建立密切的授受关系，造就了日本儒学的辉煌，但是王朝时代衰落以后，公卿贵族的儒学教养所剩无几，他们自然不能区分出汉唐训诂儒学和朱子性理学的区别，因此并没有实现公家这个学说体系向朱子学性理学的转换。只是受到了五山禅僧长久性的刺激，作为公家学说体系组成部分的博士家学开始试图将朱子学这种学说体系以一种知识的形式纳入博士家学范围，其中清原博士家采取的是新旧注折中的办法，将朱子学对

---

① 〔日〕和岛芳男：《中世的儒学》，吉川弘文馆，1996，第90页。
② 〔日〕万羽正朋：《日本儒教论》，三笠书房，1939，第70页。

四书的解读学说纳入其家学范围，保持博士家学在儒学上的权威。但是从博士家学来看，其没有着眼于汉唐训诂旧注学和朱子新注学的区别，清原秀贤对新旧注学貌似公允的折中，表现出来的是对旧注学的依恋，对朱子学的消极态度。尽管对于有着较深儒学基础的博士家学来说，其与朱子学的距离应该是最近的，其对朱子学哲学的理解事实上也比五山禅僧要深刻得多，但是还不可以说博士家学所作所为就是在传播朱子学，博士家就是朱子学者。五山禅僧与日本旧有儒学基础的"互动"并没有带来促使日本朱子学产生的逻辑效果。

朱子学被引入日本的命运就被这些"地域性和特殊性"所界定和掌握着，朱子学在中世日本就是通过五山禅僧和博士家之手而依附性地存在着的。经过五山禅僧与博士家对朱子学的应对和整理，不可否认，他们在日本朱子学产生的必要环节——对其基本学说的介绍和吸收上是有所贡献的。但是从逻辑上判断的话，这只是一个环节的完成，不能据此说明日本朱子学的产生。进一步说，因为这个环节是通过间接的承载者，而不是通过直接的朱子学者来进行的，所以更无法构建出朱子学学说体系，以及确定朱子学学说与其他学说的关系。对照后来朱子学的发展可以看出，朱子学在由中世日本向近世日本转变中所发生的最重要变化，就是由依附性、被代言的朱子学，变为以自己为主体扩展文化空间和制度空间的日本朱子学。这个最重要变化的首要前提就是直接的朱子学承载者——日本朱子学者的产生。

第三章
日本朱子学者的产生

自从朱子学的相关学说引入中世日本以后，并没有产生以朱子学为其思想重心的朱子学者，因而朱子学在日本处于一种由禅僧和博士家学界定和掌握的局面。在这种境遇下，朱子学处在一种附属性的地位，既谈不上日本朱子学的确立，更无法奢谈朱子学在日本实现文化空间和制度空间上的扩展了。但是自日本战国时代末期以来，朱子学开始在以藤原惺窝和林罗山为代表的学者的思想中确立起重心位置。从这个意义上说，日本朱子学开始摆脱在中世日本的附属性地位，而开始了其自觉的确立过程。但是与以藤原惺窝和林罗山为代表的学者开始向日本朱子学者转变，从而开启日本朱子学确立的过程相对应的是，日本的政治权力以及旧有的诸如禅僧阶层和博士家学的文化承载者们，还在保持着与朱子学说的距离，而没有自觉地加入日本朱子学的确立过程中来。这就大大地降低了日本朱子学者的产生对于促使日本朱子学确立的效能。因为尽管在朱子学者那里实现了以朱子学为其思想的重心，但是在政治权力层面和在固有的文化承载者那里无法同步得到类似的正面响应，所以日本朱子学者的产生对日本朱子学的确立只能起到点状的促进作用，而不能通过实现其与政治权力、固有文化承载者的联结，对日本朱子学的确立起到面状的促进作用。

第一节　战国时代末期日本与朱子学的距离

一　非轴心文明与"天道"思想

作为一种描述政治秩序的价值体系，其往往以一种软力量参与到政治的变迁中去，诸如中国儒学。尽管在王朝更替、诸侯争霸的时候很难界定儒学在具体的操作中起到哪些作用，这时候起作用的往往是军事的硬实力和谋略的对决，但显然的是，一旦平定天下，儒学作为一种软力量，其在借助群体的划分从而实现机能上的整合方面所起到的作用，往往是各种有形力量所不可企及的。基于此，中国文明的发展特点可以归结为轴心文明的发展模式。"轴心文明（用卡尔·贾斯帕斯的术语），我所涉及的那些文明形成与从公元前500年至公元一世纪甚或至伊斯兰教诞生的这一时期，在这一时期内出现了新型的本体论的观念以及超验的和世俗秩序间的基本张力的概念，并将其制度化。这发生在世界的许多地方：在古代以色列及后来的第二圣殿的犹太教和基督教；在古希腊；在波斯教的伊朗；在早期的中华帝国（虽然有些学者表示了在我认为是不正确的怀疑，即中国是否能视为一个轴心文明，正如我们将在第16章中表述的那样）；在印度教和佛教中；以及轴心时代本身之后在伊斯兰教中。"① 作为轴心文明形成

---

① 〔美〕S.N. 艾森斯塔特：《日本文明：一个比较的视角》，王晓山、戴茸译，商务印书馆，2008，第22页。

的首要步骤——"出现了新型的本体论的观念以及超验的和世俗秩序间的基本张力的概念"的这个过程,余英时也将其界定为"哲学的突破"。① 轴心文明的发展模式就在于,在文明的演进中,需要依据完成了"哲学的突破"的文化体系所提供的完整秩序观念来重构世俗世界。而世俗世界中"政治秩序——作为世俗秩序的中心位点或中心位点之一——通常被认为较超验秩序的层次要低,因而它不得不按照超验的戒律重新架构,首先要按照克服超验的和世俗的秩序之间张力的适当方法的观念,以及按照获得拯救或达到正确的超验观念的概念来重新架构。那些拥有责任的统治者们往往依照这样的观念来组织政治秩序"。② 作为轴心文明体系代表的儒学在中国封建社会的建构中就是起到这种作用的。

相反,日本不属于轴心文明发展模式,这就导致在日本文明的发展中存在着日本固有文化体系阐发与日本社会演进不同步、落差和不适应感。比如在天皇朝廷时期,这时日本逐渐形成了以天照大神为主神的神话体系,并且已经出现了神话的体系化、政治化趋势,即"皇室的祖先神天照大神成为主神,其他各氏族神则与天照大神结成尊卑与亲缘关系"。③ 这也大体适应了当时的政权组织情况,即天照大神的子孙处于最高政治地位,但其他的氏族贵族也依靠自己的祖先神与天照大神的关系而享有政治权力。但是这种神话体系并没有实现"哲学的突破",所以日本当时没有

---

① 余英时:《士与中国文化》,上海人民出版社,1987,第29~33页。
② 〔美〕S. N. 艾森斯塔特:《日本文明:一个比较的视角》,王晓山、戴茸译,商务印书馆,2008,第23页。
③ 王家骅:《儒家思想与日本文化》,浙江人民出版社,1990,第16页。

形成关于高级社会构造原理的理论。故当日本社会组织形式朝着天皇专制中央集权这一更高形态迈进的时候，日本传统神话体系就显露出明显的不适应，或者说还处于待阐发状态，日本社会无法通过这种神话传说来削弱地方各部族族长的权力。这是日本古代社会大规模地、有意识地摄入中国儒学和佛教并借此整合日本政治秩序的原因。就佛教而言，尽管摄取佛教与信奉佛教并不可同日而语，但是"革新的推行者纵然不崇信佛教，但是堪称世界宗教之一的佛教与前一时期进行的，由各部族建立的诸神的血缘关系相比，在削弱地方部族族长的权力上更有效"。① 就儒学而言，与中国成熟的中央集权相适应的儒学被王朝所看中，从圣德太子的《十七条宪法》中可以看出，其借助儒学理论来说明天皇权力的至高性。比如第12条说"国非二君，民无二主，率土和民，以王为主""君言臣承"，从中可以看出中国儒学为日本建立新政治秩序所提供的政治理念。

如果说王朝时代通过引入中国的佛教和儒学来弥补自身在文化体系上的先天不足，那么随着王朝的衰落，在天皇和朝廷退出政治舞台，而武士开始主导日本政治舞台的时候，其对于在先天不足的文化体系上所做的努力，甚至无法与王朝时代积极引入中华观念体系的做法相比。王朝时代所遵循的文化体系与政治秩序的内在自觉逻辑，几乎被武士那种依靠纯粹的实力和谋略，通过争霸的形式，由最终的胜利者来掌握政治权力和政治秩序的自然方式所取代了。这种掌握最高政治权力和政治秩序的方式之所以

---

① 〔日〕永田广志：《日本哲学思想史》，陈应年等译，商务印书馆，1983，第15页。

是自然的，是因为最高权力者完全是基于实力而定的，只要实力允许，武士都可以成为最高权力者，他们需要做的只是成为争霸中的胜利者并保持下去。

但是就武士在日本文明演进中所起到的作用而言，不能仅仅局限于对这种显性的纯粹武力的强调上。天皇朝廷的衰落，导致王朝时代所构建的文化体系和政治秩序的内在联系无以为继。在随后日本社会的演进中，武士阶级"在不断的政治斗争中开始靠近权力的中央，逐步地建立了以这个阶层为主的统治方式。……这就使得武士阶级成为日本社会的主导力量，武士阶级也当然地成为权力和统治的象征"。① 天皇朝廷衰落之后，在整个日本社会中，武士阶级对政治权力和政治秩序拥有独一无二的主导权之后，武士阶级也面临着需要对自己主导的这种政治权力和政治秩序进行正当性的说明的问题。也就是说，武士阶级所主导的日本文明演进，除了通过显性的武力争霸方式以外，也通过寻求某种文化体系的隐性方式来说明其统治秩序的合法性，并将某种文化体系作为自己政治秩序的"批准者"。就武士寻求某种文化体系这种隐性的方式来说明武士存在的合法性而言，自王朝衰落以来，在武士主导日本政治舞台的历史长河中，最能体现出武士对自身和对自己的行为意识觉醒的阶段，就是战国时代。坂田吉雄认为，战国时代的武士不应该被视为普通的武士，而是具有体现意识觉醒的"应然的武士"，其行为也是导向"应然的武士社会"的，"武士理念"就是在应仁之乱（1467～1477）以后持续约一百年时间

---

① 陈景彦：《19世纪中日知识分子比较研究》，吉林人民出版社，2006，第186页。

的战国时代所变化发展的，最终以德川幕府的成立完成了新秩序的创建。①

可以想象得出，在主要以武力为特征的武士阶层以文化的方式来说明自己行为合法性的时候，其一定具有简单实用主义的特征。因为武士先天与文化体系并没有内在的联系，所以武士说明自己权力来源和正当性的时候，采取的是只言片语地援引王朝时代所摄取的中国文化体系。具体而言，就是将"天道"思想作为武士行为和秩序的"文化批准者"。因为"唯有'天道'思想才真正能通过'对原理忠诚'的逻辑，使'叛逆'在社会和政治中正当化"。② 武士所信奉的"天道"是武士在随意性和实用主义考虑下选取的结果，虽然"天道"思想来自中国儒学的重要范畴，但武士信奉的"天道"并不意味着其与整体意义上的中国儒学联结在一起，而且武士的"天道"思想也不需要专门的知识者对此进行综合和以此进行规范。

在日本，自王朝衰落以后，武士阶级争霸的"下克上"行为，导致执政者乃至政权的更替变得普遍和频繁起来。具有天皇与幕府争斗背景的承久之乱（1221）以后，这种"天道"思想和双方承担义务的主从观念进一步促使武士间"下克上"的争霸行为流行起来。③ "天道"思想就这样成为武士"下克上"的争霸行为的"批准者"了。战国时代武将的"天道"思想具有相反的两个侧

---

① 〔日〕坂田吉雄：《战国武士（武士的思想〈特集〉）》，《季刊日本思想史》，（通号10），1979，第23页。
② 〔日〕丸山真男：《福泽谕吉与日本的近代化》，区建英译，学林出版社，1992，第117页。
③ 〔日〕石田一良编《体系日本史丛书22 思想史Ⅱ》，山川出版社，1976，第7页。

面，神秘性质的一面和伦理性质的一面。①"天道"思想神秘性质的一面，并不一定就阻碍武士现实的活动。因为战国武士的命运总是被不可测的偶然的机会所决定着，不得不体验激烈命运沉浮的战国武士们尽管不知道"天道"所安排的自己的命运如何，但是因为不能抗拒命运的安排，所以反而增强了战国武士们通过生存来验证自己的命运的冲动。这样在以天下统一为目标的武士的争斗中，武士相互间都企图通过"天道"来使对方服从自己，将征服者和臣服者关系的确立视为"天道"使然。就是说，通过实力对决的结果证明"天道"所归何人。争斗的胜利者可以证明"天道"站在自己这一方，从而使得自己的地位具有合法性，而败者将自己的失败归结为"天道"安排。

尽管这种说明带有一种事后英雄的随意性，但其还是将武士直接的争斗行为转换为一种间接的暗中"天道"证明。"政治权力的变动与个人的兴亡，是依照超越性绝对性的存在——天道的意志进行的，是直接接受现实秩序之变化的理论。"② 在战国时代武士长久的争斗中，"天道"这种观念，开始成为武士争斗行为中的一个恒常观念，在很大程度上改变了以往武士争斗行为仅仅取决于实力对决的纯自然方式，"天道"这个形而上学的观念为武士争斗行为增添了新的维度。

除此以外，武士还从另一种层面上把握和体认"天道"，这种意义上"天道"作用的发挥基于秩序和善恶的伦理标准，并与现

---

① 〔日〕石毛忠：《江户时代初期关于天的思想》，《日本思想史研究》（通号2），1968，第23页。
② 〔日〕三宅正彦：《日本儒学思想史》，陈化北译，山东大学出版社，1997，第18页。

实中武士的行为息息相关。这就是石毛忠所认为的"天道"思想的伦理性质的一面。因为"天道"思想神秘性质的一面和伦理性质的一面是互为表里的，这两个方面互动的紧密关系就成为战国武士行为的准则。①

这样"天道"思想观念成为武士思维的重要组成部分，其进而会在武士所主导的政治权力和政治秩序的运营中日渐具有影响力。从这个意义上说，武士以其长久的争斗行为为背景，摸索出了武士特有的哲学思想观念——"天道"思想。尽管其在这个层次上的综合，无法与轴心文明模式那种成为世俗秩序"批准者"和居于原理作用的文化体系相媲美，但是从"天道"思想的作用来看，其成为武士政治权力和政治秩序的"文化批准者"，并在很大程度上介入了武士"下克上"的争斗行为，使得这种争斗行为在某种程度上变得有章可循。

武士的"天道"思想除体现出实用主义的随意性特征以外，还混杂了儒教、佛教和道教的思想，并且就战国时代的武士阶层而言，实用主义的"天道"思想，从中还看不出走向哲学深化和体系综合化的可能，至多只能是受王朝时代的儒学影响而只言片语地援引而已。而朱子学作为一种非常成熟的形而上学的理论，贯通自然、宇宙和人类社会，把孔孟儒学那种以贴近社会实践的伦理扩展至包括本体论和认识论以及关于人道德起源和道德修养的庞大哲学体系。尽管它从镰仓时期就已经被引入日本社会，但是作为一种学问修养，其没有进入主导日本社会的武士阶级视野

---

① 〔日〕石毛忠：《江户时代初期关于天的思想》，《日本思想史研究》（通号2），1968，第25页。

中，更无法作为一种价值体系，参与到武士的政治权力和政治秩序中去。战国时代武士的"天道"思想，充其量只是对王朝时代所遗留下来的儒学基础的重新利用，其无疑与朱子学存在着很大距离，并且从武士阶层那里也看不出由"天道"思想过渡到朱子学说的努力和自觉。究其原因，除两种学说的距离以外，更重要的则在于，战国时代武士阶层对文化修养上先天的疏远，所以朱子学理论与武士阶层的距离，就转化为作为文化承载者的日本旧有文化阶层——主要是禅僧和博士家，与朱子学的距离。

二 五山禅僧、博士家与朱子学的距离

如果反省现今对中世朱子学的研究的话，那么就可以看出，为了阐明中世日本朱子学的存在情况，为了以一种直接和明确的逻辑进行阐述，现今的研究采取的切入点是与中世日本朱子学直接相关的禅儒一致构造，似乎朱子学的发展就是在这种构造的促使下一直朝着正方向（指有利于朱子学的发展方向）前进着，实际上并不尽然。笔者在梳理资料的过程中发现，日本的禅儒一致构造，尽管对日本朱子学的产生起到了不可否认的作用，至少在朱子学在日本的介绍和整理这个环节来看的确如此，这一点也可以从江户时代日本朱子学学者大多出身于五山或者与五山文学有所渊源中得到证明。但是笔者在介绍日本禅儒一致构造的时候，除了阐释其对朱子学的研究和接受的事实以外，还认为日本的禅儒一致构造对朱子学所起到的并不都是助产婆作用。

比如虎关师炼和义堂周信视野中的朱子学竟是一种否定性的存在，笔者还注意到在绝大多数禅僧的视野中鲜有朱子学的影子，他们对朱子学持一种漠视的态度。这是因为朱子学处在一种对他

者的依附性存在境遇下，在这种情况下，他们不可能从朱子学角度去界定其与禅宗的关系。相反，因为朱子学依托日本临济禅宗和日本禅僧而存在，所以对于五山禅僧而言，其对朱子学是一种单向度的界定。这种单向度的界定既可以视朱子学为一种有用的知识教养体系，也可以视朱子学为无物。在这种单向度的界定中，五山禅僧们无疑具有很大的选择空间和自主性。正是因为五山禅僧具有很大的选择空间和自主性，所以在其日渐介入世俗社会的时候，促使五山文学由宗教性的禅文学向关注诗文和儒学这些世俗文化转变。正是因为五山禅僧的自主性加强了其对朱子学的亲近感，并使其着手对朱子学进行介绍和整理工作。

但是五山禅僧对于涉猎世俗的文化包括朱子学成分在内，只是在禅儒一致的论说和立场下，这使得禅宗和诗文、朱子学无矛盾地共存着，并不会使其反过来挤压、挤占五山禅僧们对禅宗的认同感和优越感。如果从量化的角度上看，在很多禅僧那里，在其学问和兴趣中朱子学有一席之地，但是对整个禅僧阶层来说，朱子学对他们而言还不是必需品。就笔者所查阅的有关禅宗的经典著作中，言及朱子学的只是少数。但后来的研究者在对五山禅僧与朱子学的关系进行论证的时候，往往依靠的是几位关键的禅僧对朱子学的亲近感。这种亲近感似乎给人造成了一种假象，即对禅僧而言朱子学是其必需品，这实在是一种历史的错觉。如果这不是一种错觉的话，则就很难解释为什么从镰仓时期开始朱子学的经典进入日本，却直到四百年后的江户时代日本才出现专于朱子学的儒学者阶层。在如此漫长的时间里，只能说明朱子学在日本的禅儒一致构造中得以延续，有些禅僧对朱子学有着亲近感，并着手对朱子学进行整理和研究，但是这种构造对于朱子学的发展而言，是一种弱构造，这种构造的意义只是为日本朱子学的产生做准备而已。

以经常被用来说明禅僧与朱子学具有亲近关系的室町时代的禅僧圆芳仲伊和翱之慧凤为例，尽管他们在著作中用汉语写就诗文的比例已经很大，但是这二人也很少提及朱子学。比如禅僧圆芳仲伊在其《懒漫室稿》中明确提及朱子学的只有一处："时紫阳朱元晦庵为天下儒宗，以纲常为己责，心究造化之原，身体天地之运，虽韩、欧之徒，恐当敛衽而缩退矣。抵排异端，甚斥释氏。及见圆悟梅花诗，唱酬不已。稍稍游其门，虽未能至我奥，而潜知有圣贤之道妙，以足讨论焉乎。"① 在圆芳仲伊的著作中仅此一处提及朱子学，不能说明其对朱子学具有多大的兴趣。从其"时紫阳朱元晦庵为天下儒宗，以纲常为己责，心究造化之原，身体天地之运。虽韩欧之徒，恐当敛衽而缩退矣"中可以看出，他对朱子学的认识只停留在有所了解的这个层面上。

同样，翱之慧凤在其著作《竹居清事》中也很少提及朱子学。"主人要更就予述晦庵之义，建安朱夫子，出于赵宗南迁之后，有泰山岩岩之气象。截战国秦汉以来，上下数千岁间，诸儒舌头，躬出新意，圣贤心胸，如披雾而见太清。数百年后，儒门伟人名流，是其所是，非其所非，置之于邹鲁圣贤之地位。仰之如泰山北斗，异矣哉！三光五岳之气，钟乎是人，不然奚以致有此乎？"② 从中可以看出，尽管翱之慧凤对朱熹的评价不乏溢美之词，但是与禅

---

① 〔日〕圆芳仲伊：《懒漫室稿》，载〔日〕上村观光编《五山文学全集》第3卷，思文阁，1992，第2511页。
② 〔日〕翱之慧凤：《竹居清事》，载〔日〕上村观光编《五山文学全集》第3卷，思文阁，1992，第2813页。

僧圆芳仲伊一样，他们对朱子学只能算是浅尝辄止，并没有深入朱子学的哲学体系和价值观中去。二者在著作中并没有以朱子学为中心进行阐述，因此他们只能算是提及了朱子学而已。

因此，在日本禅儒一致构造中，在禅宗的基本框架内，朱子学被作为一种知识体系提及和接受，当时日本禅僧并不具有深入研究朱子学，然后从朱子学角度来界定朱子学与禅宗关系的可能。相反，如果他们日渐亲近朱子学、深入对朱子学的认识，那么其就会开始意识到朱子学与作为佛教的禅宗的冲突。这个时候他们就会面临两种选择：一种选择就是仍然试图无矛盾地亲近和钻研朱子学，但仍是禅僧，仍在禅宗的框架内进行；另一种就是开始与佛教禅宗保持距离，开始反省朱子学与禅宗的关系。这个时候日本禅僧对于朱子学的接受就不再将其限定于一种知识和教养范围内，可以说他们因对朱子学体系的深入研究而信奉朱子学的价值观，这进而体现在行为上的蓄发还俗，向着专于朱子学的儒学者转化。但是这种情况的发生只能是个别禅僧的行为，不可以称之为禅僧阶层的行为趋势。

而探究博士家与朱子学的关系，可以从如下两个角度开始，即从博士家学为中世日本朱子学所做的贡献，或从博士家学为近世朱子学者诸如藤原惺窝和林罗山的思想形成所做的贡献。这两个角度显而易见的区别点就在于对时间段的截取，一个是中世，另一个是近世。

如果从博士家学为近世朱子学者诸如藤原惺窝和林罗山思想的形成所做贡献的角度来分析的话，那么源了圆认为从清原家新古注折中学风的确立，以及其对朱子学的经典《大学》和《中庸》的尊重来看的话，清原家的学问为藤原惺窝和林罗山等人做了准备，尤其林罗山的学问与清原家更是有很深的渊源关系。① 和岛芳男也认为，林罗山与清原家很有渊源，其在学问内容上是从学习清原家的佛儒融合、新古注折中之学开始的，然后通过从藤原惺窝那里学习研究方法，才对朱子学倾倒，确立了自己的主体立场。② 今中宽司更是依据清原秀贤在《庆长日件录》中的记载，"庆长八年十月廿九日，林又三郎（即林罗山，笔者注）来谈，双樽两种惠之。同年十一月四日，林又三郎书简遗之。同九年正月元日，林又三郎来，扇子五木给之。同年四月二十七日，林又三郎来，果子折披惠赠之间，即女御殿令进士毕"，而得出林罗山与清原家关系密切的结论，因此林罗山对清原家学比较熟悉的一条路径就是从清原秀贤处获得的。因此，林罗山元和四年（1619）所著的《四书集注点本》被认为是忠实地祖述了清原家点法，林罗山对明经家的点法是极其谦虚地遵从着的。这样朝廷师行的明经家，尤其是清原家，其从清原业忠开始就在公武禅林中讲解新注学，在宣贤时代完成了四书的新注本，这是朱子学研究的巨人功绩，为藤原惺窝和林罗山的朱子学研究提供了条件，甚至可以说，藤原惺窝和林罗山并没有走出明经家点法的范围。③

这些学者从清原博士家学对江户时代朱子学者藤原惺窝和林罗山影响的角度，肯定了清原博士家学对朱子学的贡献。但这个角度所遵循的逻辑是清原博士家学与近世朱子学的关系，更准确地说，是就博士家学对朱子学的介绍和整理这个环节上而言的。

---

① 〔日〕源了圆：《近世初期实学思想的研究》，创文社，1980，第146页。
② 〔日〕和岛芳男：《中世的儒学》，吉川弘文馆，1996，第271~272页。
③ 〔日〕今中宽司：《近世日本政治思想的成立》，创文社，1972，第303~304页。

因为博士家学在儒学基础上要强于五山禅僧，所以无疑其对朱子学的理解会比五山禅僧更高一筹。清原博士家对朱子学所依据的四书经典的整理训点甚至被视为"国风化日本朱子学"①。

如果从清原博士家学与中世日本朱子学关系的角度进行分析呢？很显然大约从清原业忠开始，清原博士家就开始了对朱子学新注学的关注，他们试图将朱子学新注学纳入家学的体系内，具体策略就是采用新旧注折中的方法。在对朱子学的介绍和整理训点这个环节上，清原博士家是积极和努力的。但是因为在中世日本朱子学者并没有产生，所以我们就不能像上述从清原博士家对近世朱子学者藤原惺窝和林罗山思想的形成所做的贡献的角度进行评判。虽然日本中世没有产生朱子学者，但是与清原博士家一样具有朱子学知识和修养的还有五山禅僧，室町时代以来与明经清原博士家交往的有禅僧瑞溪周凤等人。禅僧瑞溪周凤的著作《卧云日件录》中记载了其与明经博士清原业忠的密切交往，二者的交往虽然涉及朱子学，但没有深入朱子学的体系中去，而是仅限于在一些记诵技术方面进行交流。

因此可以得出这样一个似乎矛盾的结论，即清原博士家对中世同样具有朱子学背景的五山禅僧没有什么积极的影响，反而对近世的藤原惺窝和林罗山在朱子学方面施加了积极的影响。如果将这种矛盾的产生归结为与瑞溪周凤交往的清原业忠和与林罗山交往的清原秀贤，存在朱子学水平的差异的话，那么从上述德川家康询问清原秀贤关于新古注二者区别的事例中，就可以明白即便是清原秀贤也仍然坚持新古注折中的倾向，这一点实际上与清

---

① 〔日〕今中宽司：《近世日本政治思想的成立》，创文社，1972，第332页。

原业忠没有什么大的不同，因为新古注折中是清原家应对朱子学确定不移的策略。既然不是因为清原秀贤和清原业忠在朱子学水平上出现了质的差异，那么所谓的清原家学对近世的藤原惺窝和林罗山的朱子学思想形成起到重要作用，从逻辑上如果成立的话，那么这显然就取决于藤原惺窝和林罗山二人了。更准确地说，恰恰因为藤原惺窝和林罗山后来具有了明确的朱子学者身份，更因为二人与同时代的继承清原家学的清原秀贤有所渊源，所以才得出清原家学对他们二人的朱子学思想的形成施加了积极的影响的结论。

据此也就可以得出以下结论，就清原博士家学而言，其对朱子学的应对只是在家学允许的范围内对朱子学的介绍和整理训点，不可能脱离家学的束缚而信奉朱子学，并以此反省汉唐旧儒学和朱子学性理学的差别。因此其对朱子学的应对，并不能直接地促使日本朱子学产生，而只有当真正的日本朱子学者开始出现的时候，博士家学这种"地域性和特殊性的思想"才与朱子学建立了逻辑意义上的积极关系。换而言之，博士家学的确为日本朱子学者的思想形成做了相应准备，这种准备与近世日本社会其他层面上的准备一样，都不是自动指向促使日本朱子学形成的方向，从清原家来看，他们甚至还在保持着博士家学与朱子学的距离。

第二节　藤原惺窝作为朱子学者的产生

一　"排佛归儒"与藤原惺窝作为朱子学者的产生

从上节的分析中可以看出，不论是武士所代表的政治阶层，还是禅僧和博士家所代表的旧有文化承载者们，一直都在延续着中世以来与朱子学的距离，这种距离并没有随着日本进入战国时代和江户时代而有什么改变。在战国时代和江户初期坐标内，对日本朱子学的确立而言，具有首要意义的就是以藤原惺窝和林罗山为代表的学者在其思想中确立了以朱子学为重心，从而宣告了日本朱子学者的产生。

藤原惺窝被称为日本朱子学始祖，这个定论在某种程度上等同于另一个结论，即在江户时代藤原惺窝被视为第一个朱子学者。但是，藤原惺窝作为近世的日本朱子学始祖和作为朱子学者的产生，后人在对这二者的认识上所强调的侧重点又有所不同。具体说来，藤原惺窝成为近世日本朱子学始祖的原因，除其作为第一个朱子学者的身份被承认以外，就"始祖"而言，这还是与其学问传承联系在一起的。藤原惺窝之后，其学问大体上是由松永尺五（1592~1657）代表的京学派和林罗山代表的林家学派所继承和宣扬的，这应该是藤原惺窝被奉为近世日本朱子学者的最直接意义上的原因。藤原惺窝被其门生松永尺五和林罗山奉为近世日本朱子学的始祖的观点，渐渐地也就被其他人所接受了，在这一点上并没有什么争议。

后人在研究藤原惺窝时所出现的依据的事实和理论的不同，实际上都是因为要阐明藤原惺窝作为朱子学者如何产生和怎样产生的。换而言之，这些学者大多要借此阐明这样一个问题，即藤原惺窝作为近世日本朱子学始祖，他是以什么为契机和在什么因素促使下开拓出近世日本朱子学的。

一般认为，近世日本朱子学产生于近世思想由佛教的来世观向儒教的现世观转换的过程中，是从佛教中脱离出来的。而藤原惺窝就是在"排佛归儒"的契机下才成为朱子学者和开拓出近世日本朱子学的。最早从"排佛归儒"这个角度对藤原惺窝的生平经历和学术思想进行说明的，非其门生林罗山莫属了。林罗山对藤原惺窝的记述主要集中在《惺窝先生行状》中。从其对藤原惺窝的介绍中可以看出，藤原惺窝作为朱子学者的产生是通过"排佛归儒"的方式进行的。

其标志性事件如下。其一，他严词拒绝参加由丰臣秀次主持的五山禅僧在相国寺举行的诗会——"先生虽读佛书志在儒学。……十九年辛卯。……先生掉头曰：夫物以类聚，如韩孟相若，而后聊句可也，若否则如只脚著木屐，双脚著草鞋欤，其不耦也必矣，吾不欲耦于俑也"；其二，为了学习朱子学，他打算亲赴中国——"读圣贤性理之书，思当世无善师，而忽奋发欲入大明国，直到筑阳泛溟渤，逢风涛，漂著鬼海岛。先生常慕中华之风，欲见其文物，虽然其盛志不遂而归，先生以为圣人无常师，吾求之六经足矣"；其三，他通过与姜沆（1567～1618）的交往，而对朱子学的四书五经进行倭训——"（姜）沆称先生所居为广胖窝，先生自称曰惺窝，取诸上蔡所谓惺惺法也。本朝儒者博士，自古唯读汉唐注疏，点经传加倭训，然而至于程朱书未知什一。故性理之学，识者鲜矣，由是先生劝赤松氏使姜沆等十数辈，净书四书五经，先生自据程朱之意，为之训点。其功为大"；其四，他对自己以往的佛教经历进行反省，严格区分佛教与朱子学的区别，并且开始执儒礼——"世医意庵宗恂见先生。……先生以为我久从事于释氏，然有疑于心，读圣贤书，信而不疑，道果在兹，岂人伦外哉？释氏既绝仁种，又灭义理，是所以异端也。于是赤松氏闻之，遣童男婢奴奉仕焉，先生不拒。又劝别构一室，安圣牌以拟大成殿，试使贞顺等诸生，肆释奠礼，此礼既绝久矣，庶几以微渐而后遂大行也"。其中藤原惺窝"排佛归儒"最具标志性的事件莫过于"深衣道服"，并且他与禅僧就朱子学与佛教的区别进行辩论——"秋九月，幕下入洛。先生深衣道服谒，幕下欲听其言。时有浮屠和尚承兑、及灵三者，与先生旧相识，颇自负文字。……谓先生曰：有真有俗，今足下弃真还俗，我不唯惜执拂拈锤手而已，又为丛林惜之。先生曰：自佛者言之，有真谛有俗谛，有世闻有出世。若以我观之，则人伦皆真也，未闻呼君子为俗也，我恐僧徒乃是俗也，圣人何废人间世哉"。① 林罗山对藤原惺窝的概括就是："先生幼学，至壮不怠，出入于释老，阅历于诸家，兼习日本纪万叶集历代倭歌诗文等。其间读圣贤书，而后弃异学醇如也，故精义拆理，殆如破竹。……凡知先生者，推称中兴之明儒。"② 林罗山从"排佛归儒"这个意义上将藤原惺窝奉为近世日本朱子学的始祖，随后林罗山通过《惺窝先生行状》所阐释的"排佛归儒"的藤原惺窝样态，被江户时代的学者们作为事实所接受，这种对藤原惺窝的看法甚至还延续到了明治时代。井上哲次郎甚至依据藤原惺窝的"排佛归儒"，而将藤原惺窝看作推动日本"文艺复兴"的先驱人物。③

但渐渐也有学者对林罗山通过《惺窝先生行状》所塑造的"排佛归儒"的藤原惺窝样态持怀疑态度，从而开创了对藤原惺窝

---

① 〔日〕阿部吉雄等编《朱子学大系 13 日本的朱子学下》，明德出版社，1975，第 510 页。
② 〔日〕阿部吉雄等编《朱子学大系 13 日本的朱子学下》，明德出版社，1975，第 512 页。
③ 〔日〕井上哲次郎：《日本朱子学派的哲学》，富山房，1915，第 11 页。

研究的新的角度。比如今中宽司就对以《惺窝先生行状》为第一主义的研究方法持批判态度。① 以天正十九年（1591）藤原惺窝通过表示"排佛归儒"的言辞拒绝丰臣秀次主持的五山禅僧诗会为例，今中宽司认为，《惺窝先生行状》是林罗山在藤原惺窝去世后第二年（1620）所撰，尽管该书有着很高的可信度，但是关于藤原惺窝"排佛归儒"的事迹，该书作者并非直接耳闻。天正十九年以后，藤原惺窝还是承认自己相国寺舜首座的禅僧身份的，终生也没有放弃这个身份，从中可以看出，他并没有与佛教决裂以及排佛的意图。林罗山为了与当时同是德川家康幕僚的僧人崇传和天海对抗，才在《惺窝先生行状》中杜撰出藤原惺窝"排佛归儒"的传说，以说明自己作为儒官身份的正义性。② 这只是今中宽司否认林罗山《惺窝先生行状》关于藤原惺窝"排佛归儒"叙述方式的开始。今中宽司否定林罗山《惺窝先生行状》可信性的依据还有两个。一个是因为关于藤原惺窝对佛教态度的记载并不多，仅在《以两美人献登徒子》中有"右金吾求禅语，予性不好佛，故辞不可"③ 的记载，所以藤原惺窝在伴随其"归儒"过程中的"排佛"言论，除林罗山的记载以外，没有其他佐证，这样林罗山的记述就陷入孤证不立的境地；另一个是林罗山的儒学历程与藤原惺窝并不相同，藤原惺窝的儒学平台多集中在民间，而林罗山的儒学平台几乎体现在幕僚政治上，因此为了在幕僚政治中崛起，为了与僧人崇传和天海对抗，所以他存在借助藤原惺窝表达自己"排佛归儒"的意向。

---

① 〔日〕今中宽司：《近世日本政治思想的成立》，创文社，1972，第16页。
② 〔日〕今中宽司：《近世日本政治思想的成立》，创文社，1972，第25页。
③ 〔日〕国民精神文化研究所编《藤原惺窝集》卷上，思文阁，1978，第46页。

在否定林罗山的《惺窝先生行状》所塑造的"排佛归儒"的藤原惺窝样态之后，有的学者开始弥补《惺窝先生行状》的不足，也有的学者由此与林罗山的《惺窝先生行状》的叙述谨慎地保持着距离。比如金谷治在对藤原惺窝的研究中，摒弃林罗山所撰的《惺窝答问》和《惺窝先生行状》，在资料的选取上倚重藤原惺窝的《寸铁录》和《大学要略》等著作，以及重视藤原惺窝《文集》中的诗文部分。①

但这是否就意味着因为否定林罗山通过《惺窝先生行状》杜撰的"排佛归儒"样态，而就由此否定林罗山所撰的《惺窝先生行状》中的"事实"呢？大桑齐并不这样认为，他通过考证丰臣秀次主持诗会的相关史料，得出并不像今中宽司所说的那样相国寺诗会是林罗山杜撰的，进而否定林罗山塑造的"排佛归儒"的藤原惺窝样态的结论。他认为藤原惺窝拒绝出席诗会事件确是事实，只不过林罗山弄错了年代，但是藤原惺窝并不是因为"排佛"才拒绝出席这个诗会的，而是目睹了五山之学的颓废，不想与之为伍，这还不到"排佛"的程度。② 由此可以看出，这些学者借由对林罗山的《惺窝先生行状》的质疑，也摒弃了藤原惺窝研究中其"排佛归儒"的研究角度。

二 朱子学与藤原惺窝的思想重心

从以上学者对林罗山的《惺窝先生行状》所记载的藤原惺窝样态的质疑中可以知道，藤原惺窝并不是从"排佛"的角度来标

---

① 〔日〕金谷治：《藤原惺窝的儒学思想》，载〔日〕石田一良、〔日〕金谷治校注《日本思想大系 28 藤原惺窝 林罗山》，岩波书店，1975，第 451～452 页。
② 〔日〕大桑齐：《日本近世的思想和佛教》，法藏馆，1989，第 162 页。

示其朱子学者身份,并开创近世日本朱子学体系的。尽管藤原惺窝作为朱子学者的产生是一个较为复杂的过程,但如果从逻辑上来判断这个过程的话,就可以将藤原惺窝作为朱子学者的产生过程,概括为朱子学成为藤原惺窝思想重心的过程。

藤原惺窝最初受教育的经历与绝大多数禅僧一样。藤原惺窝出身于下冷泉家,祖上与中世歌学泰斗藤原定家(1162~1241)有渊源。"甫七八岁,投龙野昊东明长老,诵心经法华等皆谙焉,人呼为神童,一旦祝发为浮屠,名曰蕣。东明师庆云寺长老成九峰,姓大江氏,所谓儒而入佛也。先生从事笔研,其所出自可知矣,博学禅教兼见群书。"① 但是关于这一时期藤原惺窝所学的知识并没有详细资料,只能根据东明宗昊的师傅九峰宗成有着禅儒兼修的经历,而推断出藤原惺窝所受的教育大体上也是遵循着禅儒兼修的传统。随后,在藤原惺窝18岁的时候家门生变,于是他与母亲去京都投奔在相国寺的叔叔。相国寺虽然是五山文学中研习禅儒的重镇,但是藤原惺窝在相国寺受教何人却没有记载。② 太田青丘认为藤原惺窝是相国寺塔头的弟子,后来还成为吉田兼见的义子。③ 但和岛芳男依据《老人杂话》的记载得出藤原惺窝关于儒学的师承不一定出自相国寺的结论。④ 关于藤原惺窝的师承,即便是藤原惺窝自己也很少提及,因此探究其思想在向朱子学转变的时候,就不能从其师承源头寻找依据,但他是在五山寺院的大

---

① 〔日〕阿部吉雄等编《朱子学大系13 日本的朱子学下》,明德出版社,1975,第509页。
② 〔日〕太田兵三郎:《关于藤原惺窝》,载〔日〕国民精神文化研究所编《藤原惺窝集》卷上,思文阁,1978,第9页。
③ 〔日〕太田青丘:《藤原惺窝》,吉川弘文馆,1985,第23页。
④ 〔日〕和岛芳男:《日本宋学史的研究》,吉川弘文馆,1988,第288页。

环境中受教育的，这一点无须怀疑。

阿部吉雄将藤原惺窝34岁的时候（文禄三年，1594）与其相国寺叔父的"义绝"，认为是藤原惺窝倾心儒学的表现。① 但今中宽司认为，之所以将藤原惺窝34岁的时候与其叔父寿泉的"义绝"归结为藤原惺窝倾心于儒学的表现，是因为阿部吉雄受到记述这件事情的藤原吉迪的《睡余小录》的影响。而依据《老人杂话》的记载，其叔父寿泉曾经听过对《论语》讲解，由此很难得出寿泉会对藤原惺窝的倾心儒学表示不理解的结论。② 如果藤原惺窝是因为其他原因与其叔父寿泉"义绝"的话，那么可以得出在藤原惺窝30岁左右的时候，尽管其接受了比较系统和丰富的五山文学式样的禅儒教育，但是这些并不能自然地促使其朱子学思想的成长的结论。这也可以从这一时期他的名号"柴立子"中看出些端倪来。

"柴立"一词出自《庄子·达生篇十九》，"仲尼曰：无入而藏，无出而阳，柴立其中央"，其中"无入而藏，无出而阳：不要太深入而潜藏，不要太表露而显扬。'阳'借为'扬'"，"柴立其中央：形容像柴木般无心而立中央"。③ 从藤原惺窝号"柴立子"中可以看出，在其这段思想经历中显然没有形成转向朱子学的思想自觉。藤原惺窝还处在先前所论述的禅宗与朱子学无矛盾的存在阶段。

促使藤原惺窝对朱子学产生思想自觉的力量来自外部，比如阿部吉雄就认为，朝鲜刊行的朱子学书籍和朝鲜学者的影响对日

---

① 〔日〕阿部吉雄：《日本朱子学与朝鲜》，东京大学出版会，1965，第56页。
② 〔日〕今中宽司：《近世日本政治思想的成立》，创文社，1972，第79页。
③ 陈鼓应：《庄子今注今译》，中华书局，1983，第476~477页。

本朱子学的发展起到了很大的作用。以日本侵略朝鲜的文禄庆长战争为契机，日本的印刷业在引起革命的同时，对思想家的思想也起到了革新的作用。藤原惺窝就通过与中世指导思想的佛教和因袭封闭的博士家的汉学对决，作为儒者比较早地独立了。① 换而言之，朝鲜刊行的朱子学书籍和朝鲜学者的影响，对藤原惺窝作为朱子学者的自觉性的产生起到了很大的作用。这些影响体现在以下几个方面。

首先是天正十八年（1590）藤原惺窝以"柴立子"的身份与朝鲜国使，尤其是与许筬（1547～1612）②会面。在二人的交往中，可以看出，二者甚至可以说日本和朝鲜在对待儒学态度上的不同。在许筬写给藤原惺窝的《柴立子说·赠蕣上人》中，藤原惺窝"又跫然而至曰：贫道以柴立，自号柴立，蒙庄之说，无心而立之，固是其义也，盍为我演其说，以贻诸俺，以为他日面目，虽别后犹在也。况贫道因子说而有发焉，其耿耿于心目间，又不待书之披也，夫岂浅浅而已哉"。③ "柴立"二字是这一时期藤原惺窝思想的休认，所以在与朝鲜国使的交往中，他自然也是以这一体认方式为轴心向外展示的。

但是，尽管朝鲜国使许筬先前因为藤原惺窝"赘诗以来叩，读其诗审其人，冲然其中，洒然其外，而又发于诗者，如其人焉，余以心爱之"，但是当藤原惺窝阐述其关于"柴立"的思想后，他

---

① 〔日〕阿部吉雄：《日本朱子学与朝鲜》，东京大学出版会，1965，序第1页。
② 朝鲜国使许筬，藤原为经编的《先生文集》和林罗山的《惺窝先生行状》都将其写作许筬之，但阿部吉雄依据《朝鲜人名辞书》认为其是许筬，笔者采用阿部吉雄之说。
③ 〔日〕井上哲次郎、〔日〕蟹江义丸：《日本伦理汇编》第7卷，金尾文渊堂，1911，第10页。

遭到了许箴的批判：" 吾之说非所发于子之道。……自号曰柴立，是固何哉？佛氏之道，吾未之学，请以吾家之说明之。……噫孔子曰：道不同不相为谋。孟子曰：能言距杨墨者，圣人之徒也。子释氏之流，而我圣人之徒，方当距之之不暇，而反为道不同者谋焉，无乃犯圣人之戒，而自陷于异端之归乎？"① 从中可以看出，惺窝引以为傲的"柴立"这种无矛盾的禅儒共存，在许箴那里遭到了激烈的批判，他甚至将藤原惺窝的思想视为异端。许箴的思想也反映出李氏朝鲜朱子学与佛教水火不同、势不两立的状态。换而言之，排斥异端佛教的朱子学是李氏朝鲜朱子学的重要特征之一。许箴依据朱子学将佛教视为异端的激烈反应，对于沉浸在先前关于禅儒"柴立"状态的藤原惺窝来说不啻一盆冷水。阿部吉雄认为这是藤原惺窝思想向儒学转变的第一步。②

在藤原惺窝拒绝诗会事件上，大桑齐考证史料后认为这确是事实，但林罗山把年代弄错了，这件事不是发生在天正十九年（1591）而是文禄元年（1592），藤原惺窝拒绝的方式是他远赴名古屋，离开相国寺。③ 既然林罗山在《惺窝先生行状》中所说的是事实，但是大桑齐并没有论证《惺窝先生行状》中记载的藤原惺窝的拒绝言辞，"夫物以类聚，如韩孟相若，而后聊句可也，若否则如只脚著木屐，双脚著草鞋欤，其不耦也必矣，吾不欲耦于俑也"④，是真的存在，还是林罗山所虚构的。不过笔者认为林

---

① 〔日〕井上哲次郎、〔日〕蟹江义丸：《日本伦理汇编》第7卷，金尾文渊堂，1911，第10、11页。
② 〔日〕阿部吉雄：《日本朱子学与朝鲜》，东京大学出版会，1965，第53页。
③ 〔日〕大桑齐：《日本近世的思想和佛教》，法藏馆，1989，第156~157页。
④ 〔日〕阿部吉雄等编《朱子学大系13 日本的朱子学下》，明德出版社，1975，第509页。

第三章　日本朱子学者的产生

罗山在《惺窝先生行状》中记述的这段话与许筬在《柴立子说》的严格区分佛儒的这段话，"子释氏之流，而我圣人之徒，方当距之之不暇，而反为道不同者谋焉，无乃犯圣人之戒，而自陷于异端之归乎"，很有相似之处。进一步推测，天正十八年受到许筬佛儒峻别当头棒喝的藤原惺窝，不恰恰也有可能在拒绝诗会事件中说出类似的话来吗？当然这是笔者的一孔之见和推测而已。

而后在庆长元年（1596）发生了两件可以标识朱子学在藤原惺窝的思想中已经开始居于重心地位的事件。一件与名号有关，藤原惺窝在禅僧阶段的"柴立了"名号遭受许筬的严厉批判，甚至为此将他视为异端，但1596年藤原惺窝在《古今医案序》中署名为"惺斋敛夫"。其中"敛夫"是其字，"惺斋"是其号，值得一提的是，后人多据此称其为"惺窝"。

藤原惺窝并没有说明自己"惺斋"的由来，但随后与之交往并对其朱子学思想转变起到非常重要作用的姜沆在《惺斋记》中对其名号有所阐释。"其所居精舍，扁曰惺斋，人莫会其意，予闻而喜之曰：我知之矣，茫茫堪舆，俯仰无垠，人于其间，貌然中处，参两仪而为三者，以其有是心也，是心者，一身之主宰，而万理之所具也，万事之所应也，性情之所统也，舍是则人岂得以为人哉？虽然是心者一活物也，虚灵不昧，迁动难安，出入无时，莫知其乡，其或耳目之官，失其所司，旦暮所为，有以梏亡，声色臭味铄于外，喜怒哀乐动于中，则放以须臾，走以千里。人之一身，如一空室主人翁既去其所，而狐兔魑魅反为之主，与禽兽相去者讵几何哉，惟圣贤知其然也，存养省察，提撕警觉，换掇此心，夫常惺惺，天关泰然，百体从令，洞然入荒，皆在我闼，此昔贤所谓常惺惺法，而敛夫之所以名其斋也。"① 从中可以看出，姜沆对"惺斋"的解读，完全是从程朱理学的角度进行的，这个角度的解读也多被后人所接受。从由"柴立"到"惺斋"的转变中，可以看出藤原惺窝思想所发生的变化。

另一件体现在其行为上，在这一年藤原惺窝"读圣贤性理之书，思当世无善师，而忽奋发欲入大明国，直到筑阳泛溟渤，逢风涛，漂著鬼海岛。先生常慕中华之风，欲见其文物，虽然其盛志不遂而归，先生以为圣人无常师，吾求之六经足矣"。② 也就是说，他在行为上也体现出向朱子学者转变的志向，为此决定亲赴中国。

朝鲜的朱子学和朝鲜学者对藤原惺窝作为朱子学者的自觉性的产生的影响，最集中的体现莫过于从庆长三年至庆长四年（1598~1599）其与姜沆的相会了。姜沆是日本侵略朝鲜时被俘虏到日本的，从其《看羊录》的回忆来看，这段旅日经历很痛苦③，即便如此，其在与赤松广通和藤原惺窝的交往中，仍给予日本朱子学的产生以很大的影响，这实在是一种特殊的文化交流方式。

姜沆视野中的藤原惺窝与先前朝鲜国使许筬眼中的藤原惺窝有着很大不同。在姜沆的视野中，藤原惺窝已经是个朱子学者了。"是尚窝者，日东儒者敛夫之窝也。……所赖古昔圣贤之生，去我

---

① 〔日〕国民精神文化研究所编《藤原惺窝集》卷上，思文阁，1978，第16~17页。
② 〔日〕阿部吉雄等编《朱子学大系13 日本的朱子学下》，明德出版社，1975，第509页。
③ 〔日〕村上恒夫：《寻找儒学者姜沆的足迹》，栾兆玉译，《东疆学刊》2007年第2期。

第三章　日本朱子学者的产生

者虽远，而古昔圣贤之心迹，布在方策。今敛夫尽得以诵说之，讽咏以体之，涵濡以得之，晨夜于其中，坐卧乎相对，舆稷契皋陶伊尹周召揖让进退，于典谟诰命之中，与骞牛雍阳游夏由师，升降切磋于洙泗杏坛之上，欲闻入德之门，质之于孟子，欲得性命之原，问之于子思，左手拍濂洛肩，右手挹紫阳袂。"① 从姜沆的言辞中不难看出，其对藤原惺窝作为儒者的肯定，甚至是赞扬。

随后，藤原惺窝以朱子学者的身份，在姜沆的帮助下，进一步拓展出朱子学的学问空间。其对朱子学学问空间的拓展主要体现在两个方面：一方面是为姜沆手写的四书五经进行倭训，另一方面就是向姜沆学习作为朱子学者的礼仪。

在《问姜沆》中，"赤松公令予传言于足下，其言曰：日本诸家言儒者，自古至今唯传汉儒之学，而未知宋儒之理，四百年来，不能改其旧习之弊，却是汉儒非宋儒，寔可悯笑，盖越犬之吠雪也，非雪之不清，以不见为怪，蜀犬之吠日也，非日之不明，以不知为异而已，予自幼无师，独读书自谓汉唐儒者，不过记诵辞章之间，纔注释音训，标题事迹耳，决无圣学诚实之见识矣，唐唯有韩子之卓立，然非无失，若无宋儒，岂续圣学之绝绪哉？虽然日本阖国既如此，一人不得回狂澜于既倒，返斜阳于已坠，悱悱愤愤，而独抱瑟不吹竽，故赤松公今新书四书五经之经文，请予欲以宋儒之意加倭训于字傍，以便后学，日本唱宋儒之义者，以此册为原本，呜呼，流水之知音，虽无子期，后世之知己，又有子云乎，足下叙其事，证其实，跋册后，是赤松公之素志，而予至幸也，足下计之"。② 藤

---

① 〔日〕国民精神文化研究所编《藤原惺窝集》卷上，思文阁，1978，第14页。
② 〔日〕国民精神文化研究所编《藤原惺窝集》卷上，思文阁，1978，第135~136页。

原惺窝以赤松广通的话说出了自己对日本儒学环境的认识,"日本诸家言儒者,自古至今唯传汉儒之学,而未知宋儒之理,四百年来,不能改其旧习之弊,却是汉儒非宋儒,实可悯笑",不难看出,藤原惺窝这时能够区分出汉唐旧儒学与宋儒新儒学的区别了,这与五山的禅僧和博士家学相比有了质的提高,而且通过"赤松公今新书四书五经之经文,请予欲以宋儒之意加倭训于字傍,以便后学,日本唱宋儒之义者,以此册为原本",表达了自己继承宋儒学统、传播宋学学问的决心。

可惜的是,姜沆和藤原惺窝努力的成果《四书五经倭训》因赤松广通的自杀而没能得以出版,否则其对日本朱子学的发展将具有更大的影响。姜沆为此在《文章达德纲领叙》中称赞藤原惺窝的行为为"日东之人,赖歆夫得以开悟"。①《四书五经倭训》是藤原惺窝以朱子学为思想重心所开拓出来的新的文化空间,改变了以往五山禅僧和明经博士家研习儒学的局面。从这个意义上说,朱子学在日本进入了由朱子学者界定和研究的时代,因此藤原惺窝作为近世日本朱子学的始祖是当之无愧的。

姜沆和藤原惺窝二者在《四书五经倭训》上应该说是一种合作关系,还谈不上授受关系,但在释奠之礼上,藤原惺窝是由姜沆指导传授的。姜沆在《看羊录》中记载了藤原惺窝曾经问及朝鲜科举、释奠之事,以及在赤松广通的帮助下在但马建立了孔子庙,穿着朝鲜样式的祭服祭冠举行了祭孔仪式。② 林罗山在《惺窝先生行状》中的记载也是佐证,"又劝(赤松广通)别构一室,安

---

① 〔日〕国民精神文化研究所编《藤原惺窝集》卷下,思文阁,1978,第2页。
② 〔日〕阿部吉雄:《日本朱子学与朝鲜》,东京大学出版会,1965,第76页。

圣牌以拟大成殿，试使贞顺等诸生，肄释奠礼，此礼既绝久矣，庶几以微渐而后遂大行也"。① 藤原惺窝从姜沆处习得的释奠之礼后来被其门生所继承。

除在与姜沆和赤松广通交往中从思想上表现出来以朱子学为重心以外，藤原惺窝向外界表示自己归儒的标识就是穿着"深衣道服"。关于"深衣"，在藤原惺窝与林罗山问答中有，"先生曰：我衣深衣，朝鲜人或诘之曰"。② 阿部吉雄据此认为藤原惺窝的"深衣道服"，既不是僧服，也不是和服，也许是直接受到了祭服的启发，并由此推断它的穿着时间应该是与姜沆等朝鲜人交往时期。③ 而依据林罗山《惺窝先生行状》的记载，"深衣道服"是在庆长五年（1600）藤原惺窝谒见德川家康时候穿着的，但是很多人质疑林罗山记载的可信性。大桑齐根据史料的考证，认为藤原惺窝谒见德川家康是虚构出来的，所以"深衣道服"更不能是庆长五年穿着的。④

藤原惺窝在学问体系上辨别汉唐旧儒学和朱子学的区别，向姜沆学习释奠仪礼，穿着"深衣道服"，以及随后归隐京都教育门生，被京都京学派和林家学派奉为近世日本朱子学的始祖。从这些事实中可以看出，藤原惺窝不论是从思想上还是从生活上都是以朱子学为重心的。但是藤原惺窝的这种转变，并不像林罗山所记载的那样是通过"排佛"契机而形成的。

① 〔日〕阿部吉雄等编《朱子学大系 13 日本的朱子学下》，明德出版社，1975，第510页。
② 〔日〕国民精神文化研究所编《藤原惺窝集》卷下，思文阁，1978，第394页。
③ 〔日〕阿部吉雄：《日本朱子与朝鲜》，东京大学出版会，1965，第81~82页。
④ 〔日〕大桑齐：《日本近世的思想与佛教》，法藏馆，1989，第170~171页。

大桑齐认为藤原惺窝"归儒"是内在的客观事实，而且在还俗意义上的"排佛"也是客观的事实，但不是在内心中"排（脱）佛相伴"，这是藤原惺窝学的基本特征。① 这也可以从藤原惺窝给林罗山的书信中得到证明："来书所谓排佛之言，更不待劳颊舌，唐有传大士韩吏部，宋有欧阳子，余子不可胜计焉，程朱已往，诸儒先皆有成说，足下之所讲，余无斯意哉，虽然上有治统之君，下有道统之师，则渠何妨我，若其无则奈渠何，且如余者，坚白未足，而妄试磨涅，还为渠所议，可愧莫甚焉，唯自警自勤而已。"② 因此，与其说藤原惺窝是通过"排佛"而"归儒"的，还不如说藤原惺窝以己之力在将朱子学作为自己生活和思想重心的过程中，开创了日本新的文化空间，从而改变了以往在五山禅僧和博士家学下的朱子学被动存在的际遇。

第三节 林罗山作为朱子学者的产生

一 对林罗山的评价

一般研究林罗山的时候，学者们都是着眼于林罗山作为朱子学者在幕府政治中将政治权力与近世日本朱子学进行的联结，在这个意义上，朱子学被视为"官学"或德川幕府的意识形态。对林罗山的研究，除传记研究以外，很少从思想史角度关注林罗山作为一个朱子学者是如何产生的。

---

① 〔日〕大桑齐：《日本近世的思想和佛教》，法藏馆，1989，第144页。
② 〔日〕国民精神文化研究所编《藤原惺窝集》卷上，思文阁，1978，第138页。

而这些研究对林罗山的评价大都不太好,尤其是在林罗山作为儒学者剃发为僧,入仕成为御用学者上。几乎与其同时代的中江藤树(1608~1648),就对林罗山在庆长十二年(1607)屈从德川家康的命令剃发为僧,取法名为道春,进入仕途,进行了抨击。中江藤树在《林氏剃发受位辩》中批评道:"夫林氏之剃发,非佛者而假形之徒也,非从国俗也,不言而可知矣,而自附于断发之权,乡服之义,自欺而欺人,其所以惑世诬民,充塞仁义,不可胜言,譬诸小人,其犹穿窬之盗也欤!"① 而堀勇雄认为,之所以一直以来对林罗山的评价是负面的,是因为在"二战"前皇室中心主义、国粹思想和皇国史观横行,导致林罗山在这些标准看来是不够格的,而在战后儒学思想被视为一种旧思想,因而林罗山等人的学说都被认为是不足为用的,还有就是因为林罗山在人格、品性上不够高尚,而不具魅力。②

但是也有试图对林罗山进行正面评价的,其评价的基准是与林罗山的具体历史经历紧密相连的。比如,石田一良就认为,藤原惺窝将儒教从室町时代禅儒一致的禅教中解脱出来以后,将接力棒交给了林罗山就隐退了,而林罗山取过接力棒以后开始全面地展开儒教思想,这个经过具有"极大的历史的"意义。他还认为林罗山是思想界的德川家康,把藤原惺窝比作丰臣秀吉,尽管德川家康没有丰臣秀吉有人气,但是丰臣秀吉一代而亡,而德川家康开拓出三百年的太平。③ 同样对林罗山持有积极评价的还有神

---

① 〔日〕山井涌等校注《日本思想大系 29 中江藤树》,岩波书店,1974,第 16 页。
② 〔日〕堀勇雄:《林罗山》,吉川弘文馆,1990,第 1 页。
③ 〔日〕石田一良:《林罗山的思想》,载〔日〕石田一良、〔日〕金谷治校注《日本思想大系 28 藤原惺窝 林罗山》,岩波书店,1975,第 479、489 页。

谷胜广,他认为林罗山将自己吸收到的知识积极地进行传播,将自己编撰的书籍进行出版,在出版业还不发达的那时候,其影响可想而知。① 这些都与林罗山的具体历史经历紧密相连。笔者所关注的是林罗山如何在其思想和生活中开始以朱子学为重心,换言之,就是林罗山作为朱子学者的产生过程。

二 庆长七年与林罗山作为朱子学者的产生

林罗山作为朱子学者的产生与藤原惺窝有很大不同,藤原惺窝从其名号由"柴立"到"惺斋"的转变体现出了其对朱子学的自觉。在这个过程中,外在的信息交流对其思想的转变起到了非常重要的影响,其"柴立"的名号很可能就是因为受到朝鲜国使许筬佛儒峻别的批评而改为"惺斋"的。在此之前,藤原惺窝是一个很有名望的相国寺禅僧,如果没有受外在信息的触动,他应该会一直沿着以往禅僧的足迹走下去。因此,就藤原惺窝的知识体系的分期而言,有新旧之分。

而林罗山要比藤原惺窝小 22 岁,其在向朱子学者的转变过程中,没有完全以禅僧为起点,甚至可以说林罗山朱子学素养的成长具有连续性,而没有经历过类似藤原惺窝那样从禅僧向朱子学者的转变过程。

林罗山受教育的最早经历是从五山之一的建仁寺开始的,但是他没有成为一名禅僧。"先生十二岁,既解国字,诵演史稗说,且窥中华之录记,见闻不忘,世称此神童耳如囊,明年改名林又

---

① 〔日〕神谷胜广:《林罗山与知识的传播》,《名古屋文理短期大学纪要》(22),1997,第 130 页。

三郎信胜，登东山儒建仁寺之大统庵，就长老慈稽而读书，同室有吾伊蒙求者，先生不披其卷旁听背念，乃翻旧注五经，又览唐宋诗编，偶得东坡全集，手加朱句。……当时禅老施名于世者，亦问典故所出于先生多矣。明年东山僧侣议曰：此童使竖拂拈槌而为他日之禅状元则可也，遂诉于京伊前田玄以，而理斋信时不肯拒之，先生掉头归家，誓不入禅门。"①

如果这段出于《罗山林先生行状》的记载真实可信，那么从中可以看出，林罗山少年时期就已经显示出了才华，但这种才华与修禅悟道没有关系，实际上只是增加他的汉学修养而已，但当到了要其剃发为僧的时候，这一要求被他断然拒绝，他就此结束了在建仁寺的学习经历。而林罗山拒绝为僧这件事，甚至惊动了京伊前田玄以，因为林家本身就是净土真宗的信奉者，林罗山的父亲林信时的兄长林吉时（后成为林罗山的养父）就是僧人，"吉时随俗削发称理斋"。面对如此大的压力，林罗山能够拒绝剃发为僧或许是因为其所说的养母小筱氏的反对。由此可以确认，林罗山并不像藤原惺窝以及后来的山崎暗斋那样是由禅僧的身份向朱子学者转变的。

庆长二年（1597）林罗山离开了建仁寺，对他而言，实际上失去了以往便利的学习条件，而不得不自己搜罗图书。"然后遍读四库之书，由来不为藏书之家，而世上板行甚稀矣，故借请与处处，而见之写之，偶阅于市铺而求之，盖得一书不换万金，读之终编则天下至乐也，闻某家有秘本，则多方寻索，或约以期限一览返之，或

---

① 《罗山林先生行状》，载〔日〕国书刊行会编《续续群书类丛》第三，续群书类丛完成会，1969，第400页。

手自誊之，从颜之推家训之法，而展阅最谨焉，册页不少则命佣书者随页数写成而先校正之，不择笔者之精粗纸黑之良劣，唯以功之早就为急务也。"① 不过这时的林罗山除尽力搜罗图书以外，还没有在思想上对这些资源进行整理，这一时期林罗山的著作比较少。

随后他"遂着眼于宋儒之书，而专精于六经四书，乃始读朱子章句集注，时十八岁庚子之年也"。② 在庆长五年（1600）林罗山18岁的时候，朱子学开始进入其视野之中。这可以说明，林罗山在建仁寺受教育的时候，其所阅读的都是泛泛而言的汉学经典，并没有从建仁寺那里得到专门的朱子学方面的知识和教养。不过在《罗山林先生行状》中没有说明的是，在林罗山18岁的时候进入其视野中的朱子学著作是被如何获得的，是像上文中所说的在竭尽所能地搜罗图书中获得的吗？如果是在搜罗图书中获得的，那么这些图书来历如何呢？这些图书的大体来历应该有两种：一种是来自这时候与林罗山交往的清原秀贤那里，清原秀贤在《庆长日件录》中记载了与林罗山的密切交往，因而其可以作为林罗山获得朱子学典籍的途径；另一种就是如阿部吉雄所分析的那样，日本侵略朝鲜的文禄庆长之役，导致以朝鲜本为底本的朱子学经典在近世日本被大量地翻印，日本学者才得以大量地接触到朱子学典籍。尤其是当时与朱子学相关的图书，依据阿部吉雄的推测，其来源十有六七是与朝鲜相关的。据后来林罗山罗列自己所阅读的440余部书籍，阿部吉雄考证认为，其中，朝鲜学者编著的注解

---

① 《罗山林先生行状》，载〔日〕国书刊行会编《续续群书类丛》第三，续群书类丛完成会，1969，第400页。
② 《罗山林先生行状》，载〔日〕国书刊行会编《续续群书类丛》第三，续群书类丛完成会，1969，第400页。

本 17 部，朝鲜翻刻的中国朱子学典籍 10 多部，除此以外都是由朝鲜渡来的明朝儒学者的典籍。阿部吉雄甚至认为，林罗山从朝鲜获益最大的就是图书。因为这些来自朝鲜的图书，使林罗山对朱子学的理解得以加深，但也使其受到朝鲜偏狭固执、派阀异学攻击儒风的影响。① 如果从后来林罗山的朱子学具有排佛、排陆象山的特点来看，则其受到朝鲜朱子学的影响是非常有可能的。

尽管《罗山林先生行状》中没有提及林罗山在接触到了朱子学书籍以后，思想上发生了什么变化，但是从林罗山在庆长七年（1602）他 20 岁的时候所留下的丰富的著作中，可以得出，这时候林罗山在其思想中已经把朱子学置于重心的位置了。

这首先体现在对自我身份的界定上。他在庆长七年所写的《寄祖博》记载道："莫闻读书者一人谁某于期间，何哉？或作僧持经之暇为之者，或作医治疗之余为之者，呜呼！学之不讲也久矣，僧医之人何足算乎？天丧斯文，天丧斯文，悲哉！"② "读书者"应该是儒学者，他反对以学问僧或者儒医兼习儒学的情况。其在同年的《端午启大统庵稽长老》中更是直接表明自己的儒者身份，"仆（古时男子谦称自己，笔者注）五浊尘俗一介寒儒"。③ 而在被日本称为学问之神的菅原道真（845～903）忌辰 700 周年的时候，他更是写祭文《祭北野菅神文》来表露自己作为儒者对菅原道真的崇敬，"年月日臣某敢用蘋蘩之奠昭祭于天神之灵……本朝所谓四道之儒其一曰纪传者为宗……我国之儒术专托圣庙之

---

① 〔日〕阿部吉雄：《日本朱子学与朝鲜》，东京大学出版会，1965，第 17、177、228 页。
② 〔日〕京都史迹会编《林罗山文集》上卷，ぺりかん社，1979，第 31 页。
③ 〔日〕京都史迹会编《林罗山文集》上卷，ぺりかん社，1979，第 129 页。

翼佐焉，事于笔研之间游于翰墨之场者，不可不以仰其德响其化也。"①

其次这还体现在其于庆长七年所写的18篇议论性文章中，有11篇是与批判佛教有关的。但是从林罗山在《端午启大统庵稽长老》中，所表露出的对自己建仁寺时期的老师古涧慈的赞美中，可以明确的是，林罗山的排佛论调并不是基于自己在建仁寺的经历而言的，也不是类似于后来从社会和经济等角度对佛教进行的批判。从题目来看，《钦明天皇辩》《十七条宪法辩》《苏马子辩》《片冈饿人辩》《光明皇后辩》《还亡辩》《平氏迁都辩》，这些对佛教的批判性文章针对的是佛教传入日本时期的历史事件和历史人物。由此可以得出，林罗山是在阅读了朱子学的相关典籍之后，为了祖述朱子学的排佛论调，才联系日本的佛教历史进行批判的。

就庆长七年林罗山的思想构成而言，明显地可以从中看出，林罗山在阅读了朱子学相关著作以后，开始以朱子学的价值体系去梳理自己以前涉猎的广博知识。其中，最明显的特征就是其从朱子学的角度来界定朱子学与佛教的关系，即排佛。石田一良认为林罗山思想的原点就是排佛论。② 但是这一时期林罗山的排佛论，还不是从经济和社会的角度去排佛，而是在祖述朱子学排佛的立场和论说。就这一点而言，藤原惺窝也达不到如此程度。因此可以说从林罗山开始，日本朱子学更明确地进入了从朱子学角度界定朱子学与佛教关系的时代。由此可知林罗山于庆长七年在

---

① 〔日〕京都史迹会编纂《林罗山文集》下卷，ぺりかん社，1979，第468~469页。
② 〔日〕石田一良：《林罗山的思想》，载〔日〕石田一良、〔日〕金谷治校注《日本思想大系28 藤原惺窝 林罗山》，岩波书店，1975，第471~472页。

思想上已将朱子学置于重心的位置了，林罗山作为朱子学者产生了。

第四节　江户初期朱子学者阶层与日本社会

从作为日本朱子学的确立的重要组成部分——日本朱子学者的产生上，可以看出，日本朱子学者的产生所依据的逻辑是这些学者对朱子学学说的崇信，进而使朱子学在这些学者的思想乃至生活之中占据了重心位置。日本朱子学者在这个意义上的产生，与拥有悠远儒学传统的中国儒学者和朝鲜的儒学者有很大的不同。尽管在中国和朝鲜，确定是否为朱子学者身份的重要标准，也取决于朱子学学说是否在其生活和思想中占据重心位置，但是信奉朱子学学说只是界定中国和朝鲜朱子学者的一个直接的狭义的标志而已。中国和朝鲜的朱子学者，除依靠信奉朱子学学说这种确立其朱子学者的身份标志以外，还间接地在整个社会系统中，在更广的制度和文化空间内，从多重的意义上确立其身份。将德川儒者，与中国、朝鲜的儒者比较的话，渡边浩认为，"德川儒者并非中国的士大夫，德川社会亦无科举，常备军即官僚制，官僚制即常备军。日本无法实现'学者统治'的事实"，在世俗间的习俗上也不是依照儒礼进行的。[①]

日本近世在这种广义上确立的朱子学者阶层，之所以无法与中国和朝鲜相比，是因为"从整个儒家的发展史来看，在传统的

---

① 〔日〕渡边浩：《儒学史异同的解释："朱子学"以后的中国与日本》，载张宝三、徐兴庆编《德川时代日本儒学史论集》，台湾大学出版中心，2004，第29、30、31页。

中国社会，儒家更多的是一种制度化的存在。制度化儒家包含有'儒家的制度化'和'制度化的儒家'两个层面，所谓'儒家的制度化'是通过孔子的圣人化、儒家文献的经学化和科举制度等一系列制度设计来保证儒家的独尊地位及其与权力之间的联系；而'制度化的儒家'则是儒家观念在社会控制体系和制度设计中的渗透和呈现，具体地说就是体现着儒家观念的国家意识、宗族制度、政治社会结构等现实的制度的确立"。① 中国的"儒家的制度化"和"制度化的儒家"这两种趋向就其实质而言，实际上就是通过使政治权力的视野和儒家学说的视野的重合，进而建立了政治权力和儒家学说体系的联盟关系。在这种联盟关系下，信奉儒学的阶层，其身份得到了政治权力和社会的认可，进而儒学者阶层改变了单一的读书人形象，相应的，儒家学说和儒学者的实践范围也几乎扩展到社会的各个系统中去。比如作为读书人的朱子学者，开设私塾执掌教育的朱子学者，参加科举考试的朱子学者，作为官员的朱子学者，在乡间社会有着举足轻重作用的士绅基层的朱子学者，等等。

　　换而言之，因为在中国和朝鲜儒学早就实现了在社会系统中的广义上的存在，所以在中国和朝鲜的整个社会系统中也早就接受了儒学在宽广的领域中进行的辐射。而随着朱子学对儒学的新的解读方式的完善，并且日渐占据了儒学的主流，朱子学就自然地继承了以往儒学在整个社会系统中的地位。而就社会系统而言，因为其早就承认了儒学的制度地位，因而在接受朱子学的辐射上并不显得突兀。社会系统也很快地实现了围绕着朱子学这种价值

---

① 干春松：《制度化儒家及其解体》，中国人民大学出版社，2003，第2页。

中心来进行运营。

这种广义上的朱子学者的产生,却是日本社会所远远不及的,不论是近世日本社会能提供多少有利于朱子学产生的条件,都不能与此相提并论。日本朱子学产生之前,日本儒学并没有像中国和朝鲜一样完成儒学广义上的社会化存在,日本儒学由于王朝时代的衰落,在后王朝时代只能萎缩为博士家学,实现日本儒学的社会化存在就更无从谈起了。因而,对于这些仅仅是在个人的意义上、在思想和生活中明确以朱子学为重心的日本朱子学者而言,当然更谈不上继承以往日本儒学的社会化地位了。

以藤原惺窝和林罗山为代表的日本朱子学者的产生的标志,就是在各自的思想和生活中出现了以朱子学为重心的情况。因此日本朱子学的确立,首先只能是以这种点状分布的朱子学者为载体的产生而开始的,而不像中国和朝鲜那样,因为儒家制度化的完成,所以朱子学学说替换了旧儒学之后,信奉朱子学学说的儒学者,自然就会在政治权力和社会系统中,继承以往儒家制度化所赋予儒学者阶层的传统制度地位。恰恰相反,在日本文明的演进中,儒家制度化没有完成,因而即便是像藤原惺窝和林罗山这些实现了由旧儒学向朱子学学说转化的儒学者,也获得不了像中国和朝鲜的儒学者那种传统的制度地位。进一步说,随着朱子学相关典籍在日本日渐普及,当类似藤原惺窝和林罗山这样在其思想和生活中实现了以朱子学为重心的日本朱子学者日益增多的时候,在日本社会层面上,或者说在具有地域性和特殊性的日本社会层面上,日本的朱子学者阶层都不是不言自明、自然而然的一个阶层。相反,因为以往日本儒学者并没有在日本社会中占据着一种知识承载和职业的制度地位,所以理所当然地,当日本朱子学者作为一种知识承载和职业人向社会扩散的时候，这对江户初期日本社会而言是非常困难的。

因为日本以往不存在制度化儒学者这个阶层（承载儒学的明经博士家并不能被称为一个阶层），所以不存在由以往的旧儒学向朱子新儒学的直接转换，就江户时代的儒学者而言，其出身都与儒学没有必然的关系。比如藤原惺窝、林罗山和山崎暗斋都是禅僧出身，中江藤树出身于浪人家庭，伊藤仁斋（1627～1705）出身于京都的町人家庭。尽管中国儒学者的出身也可能是来自同儒学没有什么关系的家庭，但不应该忘记的是，在中国出身于与儒学没有什么关系的家庭的儒学者，其在向儒学者转变的过程中所受到的阻力并不大，尽管其可能遭到来自偶然因素的阻碍诸如家庭的反对等，但是整个社会系统实际上对这些家庭的子弟向儒学者的转变是开放和鼓励的。而日本恰恰相反，这些家庭出身的子弟在向儒学者的转变上是遭到很强阻力的，这种阻力的构成除来自与个人情况相关的诸如家庭的因素以外，更多的阻力在很大程度上是由于日本社会系统对儒学的不了解和漠视而造成的。以中江藤树为例，其在年轻的时候读儒学书籍被同僚所嘲笑，"自京都禅师来，讲论语。此时，大洲之风俗，专于武，以文学为弱也。故世人不闻，唯独先生独往闻"。① 以伊藤仁斋为例，其在《送片冈宗纯还柳川序》中回忆道："吾尝十五六岁时好学，始有志于古先圣贤之道，然而亲戚朋友以儒之不售，皆曰为医利矣。然吾耳若不闻而不应，谏之者不止，攻之者不衰，至于亲老家贫年长计违，

---

① 〔日〕山井涌等校注《日本思想大系 29 中江藤树》，岩波书店，1974，第 286～287 页。

而引义据礼益责其不顾养，理屈词穷而佯应者亦数矣。时我从祖来自播州往而见之，拒而不纳，益怒吾之不改业也，亲戚从旁解之，而后始得见焉。爱我愈深者，攻我愈力，其苦楚之状，犹囚徒之就讯也，棰楚在前，吏卒在旁，迫促讯问，不能不应焉。"① 以新井白石（1657～1725）为例，在其《本佐录考》中，就有在其年轻的时候，当时的权力阶层对儒学者的怀疑和不信任就好像他们是基督教徒一样的记载。众所周知，在江户时代，出于统治的需要，德川幕府禁止基督教的传播，而新井白石所揭示的他们将儒学者视为基督教徒的现象，可见近世的日本武士对朱子学无知的程度。而曾在1690～1692年通过荷兰商船来到日本的肯普费尔（Engelbert Kaempfer，1651～1716）其在日本的观察也证明了当时日本社会有将儒者视为基督徒的判断。②

因此近世日本朱子学者阶层的产生，正如凯特·中井所观察到的，在德川幕府第一个世纪中儒学的发展，不是体现为意识形态方面的作用的提高，而是在于这一时期以圣人之道作为个人信条的朱子学者的数量有了显著的增加，这在日本历史上是一个新的发展。而由于德川时期严格的等级秩序，出身卑微的他们无法获得权力和声望，这样最终驱使他们把儒学看作个人信念的原因，是他们在道德层面上受到了儒学的道德感召。③

---

① 《送片冈宗纯还柳川序》，载〔日〕伊藤维桢《古学先生文集》，古义堂，1717。
② Beatrice, M., *Bodart – Baily. Kaempfer's Japan: Tokugawa culture observed* (Honolulu: University of Hawai'i Press, 1999), p. 133.
③ Kate Wildman Nakai, "The naturalization of Confucianism in Tokugawa Japan: The problem of Sinocentrism", *Harvard Journal of Asiatic Studies*, 40 (1), 1980, pp. 157–158.

因此，在很长的时间内，日本朱子学者阶层的产生都是一种基于个人的角度，使朱子学在自己的生活和思想中占据了重心位置的结果，而没有得到社会层面上对朱子学者阶层的开放和鼓励。当这些以个体形式出现的朱子学者日渐增多的时候，这些朱子学者开始在行动上努力地想在社会上确立朱子学的存在。其方式也是比较独特的，因为在德川初期固定的等级秩序中，儒学者反而能够相对自由地从一个藩迁移到另一个藩，并且靠自己出众的才华而被雇佣，他们得以部分地参与进了德川森严的等级秩序中。[1] 比如山崎暗斋，"春正月始游江户，初寓书肆村上勘兵卫家，笠间侯闻而欲召之，使勘兵通其意。先生曰：礼不闻往教，侯有志学，须来学也。侯即日来见，执弟子礼，且约委国政"。[2]

当日本朱子学者将自己信奉的学问体系以整个社会为平台向其辐射的时候，佐久间正认为，近世日本没有为日本朱子学者的实践提供制度的保障，德川初期还有没进行儒学教育的藩校，也没保障日本朱子学者进入仕途的制度，日本朱子学者获得的官职基于的是与主君（将军和大名）的个人关系。在这样的情况下，很多的儒者迫不得已地将儒学作用限定在"修己"这个层面上，同时在共同学习儒学的过程中，产生了一种超越身份和家格的共同意识，这种意识基于同一个老师的学统意识，甚至是同一学派的意识。[3] 德川的等级秩序，并没有在制度上为日本朱子学者留有

---

[1] R. P. Dore, "Talent and the Social Order in Tokugawa Japan", *Past and Present*, 21, 1962, p. 66.
[2] 〔日〕山田思叔：《暗斋先生年谱》，载〔日〕关义一郎编《日本儒林丛书》第三卷，凤出版，1971，第5页。
[3] 〔日〕佐久间正：《德川日本的思想形成和儒教》，ぺりかん社，2007，第24页。

位置，但是因为相同的信仰体系，大多从事私人教育的日本朱子学者阶层的共同意识也产生了，这是在充满特殊性和地域性的日本思想环境下，日本朱子学确立的首要步骤。

第五节　小结

就日本朱子学的确立过程而言，其显然不是借助与主导日本政治权力的武士阶层、日本固有学问承载者的禅僧和博士家的互动，以朱子学这种学说与政治秩序和文化体系在面上的联结方式而启动的。就日本文明演进的方式而言，不论是武士阶层所主导的政治秩序，还是由禅僧和博士家所承载的文化体系，都与日本朱子学的确立存在着距离。这种距离一方面体现的是狭义上的与朱子学学说体系的距离，另一方面则体现的是广义上的与朱子学制度化存在的距离。日本朱子学的确立，显然不是以狭义上的朱子学学说和广义上朱子学的制度化存在这两种方式同时进行的。相反，日本朱子学的确立过程，是以日本朱子学者的产生这种点状的方式开始的，而不是以上述面的联结方式同步进行的，其不存在着政治权力与文化体系的联结，或者旧有文化体系的自我更新，而导致朱子学的产生的可能。

就日本朱子学者的产生而言，其依据标准在于朱子学在以藤原惺窝和林罗山为代表的这些学者的思想中甚至生活中，占据了重心的位置。日本朱子学者的产生，意味着开始了以朱子学者身份来界定朱子学，藤原惺窝和林罗山还以个人形式开创出朱子学的文化空间，从而改变了自朱子学进入日本以来，其依附于禅宗和博士家学的境遇。但是，日本朱子学者的产生并不能由此宣布日本朱子学的确立。因为依托日本朱子学者这种点状存在的日本朱子学，并不能够完全地等同于日本整个社会视野中的日本朱子学的存在。相反，尽管随着日本朱子学者这种点状的扩大，日本朱子学者阶层日渐扩大，并且他们对自己的身份开始了自觉的认同，但这只是就狭义上发生在朱子学者和朱子学学说关系层面上的日本朱子学的产生而言的。

广义上日本朱子学的确立，因为日本儒学没有完成如中国和朝鲜儒学式样的制度化过程，因此，日本社会对于日本朱子学者这个群体以及这个群体所信奉的朱子学学说来说，并没有以往的制度和传统可以依循，所以其没有与日本朱子学者一样同步地接受朱子学说。进一步说，在战国时代武士阶层所代表的政治权力，以及禅僧和博士家所代表的文化体系，都不像日本朱子学者一样对于朱子学说具有自觉性，即便是进入近世也还没有看出明显转向朱子学的迹象。因此以日本朱子学者这种点状的方式初步确立起来的日本朱子学，在广义的社会层面上还不能宣告其确立。

第四章

日本朱子学的本土化策略

日本朱子学者的产生，乃至日本朱子学者阶层的产生，很大程度上都是限于个人行为或者是小范围知识群体而言的，而无法在社会层面上取得如中国和朝鲜传统式样的支持和鼓励。因为在近世初期日本社会中，旧有神道和佛教体系仍然是当时日本人认识世界的主要依据，而禅僧和博士家这些文化承载者仍在延续与朱子学的距离，由此可以理解近世日本整体社会为何消极地看待日本朱子学者及其朱子学学说。

日本朱子学者为了克服当时由神道、佛教主导的思想体系构造对朱子学的漠视问题，以及朱子学说及其中国特性与日本社会现实的不适应性问题，在推动日本朱子学在社会层面上确立的过程中，有意识地施行了日本朱子学的本土化策略，以期望开拓出受日本朱子学影响的文化空间和社会空间来，从而实现日本朱子学在社会层面的确立。

谈及日本朱子学的本土化叙述，一般会将其与"儒教的日本化"等同起来。绪形康认为，从"儒教的日本化"来把握儒教在日本的展开是一个陷阱，因为主张"儒教的日本化"的论者着眼于近代儒教作为意识形态的作用,认为儒教除了作为普遍主义的一面,还带有日本特殊的色彩。比如为了说明明治的军人敕语和教育敕语所强调的"忠""孝"理念,与中国新儒教重视"诚""天"的理念有所不同,"儒教的日本化"的论者就将近代日本儒教意识形态所重视的"忠""孝"的由来回溯到江户时代,认为江户时代儒教在日本化所展开的不是"诚""天"而是"忠""孝"。① 这些主张"儒教的日本化"的论者们还强调,江户时代以来作为外来思想的儒学在日本的展开,与中国和朝鲜是完全异质的。比如日本很多学者就认为儒教就是儒教,是中国思想,是文字上的知识,它还没有进入日本人的生活。"二战"以后持这种论调的代表人物有尾藤正英和渡边浩。尾藤正英认为:"儒教在具有上述那种作为普遍思想的性质的同时,还有受到作为其基础的中国社会特殊性的限制,从而反应中国人固有生活方式和生活意识的一面。对于不生活在中国社会中的人来说,要完全理解与接受这一侧面是极其困难的。"② 尾藤正英强调儒教作为外来思想的一面。同样渡边浩在其《近世日本社会与宋学》中更是详尽地阐述了儒教体现出的中国特性与日本实际情况的不同。因此"儒教的日本化"论者们,一方面强调儒教作为外来思想的特质,预示着其在日本的存在显然不能被日本人完全接受或是照搬;另一方面又想突出正是因为日本的特殊性,其才能够具有对普遍主义的儒教进行修正、质疑和批判的主动性和自然权利。笔者这章

---

① 〔日〕绪形康:《他者像的变容》,载〔日〕江户思想编集委员会编《江户的思想4》,ぺりかん社,1996,第12页。

② 〔日〕尾藤正英等:《日本文化比较论》,王家骅译,浙江人民出版社,1992,第177页。

所要展示的日本朱子学的本土化显然不是这种意义上的"儒教的日本化"。

中国学者王家骅视野中的江户时代儒学的日本化,其立足点在于以中国儒学为参照标准和原始资源,探究在此基础上日本儒学所发生的变化。比如,"在林罗山死后,却在沿着两个不同方向发生分化。其中一派浓化了朱子学的唯心主义色彩,更加强调其封建伦理学侧面,并进一步密切了与神道的同盟关系。这一派以山崎暗斋为首的崎门学派为代表。另一派则强调朱子学的合理内容,表现了对自然科学和'经世致用'学问的兴趣,逐渐接近唯物主义"。[①] 其关注的江户儒学的日本化多是在哲学层面上将中国和日本进行比较。

笔者这里所要阐述的日本朱子学的本土化策略,既不是同一哲学层面上中国朱子学及其日本对照物之间的关系,相反要阐述朱子学与其异质的日本佛教、日本历史和日本神道的关系,即日本朱子学与固有的日本本土的思想的关系;也不是将思维强调的重点,游移于中国特质的一端或日本特质的一端,相反只是阐明日本朱子学者这个主体,如何依托朱子学的理论学说和伦理价值,向日本佛教、日本历史和日本神道进行辐射。在这个辐射和整合的过程中,日本朱子学较为成功地建立起了与日本这些本土思想体系的关联。

第一节 日本朱子学与排佛论

一 近世以前日本佛教与儒学的关系

日本作为一种非轴心文明演进的国家,其原始固有的神话传

---

① 王家骅:《儒家思想与日本文化》,浙江人民出版社,1990,第91页。

说和历史并没有转化为哲学和伦理价值,并使其进而依据本土的哲学和伦理价值来推动日本社会的演进,相反,日本固有的神话传说和历史中所体现出来的政治学说和伦理价值,始终都是处于一种待阐释的状态。这种待阐释状态,除了意味着其不能成为日本社会演进的理论依据,还意味着其并没有对外来的儒家和佛教思想进入日本构成足够的阻力和冲击。因此,日本思想体系上的这种状态为佛教和儒学进入日本提供了便利的条件。就佛教而言,其鼓吹的出世理论与现实的伦理有所距离,但是在很长的时间里,日本还没有哪种学说体系性地建立起来对佛教这种出世价值观的批判。这与佛教进入中国之后,一直遭受到代表中国本土哲学和伦理价值的道教和儒学的批判,进而促使中国本土佛教的产生是完全不同的。

同为外来思想的佛教和儒学进入日本以后,在江户时代以前二者之间没有发生类似中国思想界那种佛教和儒学对抗的现象。而中国佛教和儒学在价值体系上的相互争锋,有的时候甚至需要外在政治力量的介入调节。江户时代以前日本佛教和儒学之所以很少发生这种类似于中国思想界那种佛教与儒学对抗的关系或者激烈的相互界定,是因为日本佛教和儒学的发展始终处于一种非对称的状态。

在佛教和儒学被引入日本时期,圣德太子在《十七条宪法》中借助儒学的理论来说明天皇权力的至高性。比如第 12 条说"国非二君,民无二主,率土和民,以王为主""君言臣承",从中都可以看出儒学对日本建立新的政治秩序所提供的理念支持,但是在《十七条宪法》中同样不乏对佛教的表述。比如第 2 条中有"笃敬三宝"的记载。"由此可见,圣德太子的政治哲学的结构,是让儒学担当现实政治的层面，而让佛教支撑精神层面，使两教保持和平共存的关系。"① 但是需要指出的是，王朝时代佛教和儒学在日本的和平共存局面，是建立在回避二者在思想体系和价值观上的区别的基础上的，这一时期日本人的思想意识水平还没有达到自觉辨识佛教和儒学之间区别的程度。这样二者都进入了政治权力和政治秩序之中，为政治权力和政治秩序立法。而圣德太子在《十七条宪法》中所体现出的对佛教和儒学一视同仁的态度，并且通过建造佛寺和大学寮来对各自加以扶植，使儒学和佛教进入日本以后，并没有因为二者在思想学说和价值体系上的区别而造成类似中国儒学和佛教对抗的局面。这时候即便有关于佛教和儒学之间区别的认识和言论，也只是停留在个人意识水平之上，并没有撼动儒学和佛教在日本和平共存的局面。

王朝时代佛教和儒学之间有和平共存局面的条件，除了在于日本人当时意识水平较低，还在于佛教和儒学在日本不论是在政治层面上，还是在文化意识层面上，都处于一种相互隔离的态势。随着王朝的衰落，天皇朝廷退出政治舞台，这样作为平衡佛教和儒学的政治力量无以为继。与儒学一直都只是作为王朝政治系统一部分的存续方式不同的是，佛教一方面得到了政治权力支持，另一方面因为其向下层民众传播并渐渐得到了日本下层民众的认可。这就意味着后王朝时代儒学不可避免地衰落了，最终只能萎缩到作为博士的家学体系来传承，而佛教的势力在日本开始日渐膨胀。

---

① 〔日〕源了圆：《江户时代前期儒教和佛教的关系》，杨曾文译，载杨曾文、〔日〕源了圆主编《中日文化交流史大系 4 宗教卷》，浙江人民出版社，1996，第 299 页。

武士开始主导日本政治舞台的时候，在先天不足的文化体系上所做的努力，甚至还无法与王朝时代对以儒学为代表的中华观念体系积极地将其引入相比。这时日本政治权力的获得及其合法性的说明，几乎被武士那种依靠纯粹的实力和谋略，通过争霸的形式，由最终的胜利者来掌握政治权力和政治秩序的自然方式所取代。尽管作为高级的武士可能对儒学所代表的汉学体系抱有兴趣，但这种兴趣只是基于个人的好恶，其没有将这种兴趣升格为类似王朝时代为传承儒学而设立大学寮的制度行为。因而，王朝时代衰落以后，就日本所存在的日本神道、佛教和儒学这三种学说的势力消长来看，只有佛教处于一枝独秀的地位。

在这种情况下，日本佛教和儒学的关系就处于一种不对称和单向度界定的关系中。不对称指的是，儒学在社会的辐射力度和能力方面无法与佛教同日而语。佛教在学说体系上，作为一种出世宗教，以其对人生死轮回转世的论说，赢得了上至高级武士下至一般民众的信仰，还依靠其掌控的社会资源，赢得了包括政治权力和社会各个阶层的支持，比如五山官寺以及地方上的日本佛寺。而日本儒学，作为一种博士的家学，只是与名实不符的公家权威联系在一起，其衰落的程度自然可想而知。所谓单向度界定指的是，因为佛教在日本日渐隆盛的情况下，开始以佛教文化为主体来构筑日本中世文化，成为日本中世文化占主导地位的阐释者。在这个意义上说，尽管还存在着日本神话和固有历史，以及后王朝时代的儒学，但是后两者并没有与佛教在界定中世文化上同台竞技的能力。相反，后两者甚至是在关于自己的界定上也摆脱不了佛教的干预和影响。

比如，这时在日本神道学说中出现了"本地垂迹学说"。"'本地垂迹说'是佛教界创造的理论。它利用佛教的释迦现身、普济众生的思想来解释日本神道的诸神。简单地说就是：日本的神都是佛菩萨的化身，佛是'本地'，神是佛的'垂迹'（化身）。"[①]即日本神话中出现的神被认为是佛的化身，从中可以看出佛教介入日本神话的结果。

对于儒学而言，佛教对儒学的单向度界定还集中在中国新传来的朱子学上。尽管朱子学作为一种儒学的新形态，其产生的一个重要特质就是继承了韩愈的排佛论和道统说，并从理论上宣告其排佛论的完成。但是，朱子学在镰仓时代就已经进入日本，不消说在日本中世朱子学的排佛这种特质从来没有发挥出来，就是日本社会对朱子学理论体系的吸收也是不连续的、片面的。究其原因就在于朱子学进入日本之后本应是以儒学者为主体进行的，但其恰恰是在以日本临济禅僧为主体单向度界定朱子学说下进行的。

具体说来，日本临济禅僧是在吸收中国禅儒一致构造的基础上单向度界定朱子学的。朱子学进入日本以后，面临着遭受日本临济禅僧在禅儒一致构造下单向度界定的局面，这就自然形成了日本佛教对朱子学这种儒学形态的优越性。如第一章所阐明的那样，体现在义堂周信等禅僧视野中的朱子学在价值上，根本不能与佛教相提并论，它只是一种工具而已。需要说明的是，类似于义堂周信这类禅僧，其对被引入日本的朱子学尽管多少带有不屑的态度，但在某种程度上，在这些禅僧视野中朱子学还有一席之地。如果从更大的范围来讲，在整个日本禅僧群体中，在整个日

[①] 王金林：《日本神道研究》，上海辞书出版社，2007，第140页。

本佛教群体中，朱子学在其中所占的分量无疑是很少的，其对朱子学的注意力是稀薄的。

当然，不排除在小范围之内出现石田一良所说的"儒僧"，以及类似于南村梅轩这类在禅儒关系上出现逆转、重视儒学的"真儒"。① "南村梅轩主张：由坐禅来顿悟了体会（包括五伦五常之德的）中庸之德的真儒境地，主张把这个境地向外展开，以此来实现在领国内的道德秩序。"② 应该肯定地说，后来的作为近世日本朱子学始祖的藤原惺窝和林罗山，在某种程度上可以将其看作南村梅轩延长意义的人物。不过这毕竟是小概率事件，这是禅僧的个人行为和个人思想，其思想所反映的并不是整个禅僧群体对于朱子学的思维趋向变化。因而这并不能够解决中世佛教和儒学实力的不对称，以及佛教单向度界定朱子学，而造成朱子学被引入日本和日本朱子学确立的不同步的问题。而由此可以看出，只要还处于佛教单向度界定朱子学的局面，就很难将朱子学引入日本与日本朱子学的确立等同起来。

就江户时代日本朱子学的确立而言，除以日本朱子学者的产生，初步开启了日本朱子学的确立过程以外，还必须以朱子学的视野来界定佛教的方式，扭转自中世以来佛教主导朱子学的局面，甚至主导日本本土思想的局面，通过峻别朱子学和以往主导着日本本土思想局面的佛教，才能进一步宣告日本朱子学的确立。

---

① 〔日〕石田一良：《林罗山：室町时代禅儒一致与藤原惺窝、林罗山的思想》，〔日〕相良亨、〔日〕松本三之介、〔日〕源了圆编《江户的思想家们》上卷，研究社，1982，第20页。

② 〔日〕石田一良：《日本文化：历史的展开与特征》，许极燉译，上海外语教育出版社，1989，第292页。

二　日本朱子学者的排佛论

无论是在思想史上，还是就一般的史学而言，近世的世界是由代表来世思维的佛教的退场，以及作为现实现世伦理思维的儒教登场并取得支配的影响力而组成的，但与这种常识恰恰相反的是，近世佛教的价值仍是显然的。① 早在织田信长统一日本的进程中，佛教势力就作为一种不可忽视的力量在战国时代发挥着重要作用，而且佛教势力在某种程度上还具有政治意义。因此，对于织田信长、丰臣秀吉和德川家康来说，对佛教势力的统治是确保其支配权的重要组成部分。

在江户时代，德川幕府对佛教采取了扶植和控制的政策。比如，1603年德川家康把净土宗镇西派总寺知恩寺定为德川家的香火寺。在德川幕府对佛教所实行的政策中，对近世日本影响最大的是，德川幕府为了禁止基督教传播，而以佛教为平台所实行的"宗门改"政策，来控制近世日本社会。"宗门改"政策通过两种方法来实行。一种是"寺请"制度，即涉及婚姻、奉公、旅行和迁居等活动的时候，必须由所属寺庙的寺请证明自己是佛教徒，而不是天主教徒；另一种就是"宗旨人别帐"制度，即由寺院来行使对所在地区居民的户籍的管理职能。这样佛教寺院实际上作为幕府下属的机构发挥作用。由此可以看出，近世日本佛教在日本社会所发挥的影响力仍然很大。佛教除居于传统的主导地位，其他思想体系无法与之相媲美以外，最重要的是，佛教出世的价

---

① 〔日〕大桑齐：《作为佛教世界的近世》，《季刊日本思想史》（通号48），1996，第3页。

值观仍旧在左右着现世人的道德和伦理观。

对于日本而言，与佛教出世的价值观相对抗来界定现世人的道德和伦理，无疑只在江户时代的朱子学者那里才得以实现，具体来说，这是通过日本朱子学者的排佛论来实现的。日本朱子学者在其作为朱子学者产生的时候，大多接受并在著述中祖述了朱熹的排佛论，比如林罗山和山崎暗斋。本节还要阐明的是，日本朱子学者依据朱子学理论，从其他方面对已经成为本土思想重要代表的日本佛教进行驳斥，这也是日本朱子学向外辐射的一个重要表现。

就藤原惺窝而言，如本书第二章所论述的，作为朱子学者，他并没有在著述中对佛教予以驳斥，尽管其对朱子学和佛教之间的区别是有所了解的。藤原惺窝在给林罗山的信中，用"唯自警自勤而已"表明了其对于朱子学和佛教之间加以区别的态度，但这只是藤原惺窝基于个人的认识，还停留在学说层次上，并没有从更广、更深的意义上对待朱子学和佛教之间的区别。

而林罗山对日本佛教的批判可以分为两个方向：对历史上存在的日本佛教进行批判和对现实中的日本佛教进行批判。

对历史上日本佛教的批判主要集中在中国佛教进入日本时期。在《钦明天皇辩》中，在对钦明天皇接受百济国使臣带来的释迦铜像和经论幡盖，而遭到大连物尾与中臣镰子等人反对这一事件上，林罗山评价道："若令帝践尾（大连物尾）与镰子（中臣镰子）之言，则可谓明矣，下则遗千岁之惑，不可谓明矣，然则钦明帝之为明也何？"[1]

---

[1] 〔日〕京都史迹会编《林罗山文集》上卷，ぺりかん社，1979，第292页。

在《十七条宪法辩》中，针对圣德太子颁布的《十七条宪法》中关于"笃信三宝"部分，林罗山认为："（三宝）入于佛乎，入于老乎，我则异于是，孟子曰：诸侯之宝有三：土地、人民、政事。佛老之宝危，孟子之宝安。吁！太子之不知之不幸乎。"①

在《苏马子辩》中，针对苏我马子弑君这件事上，林罗山将其归咎于信佛的结果。"马子之弑君诚佛之罪也。若使马子知夫五典，则岂如此乎？为人而不知五典非人也……昔者我孟轲氏辟杨墨以其无君无父故也，程子曰：佛氏之言比之杨墨尤为近理，所以其害为尤甚，学者当如淫声美色以远之，不尔则骎骎然入于其中矣，马子非啻骎骎入于其中而已，至其犯上好乱之事，则佛法之为敝也大矣，不可不戒之。"② 这里对弑君的苏我马子的批判依据的是儒家伦常。

在《光明皇后辩》中，针对光明皇后的好佛，林罗山评价道："林子曰：皇后之去垢也，不可莫大于焉，何为如此哉？是亦好佛之罪乎。"③

除这些基于排佛的立场对这些与佛教相关的历史人物进行批判以外，还有2篇文章值得注意，这2篇文章直接针对的是佛教僧徒对于儒学的评判，一篇是《菅谏议圆尔答辩》，另一篇是《元亨释书辩》。在《菅谏议圆尔答辩》中针对圆尔辩圆以质询"不知公于孔子几世乎"来诘难菅原为长这件事，林罗山对此回应道："此事炼虎关载诸《元亨释书辩圆传》以为门楣。吁！道之不传也，

---

① 〔日〕京都史迹会编《林罗山文集》上卷，ぺりかん社，1979，第292~293页。
② 〔日〕京都史迹会编《林罗山文集》上卷，ぺりかん社，1979，第293页。
③ 〔日〕京都史迹会编《林罗山文集》上卷，ぺりかん社，1979，第295页。

夫何为谏议之不言哉？我请述之，夫八宗者，密者龙猛、法相者弥勒、天台者于支那章安、华严者龙树、三论者文殊、律者优婆离、成实者迦梨、俱舍者天亲，皆是佛灭已后，或数百年或一千年之间出来者也。今附尔之言不因师授为虚设，则夫八宗之为设也皆虚，而禅者之为设也独实乎？是大不然也，若自八宗而言之，则禅所谓迦叶密附者不知出于何经乎？大梵天王问佛决疑经亦疑矣，又曰禅至师子尊者而绝矣，然则于其异端之中已互有驳难，何至于言我道之事乎？乌乎！大矣哉！我道之传也，尧以是传之舜，舜以是传之禹，禹以是传之汤，汤以是传之文武周公，文武周公传之孔子，孔子传之孟轲，轲之死不得其传焉，得其传乎，百世之下者，濂溪周先生也，濂溪传之河南程子两夫子，程子传之新安朱夫子，朱夫子之后不可胜计也，其所传者何也？道也，所谓大学之道也，非向所谓异端之道也，其我道者安在哉？道远乎？我欲道，道斯至也，奈其不欲，何若欲之，则在于迩，不在于远，迩者何也？其书则四书五经，其位则君臣父子夫妇兄弟朋友，其事则格物致知诚意正心修身齐家治国平天下，此则非如口传耳授密相附属者，特此心之体隐乎，人君躬行之中，百姓日用之间，贤者识其大，不贤者识其小，而体其全且尽者，则得其传耳，惜乎，夫王张等遂不闻道也，又夫辩圆之辈，何足弄乎？"① 在这篇辩论中，林罗山不仅认为圆而辩圆所自信的佛法相授是虚设，而且认为儒学道统一直得以延续到朱子。

如前所述，虎关师炼对于朱子学持有排斥的态度。在《元亨

---

① 〔日〕京都史迹会编《林罗山文集》上卷，ぺりかん社，1979，第299~300页。

释书辩》中,针对虎关师炼在写作《元亨释书》上较多地模仿《史记》、《汉书》和《左传》等体例一事,"林子曰:吁!我道何为,无人之如此哉,师炼不足庶几矣,黄勉齐有云守虚灵之识,而昧天理之真,借儒者之言,以文佛氏之说者师炼有焉,使之如此,何也以我道之无人故也,若使虎关及门于孔氏,则殆庶几乎,或曰岂惟虎关哉,大藏经五百余函文皆是以我文字借之而已矣,岂惟虎关哉,林子曰:俞师炼之于我书犹盗之于主人也,剽掠僭窃为工耳"。①

林罗山对朱子学和佛教,除在学说层次上对二者加以区别,并依据朱子学学说来驳斥日本历史上佛教的存在以外,在现实社会层面上,还通过批判佛教来强调儒学入世的伦理和道德。"林罗山围绕人伦问题而展开的排斥佛教的各种论述在他整个的排佛论中所占的比重最大,分量最多。"② 具体方式有两种,一种是通过批判佛教出世的道德和伦理,另一种是通过促使林罗山从朱子学人伦的角度进一步思索来对抗佛教的轮回转世等学说。

在《释老》中,"二氏所云,道者果虚无而无寂灭而灭,非吾所云道也。古贤以易中庸合而言之,喜怒哀乐未发之中者,寂然不动也,发而中节者,感而遂通天下之故也。夫道者教人伦而已,伦理之外,何别有道?彼云出世间,云游方外,然则舍人伦,而求虚无寂灭,实是无此理,故尧舜设司徒之官,曰人伦之教者,父子有亲,君臣有义,夫妇有别,兄弟有序,朋友有信,谓之五典,又

---

① 〔日〕京都史迹会编《林罗山文集》上卷,ぺりかん社,1979,第302页。
② 龚颖:《"似而非"的日本朱子学》,学苑出版社,2008,第143页。

谓之五达道，古今不易之道也。故曰圣人无他，只人伦之至也不可不思焉"。① 在《告禅徒》中，针对大灯国师宗峰妙超曾经为了皈依佛门，斩断自己的亲情爱欲，把亲生孩子吃掉的传说，他批评道："吁！佛氏之蔽心至于兹，酷乎！虎狼仁也，以不食其子故也。彼灭人伦而绝义理，啜羹不及放麑，况于此哉！与夫大义渡撅杀其所生之母者，同大罪于天地之间，诚可征焉。"② 《谕三人》中记载："浮屠氏毕竟以山河大地为假，人伦为幻妄，遂绝灭义理，有罪于我道，故曰：事君必忠事亲必孝，彼去君臣弃父子以求道，我未闻君父之外别有所谓道也。故曰：吾道非彼所谓道也。"③

另外，林罗山在给好友石川丈山的信中还批判佛教造成的经济负担。"惟夫算浮屠所收，每一州一万斛，则六十余万。或二万斛，则百二十余万。其外施嚫之费，未知几多也！我朝神国，已为佛国。吁！神似不神乎。凡人皆怖生死，故彼以后生善所诱诳之，号曰极乐悉皆金身，由是信者不惜财施之，浮屠遂执后生善处以为奇货。"④ 不过，林罗山在上述引文的后半部分也指出了佛教之所以能够在社会上取得如此大的势力，是因为"凡人皆怖生死"，会被佛教的轮回转世之说所吸引。

而据本村昌文的研究，为了针对佛教进行批判，林罗山感受到了克服佛教生死观的必要性，为此在理论上进行相应的构建，

---

① 〔日〕京都史迹会编《林罗山文集》下卷，ぺりかん社，1979，第670~671页。
② 〔日〕京都史迹会编《林罗山文集》下卷，ぺりかん社，1979，第671页。
③ 〔日〕京都史迹会编《林罗山文集》下卷，ぺりかん社，1979，第672页。
④ 〔日〕京都史迹会编《林罗山文集》上卷，ぺりかん社，1979，第93页。

直到在《本朝神社考》中，他才从"吾儒"立场对佛教的轮回再生说进行了明确的批判。① 其在《本朝神社考》中论说如下："余答曰：再生之说，浮屠之所言也，非吾儒所专言也。虽然羊祜圆泽之事，是史传之所称，亦不可诬，有说于此，人物之生也，皆天地阴阳之所感，生者自息，死者自消……由是观之，无人死再生之义。"② 这是林罗山从朱子学人伦的角度，通过进行理论构建对抗佛教轮回转世等学说的体现。

依据朱子学对佛教的社会存在方式以及佛教的出世伦理学说进行驳斥，几乎是江户时代日本朱子学者的普遍理论趋势。批判佛教的过程，实现了从朱子学角度对佛教的界定，改变了自中世以来由日本佛教主导日本本土思想的局面。日本朱子学不仅与日本本土异质的佛教思想体系建立了对抗的关系，而且更重要的是，这是日本朱子学所采取的本土化叙述方式的重要方面，它借此成功地实现了朱子学在日本语境的转换。因为日本朱子学所关心和所辐射的层面都是日本的现实，通过与本土主张出世的佛教建立对抗关系，借此鼓吹朱子学现世的伦理价值观，这无疑将大大促进日本朱子学被日本社会所接受。

第二节　日本朱子学向日本历史和神道的辐射

在相对稳定的地域上发生过的事实，以及在此基础上形成的

---

① 〔日〕本村昌文：《林罗山的佛教批判：以生死观为中心》，《日本思想史学》（通号33），2001，第117页。
② 〔日〕林罗山：《本朝神社考》，载〔日〕石田一良、〔日〕高桥美由纪校注《神道大系 论说编20 藤原惺窝·林罗山》，神道大系编纂会，1988，第209页。

近世日本朱子学的确立

史学著述和史学观，是各个民族最本土的认识方式。但是这种认识方式并不会固定不变，任何后人在把握过去的事实的时候，都会不同程度地"覆盖"已有的认识。因为后人不可避免地会以现在的思维方式和标准去把握过去所发生的事实，即带有主观意义的再加工"史学"。

对于近世日本而言，日本朱子学者对于朱子学的自觉，除了体现在信奉朱子学学说上，还体现为自觉将朱子学学说辐射到日本的历史叙述中去。因为朱子学作为一种具有完整体系的学说，凭其哲学方式和伦理价值观，有能力以史学著述的形式，对日本以往发生过的事实进行辐射和整合，创造出某些具有朱子学自觉的日本样态来，从而贯通所发生的日本事实与近世日本的关系。这是日本朱子学的重要辐射维度，日本朱子学借助对日本历史的再加工，成功地实现了面向本土的叙述。

在近世日本史学的开辟过程中，日本朱子学者藤原惺窝并没有建立朱子学与日本历史的关联，相反，林罗山及其林门后代借助朱子学说，对近世日本史学的发展起到了奠基性的作用，林罗山是近世儒教史学的始祖。关于林罗山及其林门，在以儒教道德论为准绳的近世史学创建过程中所起到的作用，小泽荣一认为，代表近世史学最高峰的《大日本史》和新井白石的史学特质、长处乃至方法几乎是脱胎于林门史学之中。① 但仍有少数学者对于林罗山的史学观在近世日本的作用持怀疑态度，比如有学者认为林鹅峰在近世历史观开拓的某些方面要早于林罗山。玉悬博之论证出，不论是对日本历史上的摄关政治的否定，还是对武家掌权者

---

① 〔日〕小泽荣一：《近世史学思想史研究》，吉川弘文馆，1974，序第5页。

的王霸评价基准，林罗山都是先于林鹅峰的。① 林鹅峰起到的是继承和完善作用。因此不夸张地说，近世日本史学的确立是由林罗山以一己之力拓展出来的。因此，本节主要是以林罗山的史学著述和史学观来说明日本朱子学与日本历史的关系。

尽管从概念界定上来讲，日本神国观念及其传说应该属于广义上日本历史的一部分，本节实际上所关注的是日本朱子学与日本历史的关系，但是谈及林罗山在其史学著述和史学观中所体现出的朱子学与日本历史的关联的时候，值得注意的是，虽然日本神道也属于日本历史的一部分，但是《本朝神社考》和《神道传授》这两部神道历史著述，没有贯彻林罗山的合理主义和事实主义的历史观，甚至说存在很大的矛盾之处。② 石田一良认为，林罗山的神道是与朱子学思想相异的，林罗山的神道是在朱子学的框架外的存在，这是林罗山出于"从俗教化"的精神所为。③ 因此，似乎存在着林罗山的朱子学对待日本历史和日本神道的不同态度。实际上，不光林罗山面临着用朱子学的合理主义精神把握日本神代传说的困境，《大日本史》的编撰也是如此。④ 因此，本书在探究林罗山将朱子学学说向日本历史辐射的时候，将其分为两部分，对日本朱子学与日本历史和日本朱子学与日本神道分别加以阐述。

---

① 〔日〕玉悬博之：《林罗山的历史思想：以其日本历史观为中心》，《日本思想史研究》（通号37），2005，第16~19页。
② 〔日〕小泽荣一：《近世史学思想史研究》，吉川弘文馆，1974，第145~146页。
③ 〔日〕石田一良：《解题》，载〔日〕石田一良、〔日〕高桥美由纪校注《神道大系 论说编20 藤原惺窝·林罗山》，神道大系编纂会，1988，第51页。
④ 〔日〕小泽荣一：《近世史学思想史研究》，吉川弘文馆，1974，第175页。

一　日本朱子学与日本历史

就日本朱子学思想向日本历史的辐射和以此对日本历史的整合而言，林罗山是通过借助《春秋》的笔法和以朱熹的《资治通鉴纲目》为代表的史学思想和编撰方法得以实现的。在其22岁的时候所读的440余部书籍之中，关于史学经典的著作就有《春秋左传》《穀梁传》《胡氏传》《史记》《汉书》《资治通鉴纲目》等。林罗山对《春秋》和朱熹的《资治通鉴纲目》这些史学经典的阅读，并没有停留在将其作为一种知识教养了解的程度上，而是在阅读了这些史学经典以后，林罗山萌发了修撰日本史之志，"先生常有欲修国史之志"。[①] 其中出于对朱熹《资治通鉴纲目》的欣赏，林罗山为此想以《资治通鉴纲目》为蓝本写出日本的《国朝纲目》来。虽然没有如愿，但是从其对朱熹《资治通鉴纲目》的欣赏可以看出，"他的史观，是大义名分论的、劝善惩恶式的史观"。[②]

林罗山在《孝灵天皇论》中有"此又春秋、纲目书物始之法也"一语，[③] 这表明其效法《春秋》和《资治通鉴纲目》的心迹。庆长十六年（1610）林罗山在为小濑甫庵的《信长记》所写的序中，更是宣告了其对朱熹鉴戒史学思想的继承。"续而实录者绵绵焉，国家之治乱，君臣之得失，其迹所关，其功不鲜……顷者信长记出焉，信长织田氏一旦崛起，驱轻黠乌合之众，而并吞数州，所

[①]〔日〕京都史迹会编《林罗山文集》上卷，ぺりかん社，1979，第286页。
[②]〔日〕渡边广：《罗山史学》，载日本史研究会《日本历史讲座 第八卷 日本史学史》，商务印书馆，1964，第64页。
[③]〔日〕京都史迹会编《林罗山文集》上卷，ぺりかん社，1979，第285页。

谓乱世之雄也。今记其始末鉴其兴亡故名曰信长记……余以为通其国俗，按其事迹则必虽不拘于文章，而未尝无补于世教，与上之诸记殆可抗衡。"① 在其《史记跋》中，有"吁！古今之治乱，君臣之明暗，举在眼里。岂惟太史笔力而已哉？"之语。② 其在《本朝编年》中直接注明"效朱子纲目之法"。③ 从考察"国家之治乱，君臣之得失"，进而希望"而未尝无补于世教"中，可以看出林罗山从朱熹那里继承的史学思想。始于林罗山的国家治乱兴亡史观和君臣得失鉴戒史观，不只存在于林罗山一人那里，在林家史学确立的同时，其也成了整个江户时代日本的固定观念。④

林罗山继承朱熹的史学思想还体现为其在历史著述中借助历史人物和历史事件来考察"国家之治乱，君臣之得失"，实际上就是以儒学道德价值观为评判的基准对日本历史进行辐射和整合。林罗山这种对中国自古以来的儒教历史观念无批判地继承，在其一生中都没有改变。⑤

具体说来，比如在对待日本武家的评价上。在"庆长年中之笔"中，"林子曰：赖朝义时者我朝之桓文乎，功为大罪亦为大。故读春秋者不可不知。二伯之功与罪也，所以者何？无他王伯之辩也。樵夫谈王道，而矧于吾乎？又于仲尼之门乎？故曰：赖朝义时我朝之二伯也，呜乎！如后鸟羽院何"。⑥ 在这则对日本武家政

---

① 〔日〕京都史迹会编《林罗山文集》下卷，ぺりかん社，1979，第574~575页。
② 〔日〕京都史迹会编《林罗山文集》下卷，ぺりかん社，1979，第632页。
③ 〔日〕京都史迹会编《林罗山文集》下卷，ぺりかん社，1979，第654页。
④ 〔日〕小泽荣一：《近世史学思想史研究》，吉川弘文馆，1974，第170页。
⑤ 〔日〕小泽荣一：《近世史学思想史研究》，吉川弘文馆，1974，第167页。
⑥ 〔日〕京都史迹会编《林罗山文集》下卷，ぺりかん社，1979，第799页。

权奠基者源赖朝和北条义时的评价中，林罗山依据《春秋》王霸之分的笔法，没有将二人视为有德意义上的"王"，而是比照春秋的齐桓公和晋文公，将二人视为"霸"的代表。这种王霸之分，除具有道德意义以外，还暗含着奉日本天皇为正朔的大义名分观点。尽管天皇王朝已经名存实亡，武家政权已经确立了，但是林罗山依照《春秋》和《资治通鉴纲目》的史观，仍将日本天皇置于道德和政治的最高位，从而借助儒学史观激活了作为日本本土最重要的象征——天皇。

随后林罗山这种混合德政和大义名分论的历史评价方法进一步延伸到其他历史人物中去了。在《七武余论》中，其初衷是想"论古今武帅而终归诸汤武仁义之兵，则其垂训示诲真有益处矣，于是学邯郸步于太史公"，① 也就是说林罗山对武家历史上的重要人物诸如平清盛、源赖朝、足利尊、平信长和丰臣秀吉等，以"太史公"的口吻进行褒扬或者是贬斥的评价，以便实现"归诸汤武仁义之兵"。在如何实现"仁义之兵"上，要基于天皇和武家的大义名分关系，"征伐赏罚皆出自天子，故将门殒首于东关，纯友没身于南海，其余不遑胜数也，其奉命击贼者悉由左右，幕府所节制其，幕府惟文惟武常调护朝廷，朝廷正而百官正，百官正而庶绩成"。② 而对于没有遵守大义名分关系的武家人物，林罗山则给予了贬斥的评价。"（平）清盛者，盖天子之孽子乎，秘之世希知焉。谁云王侯将相宁有种乎，宜哉。膺时运乘风云执阖国兵马之权，致位相国，以其子妻天子，以其家属升

---

① 〔日〕京都史迹会编《林罗山文集》上卷，ぺりかん社，1979，第286页。
② 〔日〕京都史迹会编《林罗山文集》上卷，ぺりかん社，1979，第286页。

官食邑，躬为外祖父，挟安德帝而极敖恣欲，京师为之侧目，百姓为之蹙頞。"① 无疑，在对作为日本本土历史象征的天皇和一直主导日本政治舞台的武家进行价值取舍的时候，林罗山基于儒学的大义名分论倾向于日本天皇。

除间接地基于王霸有别和大义名分论对日本天皇进行肯定以外，林罗山在直接对日本天皇进行历史评价的时候，仍然是以儒学道德观为依据，以此对日本天皇进行褒奖。比如"林子曰：仁德皇帝者，有文王之资，有伯夷之行，我朝之贤君也，下视延天之时，则仁德之风安在哉？"② 还有依据儒学道德观对日本天皇进行贬斥，比如针对开元天皇娶庶母伊香色谜命的非伦常行为，"论曰：开化之丞庶母也，中冓之言不可道也者耶，夫君者人伦三纲之魁也，为人之上有禽兽之行，奈何能治国家，盖开化者幸而免者乎？……是以诗刺鹑之奔奔，礼戒禽兽聚尘，呜呼！圣人之垂训也严哉"。③

除此以外，林罗山还在《火雷神辩》中依据儒学的合理主义对神话进行批判。"盖天地之间无非阴阳聚散合辟之所为也，可以神言不可以形言，非如异端，所谓龙车石斧鬼鼓火鞭怪诞之难信也，凡天地造化之迹，苟不以理推之，必入于幻怪伪诞之说，而终不能明。"④ 也是在这种思维的推动下，林罗山进一步依据朱子学的合理主义精神对日本创世神话提出了质疑，"夫天孙诚若为所谓

---

① 〔日〕京都史迹会编《林罗山文集》上卷，ぺりかん社，1979，第287页。
② 〔日〕京都史迹会编《林罗山文集》下卷，ぺりかん社，1979，第789~790页。
③ 〔日〕京都史迹会编《林罗山文集》上卷，ぺりかん社，1979，第285~286页。
④ 〔日〕京都史迹会编《林罗山文集》上卷，ぺりかん社，1979，第297页。

天神之子者，何不降畿邦而来于西鄙蕞尔之僻地耶？何不早都中州善国，而琼杵彦火鸬草三世居于日向而没耶？神武四十五岁东征到安艺国，明年入吉备国，比及三年修舟楫聚兵食，其后至河内国与长髓彦大战于孔舍卫坂，既而获克，遂杀长髓彦，入大倭国，建橿原宫。且夫以神武之雄略，其难如此又何哉？天孙之有大己贵，神武之有长髓彦或相拒或相战，是亦可怪焉。想其大己贵长髓彦者，我邦古昔之酋长，而神武者代而立者"。① 林罗山在对神武天皇的叙述上，没有遵循传统的肯定日本神国观念和神道传说的看法，而是以比较符合事实的角度，将神武天皇看作古昔的酋长。

这里其对日本神话创世的质疑，除体现林罗山的朱子学合理主义精神以外，实际上还与林罗山重新阐释的、符合儒学观念的日本的"太伯始祖说"有所关联。"余窃惟圆月之意，按诸书以日本为吴太伯之后。夫太伯逃荆蛮，断发文身与交龙共居，其子孙来于筑紫，想必时人以为神，是天孙降于日向高千穗峰之谓乎。当时国人疑而拒之者或有之欤，是大己贵神不顺服之谓乎，以其与交龙杂居，故有海神交会之说乎，其所赍持而来者或有坟典索丘蝌斗文字欤，故有天书神书龙书之说乎，以其三以天下让，故遂以三让两字揭于伊势皇太神宫乎，其牵合附会虽如此，而似有其理。"② 值得一提的是，这里林罗山将中国的泰伯牵合附会为日本的始祖。究其原因，小泽荣一认为林罗山的合理主义对神话的批评，以及对太伯始祖说的论述，是对古代传说的合理主义的解释和儒教德治信仰联结合体的结果。③ 也就是说，他对待日本自古

---

① 〔日〕京都史迹会编《林罗山文集》上卷，ぺりかん社，1979，第280页。
② 〔日〕京都史迹会编《林罗山文集》上卷，ぺりかん社，1979，第280页。
③ 〔日〕小泽荣一：《近世史学思想史研究》，吉川弘文馆，1974，第174页。

传下来的传说和神国观念并没有采取简单的介绍态度,而是将儒教的德治信仰主义贯穿进去,为此不惜牵强附会地将中国古圣贤转换为日本神话面目的神,继而创造出符合儒学的历史样态来。

从这段话中不难看出,在林罗山所建立的儒道与神道的关联中,神道是附属于儒道的,神道的阐释必须以儒道来进行。如果再考虑到下面这则史料的话,则就能看出林罗山还借助朱子学的宇宙生成论解释日本神话传说。"天地之始未尝先有人,则人固有化而生者是天地之气生之也,故有气化有形化,凤凰之生异于众禽,神龙之生异于群鳞物,既有然者,则神圣之生必有异于人,是虽理之变而不可谓尤之也。"[①] 林罗山建立起了日本朱子学向日本神道的阐释优势,从这种儒道与日本神道的关系中,可以看出,林罗山对于神道并不持有积极的态度,远不像其后来建立儒教神道的时候,将神道置于积极角色中。

二 日本朱子学与日本神道

上面所列举的史料都是林罗山在庆长年间所作,也就是说在其前期的思想建构中,林罗山在朱子学的视角下,把日本自然流传下来的神话记载视为一种被质疑、消极的存在。但到了林罗山思想后期,他反而将《古事记》和《日本书纪》等关于神代的记述作为事实接受,并以此作为日本历史的始源。[②]

在这个意义上,后期林罗山在其理论上围绕着日本神道构建出了神儒一致的儒家神道(也被称作理当心地神道)。也就是说,

---

① 〔日〕京都史迹会编《林罗山文集》上卷,ぺりかん社,1979,第282页。
② 〔日〕玉悬博之:《林罗山的历史思想:以其日本观为中心》,《日本思想史研究》(通号37),2005,第4页。

在林罗山后期的思想构建中，日本神国观和神道开始具有积极作用。那么是以什么为契机促使日本的神道在林罗山的理论视野中开始扮演积极角色呢？还有林罗山对于代表日本本土的日本神道的这种视角的转换，是否意味着其先前所建立的朱子学和日本神话传说的关联无以为继了呢？

　　林罗山对于日本神道的积极视角的形成在很大程度上与日本神道的存在方式有关。因为以固有的幼稚、素朴的民族神祇崇拜为基础的神道，并不是组织的、体系的思想内容高度发达的宗教，所以它具有与那个时代占支配地位的思想形态结合混合的倾向。①"这种神道在水稻农耕时代，自始至终一直存在的期间内，曾经不断地寻求「logos」化，好比像「换穿衣服的偶人」那样，每当时代变换之际，就很快地脱掉前代陈旧的思想的衣裳，换穿下一代新思想的衣裳。"② 中国佛教传来之后，出现了由佛教主导神道即神佛合一的局面，体现在理论上就是"本土垂迹说"。

　　基于此，林罗山在对神道的阐释上，首先是在排佛的意义上建立起朱子学与日本神道的关联。这一点即便是在林罗山对于日本的创世神话有所怀疑的前期也是如此。林罗山在庆长年间所做的《随笔》中界定了神道、儒道和佛教的关系。"我朝神国也，神道乃王道也，一自佛法兴行后，王道神道都罢却去。或问：神道与儒道如何别之，曰：自我观之，理一而已矣。其为异耳，夫守屋大连没而神道不行，空海法师出而神法忽亡，异端之为害也大矣！曰：日本纪神代书与周子太极图说相表里否？曰：我未知。呜呼！王道一变至

---

① 〔日〕堀勇雄：《林罗山》，吉川弘文馆，1990，第411页。
② 〔日〕石田一良：《日本文化：历史的展开与特征》，许极燉译，上海外语教育出版社，1989，第373页。

于神道，神道一变至于道。道吾所谓儒道也，非所谓外道也，外道也者佛道也，佛者充塞乎仁义之路，悲哉！天下之久无夫道也。"① 即神道就是王道，也就是儒道，而当佛法盛行以后，神道和儒道的关系无以为继，神道被异端的佛教所左右。

这种基于排斥神佛习合的立场，以及提倡神儒合一的论说，在林罗山后期的神道研究和著作中一直得以贯彻下去。比如在《本朝神社考序》中，"本朝者神国也，神武帝继天建极已来相续相承皇绪不绝王道惟弘，是我天神之所授道也。中世寝微，佛氏乘隙移彼西天之法变吾东域之俗，王道既衰，神道渐废，而以其异端离我而难立，故设左道之说曰：伊奘诺伊奘册者，梵语也。日神者，大日也，大日本国故名曰日本国。或其本地佛而垂迹神也。……遂至令神社佛寺混杂而不疑巫祝沙门同住而共居，呜呼！神在而如亡，神如为神，其奈何哉？……庶几世人之崇我神而排彼佛也，然则国家复上古之淳直民俗，致内外之清净，不亦可乎？"② 也就是说，林罗山在其神道研究方面的重要著作《本朝神社考》的写作初衷就是要推翻佛教主导神佛的局面，还神社以本来面目。在《神祇宝典序》中，其更是对佛教关于日本神道"本地垂迹说"予以驳斥，"本朝异域而一切世界皆莫不然也，于是神之与佛犹如冰之与水，果一也？如然则如何不有取异域之鬼类而乱本朝之英灵哉，惟夫本迹者浮屠之说也，神书未尝言之"。③ 林罗山在神道研究中，从排佛意义上批判神佛合一，就是

---

① 〔日〕京都史迹会编《林罗山文集》下卷，ぺりかん社，1979，第804~805页。
② 〔日〕京都史迹会编《林罗山文集》下卷，ぺりかん社，1979，第562~563页。
③ 〔日〕京都史迹会编《林罗山文集》下卷，ぺりかん社，1979，第559页。

要建立朱子学和日本神道关联的神儒合一。

体现在林罗山神道研究和著述中的排佛立场，对于林罗山来说具有重要意义。林罗山的朱子学理论向外辐射和展示的一个重要维度，就是强调朱子学的排佛立场。正是在这个意义上，在涉及神话表现出来的日本样态及其阐释方式的时候，林罗山自然会反对由佛教主导的神佛合一。

除是以排佛为契机促使林罗山对日本神道进行研究以外，石田一良认为林罗山是出于"从俗教化"的考虑才对日本神道有所著述和研究，比如其神道主要著作《神道传授抄》《神道要语》，是应大老酒井忠胜的要求而写的，而《本朝神社考》是应幕府的要求而写的。① 而且当时社会对神道很关注，比如丰臣秀吉被祭祀为丰国神，德川家康被祭祀为东照宫大权现，还出现了关于神道的著述，比如尾张义直的《神祇宝典》、白井宗因的《神社启蒙》等，因此林罗山对神道的积极态度，实际上是受社会上的神道风潮的触动。林罗山乘着这个潮流，期望以指导者的身份发挥作用，其文集中各神社缘起的考证与其他著作，显示了他对社会需要的满足。② 也就是说，在林罗山后期的思想构筑中，日本神道开始具有了一席之地，甚至占有重要地位，但这是否出于林罗山的本意不得而知。因为其在为神道著作《神道传授》的题跋中写道："右一贴神道奥义之秘要也，应若狭国主左少将源朝臣酒井君之求而缮写进呈之，冀无他人之观破云尔。"③ 也就是说，林罗山著述的

---

① 〔日〕石田一良：《解题》，载〔日〕石田一良、〔日〕高桥美由纪校注《神道大系 论说编 20 藤原惺窝·林罗山》，神道大系编纂会，1988，第 46 页。

② 〔日〕肥后和男：《近世思想史研究》，ふたら书房，1944，第 41 页。

③ 〔日〕京都史迹会编《林罗山文集》下卷，ぺりかん社，1979，第 651 页。

《神道传授》是应人之求而写的,甚至谨慎地表示希望"冀无他人观破"。

林罗山对于神道的态度在其思想的前期和后期似乎出现了变化,不过这并没有影响林罗山通过对神道的研究和著述,直接实现借助朱子学的哲学学说和伦理价值观对神道进行重新阐释。在这个意义上,林罗山创立了儒家神道,实现了神儒一致。

在后期关于神道的研究和著述中,林罗山的神观念继承了中世神道,并与宋学的宇宙论相折中,究其原因在于吉田神道的神观念构造,与依照气一元论或者理气二元论说明宇宙构造的宋学理论具有类似性。[①] 但从林罗山作为日本朱子学者的角度来看的话,其借助朱子哲学来说明日本神道,应该被看作日本朱子学通过对日本神道的阐释和整合,实现对日本本土的神话的辐射。

石田一良甚至认为,林罗山关于神道的著述,如《本朝神社考》《神社考详节》《神道传授抄》《神道要语》《神易合勘》《神道传授折中俗解》都是林罗山回归朱子学理气论以后著述的。[②] 在实现朱子哲学与日本神道的关联上,林罗山在《神道秘传折中俗解》中有如下记述:"此一神千变万化,一切诸神相伴,一气分阴阳,阴阳分五行,五行相生相克万物所生之理。"[③] 诸

---

① 〔日〕高桥美由纪:《林罗山的神道思想》,《季刊日本思想史》(通号5),1977,第109页。

② 〔日〕石田一良:《解题》,载〔日〕石田一良、〔日〕高桥美由纪校注《神道大系 论说编20 藤原惺窝·林罗山》,神道大系编纂会,1988,第31页。

③ 〔日〕林罗山:《神道秘传折中俗解》,载〔日〕石田一良、〔日〕高桥美由纪校注《神道大系 论说编20 藤原惺窝·林罗山》,神道大系编纂会,1988,第435页。

如此类还有"国常立尊一曰天御中主尊，古人口诀云八百万神即一神，一神即八百万神，今按万物生自五行，五行即一阴阳也，阴阳即太极也，太极本是无极也，于是此尊之奥义可以见矣"。① 从中可以看出，日本的创世神话或者日本神道这时候仍然是无法与具有完整的哲学体系的朱子学相媲美的，因而林罗山所代表的朱子哲学可以相对容易地对日本创世神话进行重新阐释。

这种意义上的神儒合一，实际上与中世的神佛合一并没有什么根本不同，都是当时完整意义的哲学体系主导着对日本神道的解释。在实现神儒合一上，林罗山除了通过朱子哲学对日本神话进行辐射和整合，以便强调日本神话的生成原理与朱子理气哲学是相一致的，还强调神道之实理也是与儒学的伦理是相一致的。比如"忠君、孝父，此神道之实理"。②

值得一提的是，依托朱子学重新建构的日本神道成为江户时代很多日本儒学者思想和理论构筑的重要体现。"用儒家诠释神道而形成的儒学神道，一是儒学者林罗山创立的'理当心地神道'；二是吉川惟足用儒学改造吉田神道后形成的'吉川神道'；三是度会佳为使用伊势神道进行改造的新的'伊势神道'；四是由儒学者转变为神道家的山崎暗斋创立的'垂加神道'。"③ 这些儒家神道都是依托朱子哲学及其伦理价值观，进而通过对代表日本本土重要叙述的日本神国观和神道进行辐射和阐释，实现直接意义上的神

---

① 〔日〕京都史迹会编《林罗山文集》下卷，ぺりかん社，1979，第863页。
② 〔日〕林罗山：《神道秘传钞》，载〔日〕石田一良、〔日〕高桥美由纪校注《神道大系 论说编20 藤原惺窝・林罗山》，神道大系编纂会，1988，第384页。
③ 王金林：《日本神道研究》，上海辞书出版社，2007，第7页。

儒一致关联。

第三节 日本朱子学视野中的日本与中国

体现日本朱子学者理论构筑重要方面的神儒一致，还包含着另一层面的意义，即在这些日本朱子学者的视野中，他们如何看待中国和日本。这里的日本朱子学者视野中的中国和日本，并不是国际关系层面上的中国和日本，而是表现为在日本朱子学的确立过程中，日本朱子学者如何感知在朱子学上所具有的中国和日本的距离，以及其对中国和日本的距离的应对方式。

以林罗山来说，在其将朱子学与日本神国观建立关联的时候，其思想中也包含了对中国和日本距离的取舍，为此林罗山甚至在对同一件事的看法上出现了很大的变化。

比如在《神武天皇论》中，林罗山依据朱子学的合理主义精神对日本的创世神话表示怀疑，从比较贴近事实的角度，将日本神武天皇看作"我邦古昔之酋长"，并"考证"出日本"太伯始祖说"，进而认为日本神话中的三种神器不是神留下来的，而是太伯从中国带来的。"设使圆月复生谓余言何哉？或曰：吾邦以八尺镜草薙剑八坂琼为三种神器，自灵神继天而驭宇内固有三器，惟镜惟剑惟玺乃出于天成，历代宝之，今若子之言，则是亦异邦之宝器，而出于人为也，也何？对曰：太伯之逃去时，岂不有器物可提携袭藏乎？其祖公刘干戈戚扬有以启行，太伯何不则乃祖之法哉？只让天下而已，想太伯不为匹夫之行欤？所谓端委而治又可见矣，于吴则有季札剑夫差属镂之类，传于周则有赤刀大训弘璧琬琰之类，且古天子班五瑞于群后，想太伯何不执圭璧以为信乎？然则所谓三神器与赤刀弘璧瑞玉类也。"① 林罗山认为三种神器并不是固有的，而是人为的，甚至是太伯来日本的时候带来的。

但是，同样在关于三种神器的由来问题上，林罗山在后期宽永年中著述的《随笔》中推翻了先前神器是人为的观点，认为三种神器是天成的。"夫器者多出自人为，故虽禹王九鼎亦然，我朝三神器者，自然之天成而不假人为，是亦有以哉，可贵可敬焉。"② 日本的三种神器是"天成的"，甚至中国"人为"的禹王九鼎也不能与之相比。从这两种关于三种神器的相互冲突的界定中可以看出，作为朱子学信奉者的林罗山和深受日本神话熏陶并且在年轻时受过神道教育的林罗山的思想是不同的，至于决定其思想变化的根本原因，是林罗山作为日本朱子学者感受到了中国和日本的特性，以及自己的取舍。玉悬博之将这种变化归结为林罗山思想中外来的朱子学普遍主义、普遍主义思考方式，和传统的个别主义、个别主义的思考方式出现的矛盾的结果。③

在日本朱子学的确立过程中，可以看出像林罗山这样的日本朱子学者对中国和日本的距离相当敏感。进一步说，不光是在日本朱子学者藤原惺窝和林罗山那里，就是在后来的诸如山崎暗斋、中江藤树、熊泽蕃山、新井白石乃至荻生徂徕等儒学者那里，为了弥补中国和日本的距离，都需要他们在理论上积极应对，这是近世日本儒学理论构建中非常重要的维度。正是在这个

---

① 〔日〕京都史迹会编《林罗山文集》上卷，ぺりかん社，1979，第281页。
② 〔日〕京都史迹会编《林罗山文集》下卷，ぺりかん社，1979，第863页。
③ 〔日〕玉悬博之：《林罗山的"普遍"和"特殊"：以其神道思想为中心（前编）》，《日本思想史研究》（通号33），2001，第9页。

意义上，"朱子学东传日本后，先后卷入'神儒习合'、'神儒分离'和'神道自立'等思想漩涡中。其被利用、被排挤和被摒弃的角色变换轨迹，凸显了江户日本学界的'道统'自立愿望和'去中国化'的焦虑"。①

之所以会出现这种局面，与近世日本儒学的社会存在有很大关系。正如本书所阐述的，作为日本朱子学者的产生过程，并不自然地就意味着日本朱子学的确立。如果要是以社会层面来衡量的话，那么直到幕府直辖昌平官学校和各藩藩学校的这种制度和组织传播形式的成立，才意味着日本朱子学向社会层面的辐射有所保障。正是因为日本朱子学者产生的过程与日本朱子学社会存在的不同步，所以当以信奉朱子学为标志的日本朱子学者出现在日本的时候，日本社会层面上，并没有表现出主动与朱子学建立意义关联的局面。甚至与此相反，整个日本社会层面，对于朱子学和日本朱子学者持有的是漠视、不理解的态度，甚至将日本朱子学者与基督徒混淆起来。

这时候对于日本朱子学者而言，在个人层面上建立起对朱子学的信仰无可厚非，但在社会层面上仍旧强调朱子学中国特性的一面，无益于改善作为中国圣人之道的儒学和日本社会的紧张关系。值得一提的是，这里所指的朱子学中国特性或者中国因素的一面，在日本朱子学的确立过程中并不是积极的变量。因为当时中日并不像隋唐时期的中国存在着可以改变日本文化走向的交流方式，另外，即便是来日的中国儒学者，如朱舜水等人虽然起到

---

① 韩东育：《"道统"的自立愿望与朱子学在日本的际遇》，《中国社会科学》2006年第3期。

很大的作用，但是这种作用并不足以改变日本朱子学的确立进程。因此，在日本朱子学的确立过程中，即便涉及对中国的界定，也是以日本朱子学者为主体在日本社会范围内单向度的界定。凯特·中井就认为日本的儒学家大多不是"本来"的儒学家，他们最初的社会境遇并不好，进入儒学是为了改变自己的社会处境。然而，虽然信奉了儒学在某种程度上改变了他们在社会上的地位，但是因为作为儒学者的他们在其他方面也引起了与日本社会的紧张关系，因此他们应对具体的、直接的社会秩序和政治结构挑战，要远远大于那些作为影子的来自中国的挑战。①

至于在日本朱子学的确立过程中，如何应对朱子学的中国特性和日本现实的距离，日本朱子学者大体采取了两种应对方式。一种方式是使得朱子学普遍化，不为中国所独有，将其变成放之四海而皆准的真理，淡化朱子学的中国痕迹；另一种方式就是通过"提升"日本固有文化体系的水准，将朱子学所体现的道，说成日本古已有之的道，拉近异质的中国朱子学与日本现实的距离。

在通过使朱子学普遍化这种策略去应对朱子学的中国特性和日本现实距离上，以藤原惺窝为例。"先生曰：理之在也，如天之无不帱，似地之无不载，此邦亦然，朝鲜亦然，安南亦然，中国亦然，东海之东西海之西，此言合此理，同也南北亦若然，是岂非至公至大至正至明哉？若有私之者，我不信也。"② 从藤原惺窝对林

---

① Kate Wildman Nakai, "The naturalization of Confucianism in Tokugawa Japan: The problem of Sinocentrism", *Harvard Journal of Asiatic Studies*, 40 (1), 1980, p. 196.

② 〔日〕京都史迹会编《林罗山文集》上卷，ぺりかん社，1979，第348页。

罗山进行论说的这则史料中可以看出，藤原惺窝认为"理之在也"是普遍性的，是不受地域限制的，日本、朝鲜、安南、中国在"合此理"上并没有什么不同。

除"理之在也"是不受地域限制的普遍性存在以外，藤原惺窝还认为"理之在也"是人性中自然固有的，并以此来说明对外交往的原则。《致书安南国》记载道："夫信者，吾人性中之固有，而感乎天地，贯乎金石，无以不通，岂啻交邻通好而已哉？"在《船中规约》中，也有"异域之于我国，风俗言语虽异，其天赋之理，未尝不同"的记载。①

在通过"提升"日本固有文化体系的水准，将朱子学所体现的道说成日本古已有之的道，拉近异质的中国朱子学与日本现实的距离的策略上，以林罗山为例。林罗山在将朱子学和日本神话建立关联的《神道要语》中，显示出了其在处理中国和日本的距离感的时候所采取的应对方式。"古欲御大道明明德者，先修其身。欲修其身者，先正其心。欲正其心者，在于致知。学者传习分派异流，虽云释氏金口之八万，李老玄言之五千，大底不出此义也。大儒之道，一说理世安民之业。夫尧以往不可得而闻。尧传舜，舜传禹，禹传汤，汤传文武周公，周公传孔子，即此道也。至解释其意分散其义者，充溢四表而弥纶八荒矣。盘余稚樱朝，北平三韩，西通吴会。尔降，使译往来，学校鬱起，皆以为传未习未闻，不知神国本有其训传也。皇祖天照大神，手授三种宝器，口授三句要道，与日月俱悬，与天地不朽者也。传琼玉者，欲使修其身

---

① 〔日〕国民精神文化研究所编《藤原惺窝集》卷上，思文阁，1978，第124、125页。

克妙也。传宝镜者，欲使正其心克明也。传神剑者，欲使致其知克断也。修身如琼无伤害之危，正心如镜无毫厘之邪。"① 在这则论述中，中国尧、舜、禹、周公、孔子的圣贤之道，通过"皆以为传未习未闻，不知神国本有其训传也"这种策略安排之后，中国和日本的距离显然不是主要的了，中国和日本的相一致之处就呈现了。在这种神儒一致的策略下，以"神国本有其祖训"面目出现的朱子学自然就有利于促进朱子学学说在日本的传播。

也是在这个意义上，与林罗山对日本神道的判断有意识地出现偏差和起伏一样，林罗山在说明中国和日本的关系上，同样延续了这种策略，有意识地"提升"日本在中日关系中的地位。其在庆长十五年（1610）的国书《遣大明国》中写道："日本国主源家康一统阖国，抚育诸岛，左右文武，经纬纲常，常尊往古之遗法，鉴旧时之烱戒，邦富民殷，而积九年之蓄，风移俗易，而追三代之迹，其化之所及朝鲜入贡，琉球称臣，安南交趾占城暹罗吕宋西洋柬埔寨等蛮夷之君长酋帅，各无不上书输宝，由是益慕。"② 其中"其化之所及朝鲜入贡，琉球称臣，安南交趾占城暹罗西洋柬埔寨等蛮夷之君长酋帅"这种说辞，从事实考证上来看，"林罗山强调的不是事实，因为当时他所说的'无不上书输贡'的各国并没有向日本称臣纳贡。这些国家倒是处在'华夷秩序'之中而向中国朝贡的。……他的信就是既想抬高日本的地位与中国王朝相齐，又想从中国获得经济贸易利益的表现"③。这也反映出这样一种特性，

---

① 〔日〕林罗山：《神道要语》，载〔日〕石田一良、〔日〕高桥美由纪校注《神道大系 论说编 20 藤原惺窝·林罗山》，神道大系编纂会，1988，第 417~418 页。
② 〔日〕京都史迹会编《林罗山文集》上卷，ぺりかん社，1979，第 130 页。
③ 陈景彦：《德川幕府的"大君外交体制"辨析》，《东北亚论坛》2003 年第 5 期。

即"日本思想界对本国思想的纯粹性和自主性欲望渐趋强烈,在利用朱子学方面,也经常出现自我作圣式的反向解说"。① 这种在说明日本与朱子学关系中形成的"自我作圣"式思维,不光普遍地出现在林罗山及其后的日本儒学者那里,甚至在日本朱子学始祖藤原惺窝那里也有所体现。"本邦居东海之表,太阳之地,朝暾晨霞之所辉焕,洪涛层澜之所荡潏,其清明纯粹之气,钟以成人才。故昔气运隆盛之日,文物伟器,与中华抗衡。"②

在日本朱子学的确立过程中,日本朱子学者感知到了在朱子学上所具有的中国特性和其与日本现实的距离,他们采取通过将朱子学普遍化而不为中国所独有的方式,以及"提升"日本神道水平的方式,来应对中国和日本的距离。这两种方式实际上都是有意识地控制着朱子学的中国特性展现的方式,也就是说日本朱子学者不想给日本社会留下只是宣扬、颂扬中国学说的印象。相反,通过将日本神道"自我作圣式"的转化之后,朱子学和代表日本本土最基本的学说——神道学说,建立了一种似乎可以互相声援的盟友关系。

第四节　小结

在日本朱子学的确立过程中,基于个体的或者小范围的知识群体直接信奉朱子学、接受朱子学,相对来说比较容易。突破个

---

① 韩东育:《"道统"的自立愿望与朱子学在日本的际遇》,《中国社会科学》2006年第3期。
② 〔日〕国民精神文化研究所编《藤原惺窝集》卷上,思文阁,1978,第138页。

人或者小范围内的知识群体而指向社会层面，朱子学借此直接向外辐射，是日本朱子学确立的方式之一。不过显然的是，在这个过程中，日本社会对于这些日本朱子学者以及其所宣扬的朱子学，不是以主动、直接接受的方式进行的。这里姑且不论日本政治层面的反应如何，这将在下章予以阐述。在日本社会层面上，当时日本不论是基于个体的人，还是基于地域和职业而形成的群体，其思维乃至其价值观的形成，当然是处在朱子学之前日本固有的思想文化体系的影响之下的，比如代表性的日本佛教以及日本神国观念。这是一个基本的前提，但就是这个基本的前提，造成日本社会层面对日本朱子学者所宣扬的朱子学思维和价值观自然会有一种抵触和不兼容的反应。

也就是说，当朱子学想要走出基于个体和小范围知识群体的辐射面，而向日本社会辐射的时候，日本社会却不是以直接接受朱子学的方式进行的，相反是在与存在于日本社会固有的佛教和神道比对中进行的。因此日本朱子学在社会层面的建立过程中，需要面对的就是朱子学与日本固有思想文化体系的关系界定问题。也就是说，日本朱子学需要与这些代表日本本土的思想文化体系建立关联，借助日本社会层面所接受的日本佛教和日本神道学说，以间接的方式建立起日本朱子学样态来。

在日本朱子学与日本本土思想文化体系建立关联的本土化叙述过程中，日本朱子学实现了本土语境下的转换。日本朱子学的本土化叙述策略，实际上是通过日本朱子学单向度界定的"互视"，成功地与日本佛教、日本历史和神道建立关联。

比如在日本朱子学与日本佛教的关系上，日本佛教不但是日本本土最重要的思想文化体系代表，而且还主导着对日本其他文化体系的阐释，包括日本中世在禅儒一致构造下对朱子学的阐释。因此，日本朱子学者依托朱子学学说对日本佛教进行系统的、持续的批判，在日本文化史上可以算作首次。其不但针对历史上日本佛教存在的弊端进行批判，还针对现实中日本佛教的弊端进行批判。这一排佛的批判过程，一方面改变了中世禅儒一致构造下日本佛教对朱子学单向度的界定，从而宣告了朱子学在日本的独立；另一方面对日本佛教出世的学说和价值观进行了批判，从而宣扬了朱子学所主张的现世的伦理和价值观，这种现世伦理和价值观的宣扬在很大程度上改变了近世日本人把握世界的方式和价值取向。通过挑起佛教和朱子学在出世和现世价值观方面的对抗，日本朱子学成功地向社会推介了自身的学说，因此日本朱子学被近世称为实学。值得一提的是，在日本朱子学走向实学的象征过程，就意味着日本朱子学成功地融入日本的现实中去，并成了近世很有影响力的思想文化体系。

朱子学与日本历史和神道建立关联的方式，显然与佛教所建立关联的方式有所不同。在面对日本神话传说以后存在于当时人头脑中的历史事件和历史人物，林罗山借助朱子学学说对日本历史事件和日本人物进行评价，这实际上是一种惩恶扬善的借鉴史观。在这个过程中，林罗山实际上是创造出了符合朱子学价值观基准的日本历史样态。从林罗山的著述来看，其依据儒学伦理对日本历史进行阐释的方法，开拓了体现儒学伦理价值的近世史学，也成为后世史学著述的范例。

在将朱子学与日本神话中的神国观和神道建立关联的时候，实际上不光是林罗山，其后的学者都面临着同样困境。因为一方面这些神话传说，如果依据朱子学合理主义精神考证的话，则都是荒诞的和难以让人信服的；但是另一方面，非理性存在的神话传说，往往就存在于现实人的头脑之中，成为其表达认同的依据，因而是不可以随意无视其存在的。林罗山在建立朱子学与日本神道的关联的时候就面临着这种困境，因而其思想难免有所起伏和变化，比如本书所阐述的林罗山对待神武天皇和日本神话中三种神器的态度。但是林罗山还是依据"从俗"的逻辑，迎合了日本的现实，建立了体现朱子学学说的神儒一致的儒家神道。继其后，山崎暗斋等人在将朱子学和神道建立关联的时候，大体都遵循着林罗山所拓展的路径。

尽管在将朱子学和佛教、日本历史建立关联的时候，比较畅快地体现出朱子学的特点来，但实际上这都是以日本朱子学者成功应对朱子学的中国特性和其与日本的现实距离为前提的。否则不论是朱子学如何基于现世的伦理观，还是其对日本历史的解释如何完美，都会给人一种"外人"指手画脚的嫌疑。

日本朱子学者感受到了朱子学的中国特性和其与日本的现实距离，为此，他们采取了使朱子学普遍化而不唯中国所独有的策略，以及"提升"日本神道的水准将其视为与朱子学同等地位的策略。这样日本朱子学者在向日本本土的代表性思想文化体系进行辐射的时候，没有给日本社会留下只是宣扬、颂扬中国学说的印象，相反，通过合理的应对，成功地实现了朱子学面向日本的语境转换，营造出有利于日本朱子学的社会空间来。

第五章
日本朱子学制度化存在方式的确立

就日本朱子学的存在方式而言，以藤原惺窝为代表的日本朱子学者，立足于民间层面，以私塾、讲义堂这类场所进行朱子学的传播和儒学伦理教育，可以被视为江户时代日本朱子学存在的基本方式。这种立足于民间的日本朱子学传播和儒学伦理教育，尽管是以朱子学学说为重心的，但是从整个社会来看，这种方式只是一种专于记诵的技术性学问教养。换言之，在民间层面上的日本朱子学辐射只是一种自然的扩展方式，尽管在这种扩展的过程中，日本朱子学者借助本土化叙述策略日渐营造出有利于自己的社会空间，日本朱子学者和朱子学接受者的范围和影响力日渐增大，但是并不能借此实现日本朱子学政治权力意义上的制度化存在方式。

除此以外，还有以林罗山及其后人所代表的日本朱子学者在幕府和各藩层面上进行的朱子学传播和儒学伦理教育。这种方式基本上由日本朱子学者立足于民间传播的第一种方式演变而来，这些后来成为幕府和各藩的官学校以及作为幕府和各藩校教官的儒学者，就最初而言，都是以民间的私塾、讲义堂和在这类场所讲授朱子学说的民间日本朱子学者为原型的。正是在幕府和各藩的支持下，才将立足于民间、基于个人朱子学学说的授受方式，转变为一种非个人的、组织的、制度的传授方式——官学校教育。这个转变的实现，一方面意味着，日本朱子学者通过在武士教育领域与政治权力的联结，在很大程度上改变了以往与幕府将军和权臣以及各藩当政者间基于个人关系的结合方式，朱子学学说开始成为联结权力者和日本朱子学者的重要桥梁，在这个意义上，日本朱子学者的身份也得到承认；另一方面意味着，以官学校这种组织的和制度的方式，有意识地将朱子学向外辐射，这是立足于民间的朱子学传播方式所不能相比的，进一步加速了日本社会接受朱子学的步伐。这种以官学校形式体现日本朱子学有组织和制度保障的传播，以及与之相关的日本朱子学者身份的被承认，体现的是日本朱子学制度化的存在方式。

值得一提的是，以官学校形式实现的日本朱子学制度化的存在，虽然是幕府和各藩所代表的政治权力和林罗山所代表的日本朱子学者共同努力的结果，但是这两种力量在实现日本朱子学的制度化存在方式上又不可同日而语。也就是说，最初幕府和各藩的执政者们对待日本朱子学除个别人体现出热衷以外，幕府和各藩执政者们在政治权力和政治秩序的构建中，最初并没有将日本朱子学纳入政治视野，即幕府和各藩的执政者们，对于日本朱子学在向制度化存在方式演变过程中的拉力作用，最初是不明显、不自觉的。这与林罗山所代表的日本朱子学者力图在幕府和各藩层面上，实现日本朱子学的制度化存在方式而所做持续一贯的推力，是不可同日而语的。日本朱子学的制度化存在方式主要是由林罗山所代表的日本朱子学者在幕府和各藩层面进行推力的结果。

第五章 日本朱子学制度化存在方式的确立

第一节 德川幕府视野中的日本朱子学

在对朱子学的认识上，一般认为朱子学雄踞江户时代意识形态领域的正统地位。笔者这里所使用的意识形态是一个中性概念，即社会科学使用的描述性概念，"根据这个概念，意识形态可以视为有关社会行动或政治实践的'思想体系'、'信仰体系'或'象征体系'"。① 丸山真男在考察近世思想的时候曾说："首先就从站在近世思想发展的先头并在幕府权力的庇护下很快又占据了封建教育和学术正统地位的朱子学开始。朱子学几乎完全垄断了近世初期的思想界。"② 事实上，丸山真男对朱子学正统地位意识形态的认识，是其随后论证的首要前提，并一再被强调着。

需要承认的是，朱子学作为正统意识形态的结论，是以一种符合且等同于事实的面目出现。比如丸山真男在论证朱子学在近世日本的飞跃性发展的原因的时候，就认为"一方面是因为，德川封建社会乃至政治结构，在类型上可以同成为儒学前提的中国帝国的结构相对照，这样，儒学理论也就被置于最容易适应的状态中；另一方面是因为，与以前的儒学不同，在近世初期，儒学从思想上进行了革新。我们把第一方面看成近世儒学兴盛的客观条件，把第二方面看成它的主观条件"。③ 按照丸山真男的叙述，这

---

① 〔英〕约翰·B.汤普森：《意识形态与现代文化》，高铦等译，译林出版社，2005，第6页。
② 〔日〕丸山真男：《日本政治思想史研究》，王中江译，生活·读书·新知三联书店，2000，第162页。
③ 〔日〕丸山真男：《日本政治思想史研究》，王中江译，生活·读书·新知三联书店，2000，第5页。

里所谓近世日本朱子学兴起所依托的客观条件就是德川幕府封建体制的建立，而主观条件体现为藤原惺窝、林罗山通过对抗出世的佛教，对抗旧儒学，主张道德教化的朱子学。与这种朱子学居于"正统意识形态"相配合的论据还有，在《德川实纪》中记述的德川家康，"虽以马上得天下，然生来即具神圣之性，渐知不可以马上治天下之道理，常遵信圣贤之道。英断曰：大凡治天下国家，惟行人之所以为人之道，此外别无所谓道。治世之初，常助文道，世误以为好文之主，耽于文雅风流者，颇不乏人"。① 通过《德川实纪》的描述可以看出，德川家康对儒学的兴趣，印证了丸山真男归纳的所谓朱子学兴起的客观条件和主观条件，进而确立了朱子学在意识形态领域正统地位的结论。在这个意义上可资佐证的还有，林罗山作为朱子学者侍奉四代将军，在幕府援助下建立林家学塾，以及在宽政二年（1790）德川幕府为了维持朱子学为正学地位而发布的"异学之禁"的命令，等等。

当然丸山真男式将朱子学视为江户时代正统意识形态的结论，也遭到了很多学者的批判。与丸山真男"史实式"论证方式相对应的是，这些学者也从史实上进行颠覆。比如尾藤正英认为，德川家康对学问的关心以及在其资助下出版书籍都不限定于朱子学，其录用林罗山也是遵循了室町时代以来利用有学识僧侣的传统，为此其要求林罗山剃发取法名为道春，而幕府并不承认其朱子学者的身份和思想。② 渡边浩认为，日本出版了很多的朱子学书籍，但是其在数量上并不能与佛经典籍相比，当时学习儒学的人还是

---

① 〔日〕黑板胜美编《德川实纪·第一篇》，吉川弘文馆，1998，第339页。
② 〔日〕尾藤正英：《日本封建思想史研究：幕藩体制的原理和朱子学的思维》，青木书店，1986，第27~30页。

极少数，因为书籍很昂贵，这样儒学教说和思考方法在近世日本社会上的通用度，与中国和朝鲜相比，就是德川时代后期也是相当浅薄和有限的。而以纷争为主的战国时期的大名们，对儒学和儒教思想是疏远的。作为命运的、与因果报应有关的、对诸教折中的"天道"观念虽然普及了，但是与受天命的天子和圣人没什么关系，大名们的政策也很难说是按照儒教理念导入的。因此，朱子学并不意味着与幕府权力联结在一起的正统意识形态，而朱子学在思想的内容和构造上，很难与德川初期的政治和社会的存在方式对应得上。① 黑住真认为，江户时代的儒教尽管主张普遍的伦理，但其只是随着社会发展的诸如神道、佛教、武道、艺道等，多种多样的道、教、艺中的一类而已，而且德川儒教具有非本体性、非排他性、复合性等特征，将德川思想体制等同于朱子学是幕末林家编撰《德川实纪》时的阴谋，并且这种对于德川思想的解释一直延续到了近代日本。② 正如赫尔曼·奥姆斯所认为的那样，17世纪的日本有着16世纪所无法看到的成熟的政治，这种情况是不能被否定的。在此认识范围内，为了考虑论说人类和社会，朱子学在很大程度上被利用是确定无疑的。不过，朱子学是否垄断了此言论，还有朱子学是否朝着与德川的权力构造相关联的正统思想方向变化，这些都是极其含糊不清的。③

从织田信长和丰臣秀吉的延长线上来看，德川家康在确立德川幕府主导的政治权力和政治秩序的时候，除依靠军力以外，也

---

① 〔日〕渡边浩:《近世日本社会与宋学》，东京大学出版会，1985，第6~9页。
② 〔日〕黑住真:《近世日本社会与儒教》，ぺりかん社，2003，第17~26页。
③ 〔美〕Herman Ooms:《朱子学和初期德川意识形态问题的轮廓》，丰泽一译，《季刊日本思想史》（通号31），1988，第5~6页。

强调通过权威、仪礼和精神因素来说明自己权力的合法性。比如，战国时代的武士认为自己的胜败运命全都是"天道"神秘作用的结果，正是因为"天道"这种神秘的性质，反而激发了武士不再安于现状，在"下克上"变革现状的行为中探究自己的命运如何。①

至于这些似乎跟儒学很有渊源的"天道"思想，武家家训中体现的儒家思想，其所引用的《论语》《史记》《三略》等都是不成体系的，它很少考虑这些思想的背景，缺乏一贯性，只是日常的训诫而已。②因此可以说，这是只言片语式样地理解，而且还是在武士自我体验中与儒学的政治思想建立联系的。③究其原因，主要是日本朱子学者产生比较晚，他们没有在如此变动的战国年代里借助自己的学说主动为日本社会提供政治权力和政治秩序的观念。

而随着德川家康接近武士权力的核心而称霸天下，相应的，德川家康就重新界定了战国时代流行的"天道"思想。以往对德川初期的"天道"思想的探讨，都引用《本佐录》中关于"天道"的叙述。但是一直以来在对《本佐录》这部著作的作者确定上存在很大争议，有人认为是本多正信所作，也有人认为是藤原惺窝所作，成书的时间下限，据推断是17世纪后半期。④因此将

---

① 〔日〕石毛忠：《江户时代初期关于天的思想》，《日本思想史研究》（通号2），1968，第24页。
② 〔日〕奈良本辰也：《近世政道论的展开》，载〔日〕奈良本辰也校注《日本思想大38 近世政道论》，岩波书店，1976，第426页。
③ 〔日〕石田一良：《日本思想史概论》，吉川弘文馆，1963，第155~156页。
④ 〔日〕石田一良、〔日〕金谷治校注《日本思想大系28 藤原惺窝 林罗山》，岩波书店，1975，第269页。

第五章　日本朱子学制度化存在方式的确立

《本佐录》与德川家康手下猛将本多忠胜（1548～1610）记录德川家康言行的《本多平八郎闻书》进行比较的话，《本多平八郎闻书》的可信性似乎要更高一些。本多忠胜在弘治三年（1557）就被当时还叫作松平元康的德川家康召为近侍，当时忠胜刚好10岁，自此忠胜一直跟随在德川家康的左右，成为其不可或缺的亲信，因此可以说，《本多平八郎闻书》在某种程度上可以被称作德川家康本人的日记。在《本多平八郎闻书》中，德川家康认为"天道"存在于祖先和后代的血缘延续中，"我"传达的是祖先从"天道"那里接受的天命，而"我"要将"天道"的命令传给子孙，这就是"我"的职责，如果疏远了这份职责，"我"就要遭受天谴天罚。从中可以看出，战国时代流行的天道思想已经开始摆脱其神秘性质的一面，而具体地存在于世俗血缘关系中了。进一步说，"天道"所指的就是，处在国主和大名位置的人，就要保卫国家，使百姓安居乐业。①《本多平八郎闻书》也提到德川家康爱好读书，对治理天下国家的四书感兴趣，并援助图书的出版事业。但如阿部吉雄判断的那样，尽管德川家康对《论语》《贞观政要》《汉书》等经典很感兴趣，对儒家的现世道德很是关心，但是如果后人据此说明德川家康对近世儒学，尤其是朱子学的发展发挥作用，那就是夸大了，他没有援助藤原惺窝和林罗山在儒学上的革新。②总之，虽然这一时期随着以藤原惺窝和林罗山为代表的日本朱子学者的产生，已经启动了日本朱子学确立的过程，但是对德川家

---

① 《本多平八郎闻书》，载〔日〕奈良本辰也校注《日本思想大38 近世政道论》，岩波书店，1976，第23、27页。
② 〔日〕阿部吉雄：《日本朱子学与朝鲜》，东京大学出版会，1965，第9～12页。

康而言，日本朱子学关于政治权力和政治秩序的学说，还没有进入其的视野之中，更何谈被关注呢？

而德川家康这一时期主要从事的是技术性地获取自己所主导的政治权力和政治秩序。先是依靠其过人的能力赢得关原之战，从而称霸天下，进而从天皇那里取得了征夷大将军的称号，着手建立以征夷大将军的官职为轴心的体制，对抗丰臣家的以关白职位为轴心的体制。① 直到元和元年（1615）其占领大阪城，丰臣秀赖（1593～1615）母子自杀，从而消灭了丰臣的势力，但第二年德川家康也去世了。

幕府的文教政策，在兵农分离制度之下，"住在都市的幕藩领主为了支配隔离而居的农民，运用了法令和文书。上面所颁布的法令及命令之类以文字书写，采用文书和公告等的形式。我们可以说：不像中世为止那样直接的人身支配，政治上的支配已经借由使用文字的文书等为之"。② 从这个意义上讲，近世社会是"文字"社会。但是"幕府在政策上自觉于武士和民众的教育，正式上是开始于宽政期。不过，享保期将军德川吉宗的政治改革里可以看到其先驱的意识和政策。在此之前的幕府，至少作为政策的教育不得不说是缺乏的"。③

而德川初期统治的实际情况，也是德川初期文教政策缺乏的佐证。那时的德川社会并不是一个文化的社会，而几乎可以称之

---

① 〔日〕笠谷和比谷：《近世武家社会的政治构造》，吉川弘文馆，1993，第69页。
② 〔日〕辻本雅史：《日本德川时代的教育思想与媒体》，张昆将、田世民译，台湾大学出版中心，2005，第127页。
③ 〔日〕辻本雅史：《日本德川时代的教育思想与媒体》，张昆将、田世民译，台湾大学出版中心，2005，第149页。

第五章　日本朱子学制度化存在方式的确立

为文盲社会，将近300个藩的武士们在施政上几乎是以口头命令的形式进行的，文书只限于重要的决定和关于土地的记录，法令内容也是极其简单的。① 造成作为统治者的武士的文化能力的先天不足的原因，是在武家的时代与文学相关的教育极其衰落，只有僧徒嗜好文学，反而是不绝的战争，导致武艺的教育取得了很大的发展。②

因此，在德川幕府的视野中，日本朱子学并没有以其封建伦理和价值观，在德川幕府封建体制的构建中起到主导意识形态的作用。尽管随着德川幕府统一的完成和诸藩对德川幕府的臣服，权威、法令和仪礼这类统治方式的作用日渐凸显，但是显然在德川幕府的视野中，还没有建立起朱子学与这些统治方式的关联，因此其不存在有意和自觉地对朱子学制度化的推力作用，以使得朱子学成为德川幕府的主导意识形态。

而日本朱子学在德川幕府层面的传播，进而与政治权力的联结，以官学校这种形式，从而使日本朱子学的组织化和制度化的辐射和传播成为可能，这主要是由林罗山所代表的日本朱子学者所做的持续一贯推力的结果。

第二节　林罗山在德川幕僚政治中的崛起

一　德川家康时期的林罗山

不论是日本朱子学者，还是作为学说的日本朱子学，其在江

---

① 〔日〕R.P.ドーア：《江户时代的教育》，松居弘道译，岩波书店，1970，第1页。
② 〔日〕海后宗臣：《海后宗臣著作集》第7卷，东京书籍，1980，第29页。

户初期政治权力和政治秩序中的位置都不是先天、自然就有的。最初进入幕府层面的日本朱子学者和日本朱子学学说，在江户初期的政治权力和政治秩序中所具有的位置，应该只是基于个体关系维系着的，对如德川家康这样的权力者而言，其对林罗山的赏识只是出于一种个人的喜好。因此可以说，在江户初期，不论是从作为朱子学者的林罗山入仕幕府的角度来说，还是从德川幕府雇佣像林罗山这样的儒学者的角度来说，二者都不是以朱子学为媒介实现的，因此入仕和雇佣这类具有象征意义的行为，都不是一种政治制度的行为，也不是一种学说与权力的结盟关系，更不能由此得出日本朱子学就此成为德川幕府的正统意识形态。

林罗山自从庆长七年以来就在自己的生活和思想中确立了以朱子学为重心的逻辑。但是林罗山于庆长十年会见德川家康入仕德川幕府后，暂时不论林罗山在这期间的政治行为和谋划，就学问方面而言，林罗山并没有将自己信奉的朱子学学说辐射到德川幕府中去，相应的，在以德川家康为代表的德川幕府实权人物那里，林罗山也不被视为朱子学者。以下结合表 5-1 对其进行分析。

表 5-1　德川家康时期幕府层面上林罗山的主要学术活动

年　代	主要学术活动	备　注
庆长十年	德川家康询问林罗山如下三个问题："光武于高祖之世系""汉武还魂香""屈原爱兰"	林罗山对此"应对如流"，"大君感之，洛中传诵之，遂彰闻阖国"
庆长十二年	作为侍读，为德川秀忠讲解《六韬》《黄石公三略》《汉书》	庆长十二年所做的《东行日录》对于这次侍读还记载有，"又将读大学未果"
庆长十二年	赴长崎，购买《本草纲目》，回答德川家康关于医学、药学方面的询问	

第五章　日本朱子学制度化存在方式的确立

续表

年　代	主要学术活动	备　注
庆长十三年	为德川家康讲解《论语》《黄石公三略》等	"又掌御书库钥"
庆长十五年、庆长十六年	林罗山替人起草了《遣大明国书》《遣福建道陈子贞》《答南蛮舶主》《论阿妈港》《寄阿妈港父老》《论阿妈港父老》《呈吕宋国王》《呈占城国王》8篇外交文书	庆长十六年以后的12年里林罗山没有再起草过外交文书，而是由僧崇传负责起草
庆长十六年	为德川家康讲解《建武式目》	
庆长十七年	奉德川家康命撰写《东鉴纲要》	
庆长十七年	为德川家康讲解《续日本纪》	
庆长十七年	德川家康询问林罗山如下五个问题：①"幕府一日令道春见万书统宗有所谓袁天网十将决李淳风六寅占，指之曰：解否？又指掷钱占与掌里算术：解否？曰：不解"；②"谓道春曰：乡党篇厩焚章读不作否，如何？曰：本邦小野侍中某之说也，云可问人而马亦不可不问焉。曰：是非朱子之注乎？曰：否。贵人贱畜其理宜然，若鲁侯之马乃可问焉，此孔子之马也，以退朝而后知为孔子之马也，读不作否非朱子之意也"；③"谓道春曰：方今大明国有道耶，卿以为如何？曰：有之。春虽目未见之，于书知之，夫道者非窈窈冥冥，而在君臣父子男女长幼交友之间，今也大明自阊阎自郡县至州府无处不有学校，皆所以教人伦而以正人心善风俗为要"；④"谓道春曰：道古今不行矣，故中庸不可能也，道其不行矣，夫卿以为如何？春对曰：道可行矣。中庸所云者，盖孔子叹时君之暗而道之不行而言者也，非道者实不可行者之谓也。……（德川家康）曰：中与权皆有善恶，汤武以臣伐君此虽恶而善，所谓逆取而顺守之，故不善不恶中之极也。曰：春意异乎此，愿得尽解乎？春以为中者善也，无一毫之恶，物各得理，事皆适义，中也。善善而用之，恶恶而去之，亦中也。知是非，分邪正，亦中也。汤武顺天应于人，未尝有毛头许之私欲，为天下之人除巨恶，岂虽恶而善乎哉？故汤武中也"；⑤"幕府谓春曰：曾子子贡之一贯如何？春对曰：曾子之一贯以行而言，子贡之一贯以知而言……幕府又曰：所谓一贯何？春曰：圣人之心唯一理而已矣，然天下之物与事于时于处其理莫不贯之"	林罗山拒绝回答因为"袁李辈术数也，有不可贵者，掷钱比手力蓍则如儿戏矣，掌算独易简而六艺之一也" 但是德川家康听了林罗山对大明有道的论证后，"于是幕下变乎色而言他，春亦不言" 汤武放伐论
庆长十七年	作为医药咨询，讲解中国医书、医方	林罗山认为，"医亦儒中之一艺耳，是以儒而医有之，医而儒未之有也"

163

续表

年　代	主要学术活动	备　注
庆长十八年	为德川家康讲解《论语》	
庆长十九年	回答德川家康询问"古今传授三鸟的秘诀"和"柿本人麻吕的传记"	林罗山的博学多识让以歌学为家学的56岁的冷泉为满羞愧，德川家康也惊叹林罗山的博学
庆长十九年	德川家康命令林罗山和僧崇传从《群书治要》《贞观政要》《续日本纪》《延喜式》中收集关于公家和武家法令的资料	
庆长十九年	德川家康召林罗山为其讲解《论语 为政篇》	
庆长十九年	林罗山对方广寺铭文的批判	林罗山对铭文随意解读，迎合德川家康，为讨伐丰臣秀赖制造机会
庆长十九年	林罗山向德川家康建议在京都设立学校，以藤原惺窝为校长	"而大阪兵变起矣，业不能行"
庆长十九年	德川家康命令林罗山和僧崇传负责誊写古书	
元和元年	德川家康命令林罗山负责印刷《大藏一览》	
元和元年	林罗山为德川家康讲解《论语 学而篇》	
元和二年	德川家康命令林罗山和僧崇传印刷《群书治要》	

资料来源：整理自《罗山林先生行状》、《德川实纪》、《林罗山文集》上下卷、堀勇雄《林罗山》、宇野茂彦《林罗山（附）林鹅峰》。

　　需要说明的是，以上林罗山的相关学术活动是在德川家康所代表的幕府层面上进行的学术活动，并不包括林罗山其他的学术活动。尽管林罗山早就自诩为朱子学者，但是从幕府层面上林罗山所从事的活动来看，林罗山向德川家康等人所展示的或者说其思想向外辐射的恰恰不是其朱子学学说。在作为德川家康侍读的过程中，他只言片语地提及了朱子学，这显然不是林罗山在幕府层面上活动的主要内容。

　　在幕府层面上的林罗山，与在跟藤原惺窝具有师友关系交往中的林罗山相比较的话，体现出了不同的特质。究其原因，可以归结为林罗山作为学者的逻辑和作为政客的逻辑有所不同。而这种不同和分裂在很大程度上可以说明，日本朱子学依托个别学者层面的承载，当这种层面的日本朱子学想要寻求一种更广泛意义存在的时候，比如林罗山试图将日本朱子学与德川幕府权力联结，以便为日本朱子学开拓出一种制度空间的时候，所遇到的尴尬局面，即朱子学在超出个别学者接受的层面以后，以德川幕府权力为代表的日本近世社会，并没有自觉地意识到日本朱子学的产生。换而言之，二者的发展节奏是不同步的，战国时代存在的日本社会与朱子学的距离，并没有因为近世社会的到来就轻松地缩短了。这就导致林罗山在与德川幕府建立关系时，只能依照日本朱子学产生以前的传统，而不是按照日本朱子学者的面目，跻身于德川幕僚政治之中。所以林罗山不得不剃发并拥有道春的法名，这是遵循了自室町时代以来武家利用有文笔才能僧侣的传统。①不管德川家康是否有意而为之，但是可以肯定的是，在德川家康的视野中并没有朱子学，其也没有为日本朱子学者留有空间。

还需要指出的是，剃发后的林罗山并没有被授予官职，其之所以能进入德川幕僚之中，是因为其惊人的博学广识的才能，而不是因为其信奉的学说。对于其在德川幕府中的身份，今中宽司认为林罗山与藤原惺窝一样都是"御伽众"。"御伽众"是从战国时代以来到江户时代初期，夜晚在将军和大名身边帮助打发闲暇时光的人员，广义上包括处世谈、夜话、修养谈、世事谈、军物语等传授教养和知识的御咄众、御相伴谈伴，其身份包括大名、武士、僧侣、医生、花茶匠、鼓打者等阶层在内。② 由此可以看出，尽管林罗山进入德川幕僚政治之

---

① 〔日〕堀勇雄：《林罗山》，吉川弘文馆，1990，第129页。
② 〔日〕今中宽司：《近世日本政治思想的成立》，创文社，1972，第26页。

中，但其作为日本朱子学者的特质发挥的空间不是很大。尽管林罗山在与德川家康的交往中会提及朱子学学说，但是这不是林罗山在德川幕府层面上进行相关学术活动的主要方面，更重要的是，德川家康在其视野中关注的是林罗山惊人的博学才能，而没有接受林罗山的朱子学特质。这点从庆长十七年林罗山说明大明朝处处设立学校以施行教化，而"幕下变乎色而言他，春亦不言"的事例中，就可以得到证明。

林罗山在德川幕府层面上所从事的学术活动，无法将自己信奉的朱子学辐射出去，在政治操作层面上就更加困难了。在德川家康时期，林罗山在政治操作层面上显露的才能有限，也没有在政治操作上得到德川家康等人的重视和重用。但林罗山对政治的嗅觉还是非常敏感的，在对方广寺钟铭的批判中，显露出的是林罗山作为一个政客的逻辑，为了制造讨伐丰臣秀赖的口实，甚至可以对铭文进行随意的解释。

二 德川家光时期的林罗山

德川家康临死时命令林罗山将骏河文库分派给与德川幕府关系密切的尾张、纪伊、水户三家，之后林罗山在德川幕府中的地位就此一落千丈。将军德川秀忠（1579～1632）并没有像德川家康一样赏识林罗山的博学才能，因而林罗山与德川家康之间基于知识和书籍的关系，在将军德川秀忠时代就无法维持了，反而是林罗山的弟弟林信澄更被将军德川秀忠所重用。

关于在将军德川秀忠时期林罗山的赋闲状态，在其子所著的《罗山林先生行状》中也有所体现。自元和二年德川家康死后直到元和九年将军德川家光时期，林罗山大都停留在京都，尽管其中也提及他"赴江户"即前往幕府，但是这与德川家康时期经常侍奉于左右是不能相提并论的。这一时期林罗山的主要活动集中为"数面于惺窝,且教诱徒弟,凡平生之诗文,惺窝每见叹赏,或批点之,或贻札以恳恳焉","今般在洛也,依人之请讲春秋胡传、书经蔡传,每日开席,友生门人麇至,洛中学业炽昌,虚往实归,以为欣荣","四月出京,周游摄州纪州,浴于有马汤泉,历月还洛,西南行日录之作在此时也,而后病瘳,暇日披吉田兼好徒然草,演成其说,命示侍座者曰,其事在某书,某语在某卷,可援证之,可解辩之,讲说语笑之际,不费安排,不烦搜索,而十四卷成矣,号野槌"。① 授业、交友、周游、写作这些应该是林罗山赋闲时期的主要活动内容,这一时期林罗山在幕府层面的侍读之类的学术活动则很少被提及。据此,堀勇雄甚至认为其《年谱》中提到的林罗山被将军德川秀忠屡屡召去侍读是不可信的。②

将军德川秀忠时期的林罗山由于不被赏识,显然更加失去了将自己的学问体系向外辐射的可能了。但是,随着将军德川家光(1604～1651)时代的来临,林罗山的地位又上升了,并且其作为朱子学者的身份开始被承认,林罗山的朱子学学问体系也得以在德川幕府这个层面上进行辐射。详见下表5-2。

表5-2 德川家光时期幕府层面上林罗山的主要学术活动

年 代	主要学术活动	备 注
元和九年		林罗山以"御伽众"身份侍奉将军德川家光

---

① 《罗山林先生行状》,载〔日〕国书刊行会编《续续群书类丛》第三,续群书类丛完成会,1969,第403、404页。
② 〔日〕堀勇雄:《林罗山》,吉川弘文馆,1990,第230页。

续表

年　代	主要学术活动	备　注
宽永元年	为德川家光讲解《论语》《贞观政要》，还有倭汉故事	"又陪执政之席，有预棠听之事"
宽永二年	林罗山起草《答大明福建都督》外交文书	
宽永三年	受德川家光的命令撰写《孙子谚解》《三略谚解》《大学倭字钞》《四书五经要语抄》	
宽永六年	林罗山代替板仓重宗起草《答暹罗国》	林罗山叙民部卿法印，其弟林信澄叙刑部卿法印，法印是最高僧位，"不其为儒官，故先生作诗并序解说之"，叙法印标志着林罗山得以官职身份跻身幕府。
宽永七年	幕府赐给林罗山上野忍冈土地和金200两建学校	林罗山在庆长十九年就建议幕府设立学校，这一建议在宽永七年才得以实现
宽永九年	尾张藩主德川义直在幕府赐给林罗山的上野忍冈建筑了先圣殿，供奉孔子和颜回、曾参、子思、孟子，并赠若干祭器，林罗山召画工绘制伏羲至朱熹21幅画像，并建立书库	林罗山认为先圣殿"我朝昔虽闻有其名，而如是之形模未之有也"
宽永十年	林罗山在先圣殿举行释菜之礼，随后德川家光在参拜上野东照宫之后，驾临先圣殿，命林罗山讲解《尧典》首章，并赐给林罗山白银500两	
宽永十年	德川家光的养女出嫁，命林罗山撰《姬君婚礼记》	这一年因为僧崇传病逝，林罗山从此掌管政治和外交文书的起草
宽永十一年	林罗山与林信澄起草给日光寺和增上寺的法令 林罗山奉命撰写《宽永甲戌入洛记》 林罗山参与裁决法性寺和专修寺的争端	林罗山其子林春胜也断发，法号为春斋，拜谒德川家光

续表

年　代	主要学术活动	备　注
宽永十二年	林罗山奉命编集《倭汉法制》 林罗山在先圣殿举行释奠之礼 林罗山依靠自己的博学知识参与对马藩国书改篡的裁决 林罗山在将军和大名面前宣读《武家诸法度》 林罗山在幕府家臣面前宣读《旗本诸法度》	《武家诸法度》和《旗本诸法度》都是林罗山所起草的
宽永十三年	林罗山奉命撰写《荒政恤民录》《东照宫大权现新庙斋会记》 林罗山与林信澄奉命校正律令的古本 林罗山起草《复朝鲜国王》《答朝鲜国礼曹》《寄朝鲜三国使》	参与对朝鲜外交的林罗山比起以前的僧崇传要强硬
宽永十四年	林罗山奉命撰写《城内神庙灵鹤记》 德川家光命林罗山撰述经书问答	但由于天草岛原之乱而终止
宽永十五年	幕府种植药材，林罗山负责和汉两种勘文	林信澄病逝，林罗山以儒礼葬于先圣殿，林信澄的儿子继承了林信澄的封地，并与林罗山之子春斋入侍于幕府评定所
宽永十六年	林罗山奉命撰写《无极太极倭字抄》	
宽永十七年	林罗山奉命用和文撰写《斋会记》	
宽永十八年	林罗山奉命编集《宽永诸家系图传》《本朝神代帝王系图》《镰仓将军家谱》《京都将军家谱》《织田信长谱》《丰臣秀吉谱》	
宽永十九年	林罗山奉命编集《中原帝王谱》 林罗山撰写《若君御宫参记》	
宽永二十年	林罗山起草《复朝鲜国王书》《答朝鲜国王礼曹》 林罗山将《宽永诸家系图传》呈给德川家光	
宽永二十一年	林罗山奉命编撰国史《本朝编年录》 《本朝编年录》首卷《本朝王代系图》完成	
正保二年	林罗山起草给朝鲜的国书 林罗山撰写《御元服记》	春斋叙任法眼

续表

年　代	主要学术活动	备　注
正保三年	林罗山奉命撰写《日本大唐往来》	林罗山因为疾病，所以享受"听乘舆入营内……本朝营清公之后，由由此眷遇也"
正保四年	林罗山及其子春斋讲解四书 林罗山撰写《仙鬼狐谈》《手在谈》	
庆安元年	林罗山奉命撰写《东照宫三十三回忌》《大树寺法会记》	
庆安二年	林罗山在先圣殿举行释菜之礼	
庆安四年		德川家光逝世，将军德川家纲即位，林罗山封地达到970石

资料来源：整理自《罗山林先生行状》、《德川实纪》、《林罗山文集》上下卷、堀勇雄《林罗山》、宇野茂彦《林罗山（附）林鹅峰》。

从表5-2中可以看出，德川家光时期的林罗山所受将军宠幸的程度超过将军德川家康和德川秀忠时期，这一方面体现在林罗山这时候已经改变了作为被雇佣状态的"御伽众"身份，其被授予民部卿法印这一最高僧位，成功地跻身于德川幕府的等级秩序之中；另一方面体现在幕府层面上，林罗山这时候作为政治顾问和执掌外交的地位无人能够撼动，与德川家康时期很大程度上是围绕着服务德川家康进行的活动不同的是，在德川家光时期林罗山发挥的作用更像是一位举足轻重的高级官僚。幕府除在政治和外交上充分地重用林罗山以外，还允许林罗山在一定空间内将其朱子学的特质发挥出来，比如援助林罗山在上野忍冈建立学校，尾张藩主甚至为林罗山建筑了先圣殿。从林罗山的私塾学校能够得到幕府的援助来看，林罗山的私塾学校要超越一般儒学者在民间开设的私塾的水平。

但是幕府视野中的林罗山与作为日本朱子学者的林罗山仍然存在着很大的偏差。这一方面体现在，尽管在德川家光时期林罗山在幕僚政治中占有很高的地位，执掌文事，并被授予官职，但是林罗山的官职是按照以往授予僧人的传统标准而来的，德川幕府初期在这一点上并没有以林罗山为契机拓展出朱子学的制度空间；另一方面体现在，尽管这个学校是幕府帮忙援建的，但并不意味着幕府承认其儒学校的性质。

这一切，就像林罗山本人所执掌的文事权力一样，林罗山可以作为政治顾问、执掌外交文书的起草等，但是不能将林罗山的这些活动视为以其朱子学思想为工具，来说明德川幕府权力的合法性和维持江户封建秩序的目的。林罗山这时候所从事的文事，首先是因为其才能而不是因为其朱子学者的身份，并且这些活动大多是中性技术性的活动，而不是有意识地进行意识形态构建。

第三节 林家朱子学的官学化

一 林罗山后人官位的世袭化

林罗山所拓展出的与德川幕府的关系方式奠定了以后林家与德川幕府关系的模式。这种模式体现为林家因"勤劳奉仕"而被德川幕府授予官职，由此林家在江户等级秩序之中占有一席之地。林家这种官职乃至地位的获得，基于的仍然是其与德川将军的主从关系，但是这种主从关系具有世袭的稳定性。林罗山在德川家光时期，已经改变了其作为被雇佣状态的"御伽众"的身份，被授予民部卿法印这一最高僧位，意味着其已经成功地跻身于德川幕府的等级秩序之中，并且林罗山的这种身份被林家所世袭，详见表 5-3。

表 5-3　林罗山及其后人的世袭身份

代数	姓名（号）	在职期间	年限	将军名	与昌平校关系
1	林信胜（罗山）	宽永七年至明历三年（1630~1657）	27	3 代家光 4 代家纲	于忍冈设私塾 创建期
2	林春胜（鹅峰）	明历三年至延宝八年（1657~1680）	23	4 代家纲	渐兴期
3	林信笃（凤冈）	延宝八年至享保九年（1680~1724）	44	5 代纲吉，6 代家宜 7 代家继，8 代吉宗	迁到汤岛 隆盛期
4	林信充（榴冈）	享保九年至宝历七年（1724~1757）	33	8 代吉宗 9 代家重	讲学不振 衰退期
5	林信言（凤谷）	宝历七年至安永二年（1757~1773）	16	9 代家重 10 代家治	讲学不振 衰退期
6	林信徽（凤潭）	安永三年至天明七年（1774~1787）	13	10 代家治 11 代家齐	讲学不振 衰退期
7	林信敬（锦峰）	天明七年至宽政四年（1787~1792）	5	11 代家齐	松平定信改革 革新期
8	林衡（述斋）	宽政五年至天保九年（1793~1826）	33	11 代家齐	改称昌平坂学问所 宽政异学之禁 三博士之录用
9	林𬱖（桎宇）	天保九年至弘化三年（1826~1846）	20	12 代家庆	挽回期 佐藤一斋之录用
10	林健（壮轩）	弘化三年至嘉永六年（1846~1853）	7	12 代家庆	衰退期
11	林韑（复斋）	嘉永六年至安政六年（1853~1859）	6	13 代家定 14 代家茂	讲学不振
12	林昇（学斋）	安政六年至明治元年（1859~1868）	9	14 代家茂 15 代庆喜	讲学不振

资料来源：引自〔日〕吉田太郎《昌平校的历史教育研究》，载《横滨国立大学教育纪要》，1964，第 43 页。

第五章 日本朱子学制度化存在方式的确立

从表 5-3 中可以看出，林罗山及其后人的世袭身份一直延续到明治时期，这就意味着，林家与幕府的关系不再像最初林罗山与幕府那种基于赏识林罗山个人才能的雇佣关系，从此以后林家与德川幕府具有一种稳定、持续的世袭主从关系。林家在德川幕府的地位并没有随着林罗山的去世而断绝，相反林家世袭身份一直维持到了明治时期，甚至还有很大的提升。到了林凤冈被封为大学头后，"林大学头，若年寄支配，御小性组番头次席，高三千五百廿三石"。① 而"小性组番"与"大番"、"书院番"、"新番"、"小十人组"、"持弓"、"持筒组"、"步行组"、"先手番"构成了将军的重要直辖力量，而且"小性组番"是将军的侧近机构，"小性组番头"还经常兼任"书院番头"和"小十人头"。②

林家世袭身份的维持与林家在德川幕府层面上所起到的文化的功能有很大的关系。小野将总结林家在近世后期在德川幕府层面所起到的作用如下：①"学问所御用"（对昌平校的日常管理）；②"御前讲释"；③"献上行为"（即献上贺诗、贺文、书籍、文具、墓石铭文等）；④"扈从"；⑤代替将军起草法令、文书等；⑥参与外交；⑦管理书库；⑧编纂。③ 尽管这是对近世后期林家在德川幕府层面所起到作用的总结，但是林家的功用模式早在林罗山时期就已经大抵如此了。林家依据自身的文事能力使得林家在

---

① 《吏征》，载〔日〕细川润次郎等编《古事类苑 文学部二》，吉川弘文馆，1983，第1163页。
② 〔日〕朝尾直弘：《将军权力的创出》，岩波书店，1994，第251~252页。
③ 〔日〕小野将：《近世后期的林家与朝幕关系》，《史学杂志》第102卷第6期。

德川幕府层面上与将军的主从关系得以延续。

而对于林家而言，其除以文事能力服务于将军和幕府以外，还有意识地展现自己作为儒者的特质，并且希望林家作为儒者的特质能够在幕府等级秩序和将军的主从关系中得到承认。后来林家作为朱子学者的特质被幕府所承认，并且改变了林家初期作为世袭僧职位与林家作为朱子学者之间的尴尬局面，这体现为从林家第二代林鹅峰开始，林家学校获准称为弘文院，林鹅峰获准称为弘文院学士。到了第三代林凤冈时期，其被封为大学头掌管圣堂，不再需要剃发和取僧法号，这从而彻底地摆脱以往林家世袭官职中不得不采取"僧位、僧形"的形式，从而实现了林家世袭官职与林家朱子学者特质的一致。这一转变在很大程度上是林家自己努力的成果。

在林罗山时期，德川家康命令他剃发取法名，以"僧位、僧形"的形式入仕。林罗山在《叙法印位诗并序》中为自己辩解道，自己剃发是为了遵从"国俗"，等同于泰伯的断发和孔子的乡服。[①] 尽管林罗山的说辞可以算作一种狡辩，但是以泰伯的断发和孔子的乡服作为自己剃发的借口，也反映出林罗山并不屈从于只有以"僧位、僧形"才能入仕的传统，内心对此也是充满了抵抗。林罗山尽管有狡辩的嫌疑并由此被当时人所诟病，但是林罗山在仕途与"僧位、僧形"和朱子学者的选择组合中，并没有满足于"僧位、僧形"和仕途的组合，而是试图努力地将朱子学者身份和仕途结合起来。为此在将军德川家光时期，林罗山在文书的署名上经常自称儒臣。

到了林家第二代林鹅峰的时候，其在争取德川幕府承认林家

---

① 〔日〕堀勇雄：《林罗山》，吉川弘文馆，1990，第271~272页。

朱子学者特质上的努力更值得一提。他在《西风泪露》中提及了林家摆脱"僧位、僧形"的束缚，实现儒者身份的策略。"余从容告永伊牧而论执政而以法眼法桥之叙位换俊士选士秀士之名，而执政若许可之，则使汝节亨憼等逐次得士号，然公议可否未可知焉，若所愿志遂则汝以谓何？汝答曰：若然则名正志立而平生所学者足矣，何愿加之。然新议不可容易乎，名者实之宾也，不如先勤其实，其得名受位不为迟也，有汝此答而五科十品之事兴矣，其后以此事告伊牧，伊牧颔曰：得间可达执政。"① 从中可以看出，林鹅峰在关于其子林春信的叙任官职上，企图以儒学系统的"俊士选士秀士"官衔，来代替以往林家以"僧位、僧形"形式被叙任的"法眼法桥"僧官系列。林鹅峰和林春信父子知道以儒者的官衔来替换僧人的官衔的"正名"实现起来比较困难，所以主张先采取如完善教育"五科十制"组织等策略，先扩展实质内容，然后渐渐实现"正名"的目的。显然，林鹅峰和林春信父子在实现自己儒者身份的上策略和努力，要比林罗山在面对以"僧位、僧形"的形式入仕时的辩解积极得多。

随后林鹅峰通过在宽文元年（1661）叙任礼部法印，进一步推进了林家"正名"的策略。林鹅峰认为礼部这个名号足可以说明自己儒者地位的确立，而法印只不过是附带而已。②

在宽文三年（1663）林家学校获准称为弘文院，而林鹅峰则被称为弘文院学士，这是林鹅峰在为将军讲解五经之后所受的恩

---

① 《鹅峰文集》卷七十八，载〔日〕细川润次郎等编《古事类苑 文学部二》，吉川弘文馆，1983，第709页。
② 〔日〕高桥章则：《弘文院学士号的成立与林鹅峰》，《东北大学文学部日本语学科论集》第一号，1991，第15~16页。

赏。弘文院这个称号起源于延历元年（782）由任大学寮事务官和气广世设立的弘文院。关于弘文院学士这个称号的意义，林鹅峰认为："余今幸赐弘文学士之号，而时论皆以为盛事，按王制有进士俊士选士秀士等之差，是学者仕官之次第也。"① 很显然林鹅峰认为自己弘文院学士这个称号的获得准许，使林家摆脱了僧官系列叙任的官职，从此转变为在儒官系列中叙任官职。

除了这层意义，林鹅峰被官赐弘文院学士号，暗合贞观时弘文馆学士之名号。据此，高桥章则认为，因为弘文院是东亚文化圈中象征参与教育和外交的文官的官职和名号，而林家获得弘文院这个名号，可以此来提高林家在国内外的地位②，巩固林家在幕府层面上所拥有的教育和外交功能。

因为"士大夫皆投笔从事金革，于是文艺为僧徒之物，其事一归五山。及国家致隆平，儒者别立家，然犹目为制外之徒，秃其颅不列士林，此战国之颓俗，未及革也。凤冈慨然以为儒之道即人之道，人之外非有儒之道，而斥为制外者，可谓敝俗矣。时大君崇儒术，蒙命种发，称大学头信笃，此为元禄四年正月十四日事。于是和田春坚称传藏，大河内春龙称新助，林春益称又右卫门，人见沂称又兵卫，坂井伯隆三左卫门，伊庭春庭称五大夫，深尾春安称权左卫门（数人皆系林门）。其余列国儒者，尽改名变形以入士，至今人无贤愚知儒教主世用，实凤冈之力也"。③ 从中可以看出，到了林

---

① 《鹅峰文集》卷七十八，载〔日〕细川润次郎等编《古事类苑 文学部二》，吉川弘文馆，1983，第 709 页。
② 〔日〕高桥章则：《弘文院学士号的成立与林鹅峰》，《东北大学文学部日本语学科论集》第一号，1991，第 22 页。
③ 《先哲丛谈》，载〔日〕细川润次郎等编《古事类苑 文学部二》，吉川弘文馆，1983，第 731 页。

家第三代林凤冈的时候，在他的努力之下，其朱子学者的特质终于被德川幕府所承认，并且首先从林凤冈及其门下那里开始去除了"僧位、僧形"的鄙俗，他们按照儒学者面目出现在世间，并且很快得到当时日本儒者的响应。

革除"僧位、僧形"鄙俗，承认朱子学者身份，意味着日本朱子学者和日本朱子学学说在近世德川社会这种广义的范围内开始被接受了。除林家不遗余力的努力之外，德川幕府第五代将军德川家纲和幕府权臣们的努力也不可忽视。庆安四年（1651），年幼的将军德川家纲即位，政务由深好儒学的保科正之（1611～1673）辅佐。保科正之倾向于程朱学，为此甚至将家中多年收藏的佛老之书付之一炬。保科正之因为对朱子学兴趣浓厚，所以在德川家纲16岁的时候召林罗山为将军讲解《大学》，这是林家作为将军的侍读首次被要求讲解朱子学经典，他还帮忙促成了林家的私塾改称弘文院，林鹅峰获准许称弘文院学士。① 也由于将军德川家纲热心朱子学，所以从延宝八年（1680）召林凤冈、人见有元讨论经书之后，每月3回开讲筵成为惯例，在天和二年（1682）之后，讲解《大学》成为惯例；将军德川纲吉时期，元禄三年（1690）以后每月1回为老中以下官吏讲解《四书》成为惯例。随着朱子学被将军和幕府权臣接受的节奏加快，自然林家的朱子学者身份被承认就水到渠成了。终于在"元禄四年正月十三日，命儒臣林弘文院信笃束发，叙从五位下，改称大学头"。②

---

① 〔日〕和岛芳男：《保科政权和林家的学问》，《大手前女子大学论集》（9），1975，第86～87页。
② 《常宪院御实纪》二十三，载〔日〕细川润次郎等编《古事类苑 文学部二》，吉川弘文馆，1983，第709～710页。

从林家所代表的朱子学者身份在德川幕府层面被承认来看，这就意味着从此以后在政治权力中儒学者可以占据一席之地。"水户义公尝曰，儒者学人道者也，而可以为一家之业哉，故以平士为讲官，或以儒者任政事，肥后灵感公又尝改之，今诸士之长于学问者，增俸而为儒官，儒官之子无学者，减俸而为平士，儒官亦迁武职，武职亦任儒官，其他米泽秋月等之制皆如此，今诚改之，儒官武艺师之世家者，先仍其旧，而平士之长于文武者增俸而为文武师，及其子不能文武，则减其俸而为常士，自今已后以儒官武艺师，各为官职之一，而官俸定以能鼓舞一国诸士之气，则皆兴于文武，而人才出矣。"① "元禄五年壬申八月十二日始置评定所目安读儒者出役也。" "宽永六年乙丑十月十二日改目安读为评定所勤役儒者（五人），各御役料五十俵，后百俵。"②

二 林家学校向幕府直辖学校的转化

林罗山所开拓的与德川幕府关系的模式，还体现为德川幕府对林家私塾学校进行援助。林家私塾学校无疑是林家朱子学向外辐射的重要平台。最初德川幕府对林家私塾学校的态度在很大程度上是基于一种对林罗山功劳的恩赏，随后由于林家与将军主从关系的世袭化，德川幕府对林家学校的援助一方面变得经常化，渐渐地这种援助带有幕府行政的性质，幕府逐渐地介入林家学校的运营中去，最终林家的私塾学校转化为幕府的最高直辖学校；

---

① 《学校六事》《定官制三》，载〔日〕细川润次郎等编《古事类苑 文学部二》，吉川弘文馆，1983，第725页。

② 《吏徵别录 下》《儒者》，载〔日〕细川润次郎等编《古事类苑 文学部二》，吉川弘文馆，1983，第707页。

第五章　日本朱子学制度化存在方式的确立

另一方面，朱子学这种学问体系开始成为幕府政治的指导理念，通过扶植林家学校，德川幕府有意识地促使崇尚武力的武士向适合文治的官僚转化，也就是《武家诸法度》所强调的"文武弓马道专可相嗜事"。① 值得一提的是，《武家诸法度》尽管其后一再修改，但是对于文治的强调始终没有改变。林家私塾学校向幕府直辖学校的转变，以及幕府对待林家私塾学校的态度由基于林家与德川幕府个人关系的援助，向基于政治运营的转变，并最终借助林家学校来推进幕府的政治改革，这一过程就是日本朱子学在制度空间上的进一步扩展。

林家私塾学校向幕府官学的转变大体经历了三个阶段：①忍冈私塾学校的建立；②忍冈私塾学校迁到汤岛的扩展时期；③宽政改革时期成为幕府政治改革的组成部分，林家私塾学校变为官学校——昌平坂学问所。

早在德川家康时期，林罗山就向德川家康提出过建立学校，这时林罗山构想中的学校应该是大明朝的那种学校。德川家康"谓道春曰：方今大明亦有道耶，卿以为如何？曰：有之。春虽目未见之，于书知之，夫道者非窈窈冥冥，而在君臣父子男女长幼交友之间，今也大明自闾巷自郡县至州府无处不有学校，皆所以教人伦而以正人心善风俗为要，然则果有道乎。于是幕下变乎色而言他，春亦不言"。② 从林罗山和德川家康的对话中可以看出，林罗山虽没有明确地说明他提及的学校是大明朝官办学校还是私塾学校，但是这种学校是"自闾巷自郡县至州府"普及型的学校，

---

① 《武家诸法度》，载〔日〕历史学研究会编《日本史史料3 近世》，岩波书店，2006，第68页。
② 〔日〕京都史迹会编《林罗山文集》上卷，ぺりかん社，1979，第341页。

而且这种学校"教人伦而以正人心善风俗为要",将学校作为文治的重要构成部分。但是从对林罗山设立学校以教化伦理道德的反应中,可以看出在德川家康的视野中,尽管其作为高级武士在武家教育中能在学问所和文库设施中养成其文化教养[①],但是德川家康的文化教养还没有使他认识到通过设立学校使武士养成文化教养的必要性,换而言之,德川家康无法在政治层面上来考虑学校的作用。

可以说,不光是德川家康,即使在随后其他德川将军的视野中,建设学校与政治运营的分离一直都延续着。比如在将军德川家光时期,因为林罗山在德川幕僚政治中占有举足轻重的地位,所以德川幕府对林家学校的建设进行援助,给予土地和200两金。但是同一时期德川幕府对同为幕僚的天海的宽永寺的援助高达金50000两。进一步说,从学校的运行来看,林家私塾学校只能算是林门培养朱子学者的私塾,而不能被称作幕府的教育机构。[②]

随后林家私塾学校在第二代林鹅峰时期,借助深好朱子学的保科正之等人的帮助得以改称弘文院,其儒学校的特性被承认。同时幕府继续援助忍冈学校的重修,因为忍冈学校已经"历三十年,殿屋稍损,柱根蠹朽,檐牙渐坏,周垣倾侧。亚相既捐馆,先考亦易箦。仆虽无干蛊憨守黉舍,仅存笾豆之事,徒无堂构之力。幸因元老执政之敷言,以得达今大君(德川家纲)之尊听,庚子腊月辱赐官金,为重修之用"。[③]

---

① 〔日〕海后宗臣:《海后宗臣著作集》第七卷,东京书籍,1980,第52页。
② 〔日〕堀勇雄:《林罗山》,吉川弘文馆,1990,第276页。
③ 《鹅峰文集 三纪》,载〔日〕细川润次郎等编《古事类苑 文学部二》,吉川弘文馆,1983,第1128~1129页。

到了第五代将军德川纲吉时期，林家私塾学校迎来了进一步发展的阶段。"元禄三年庚午七月改作孔庙于昌平特赐殿额按七月九日，召林信笃入，执政丰后守阿部正武、相模守土屋政直、通政备后守牧野成贞，并传命于朝曰（或谓是命在于四年辛未二月二日恐误，盖命蜂须贺隆重义作，亦在于是年七月九日，则改作之命，不当后于彼矣）：孔庙之设原创于尾张公（德川义直），而累朝因以加崇隆。然义不本于朝典，殆有阙于盛心，且地逼寺刹，缁流接踵。夫薰蕕不同器，矧儒佛共境乎？将审择爽垲，鼎新庙殿，以昭国家崇尚之义。汝其赞成以副弧意，信笃拜谢，于是有司承制，卜择城北相生桥（一名洗芋桥，又名新桥，即今昌平桥），外神田台，规为庙学之地（凡六千余坪），特拟圣乡，赐名昌平。是日命飞驒守蜂须贺隆重助工役，令通政右京亮松平辉贞、董役事、服部正弘、小笠原长泰副之（官匠依田盛直规画）。已而大运土木，众工俱兴。越十一月二十一日大君（德川纲吉）亲制大成殿三大字，加以干鳔，以赐信笃（按本有赠遗，必加干鳔数片，今赐制字，加以干鳔，义殆涉赠遗，可见俗凡兴造系于官攀，而义乃涉林氏私奉矣，所谓官私并行者是也），令之镇庙殿。又尝亲写圣容，题书其幅以赐焉，皆出于重道崇儒之盛心云，创建新庙，特赐题字，殿曰大成，地名昌平，并昉于此。……越十三日林信笃特恩朝散大夫大学头（班亚亲卫郎骑将），主管庙学事。参政备后守牧野成贞、通政出羽守柳泽吉保并传命于朝曰：新庙鼎成，汝祖实创基，子孙继袭，世主祭祀。"①

---

① 《昌平志二 事实》，载〔日〕细川润次郎等编《古事类苑 文学部二》，吉川弘文馆，1983，第1131页。

在林家私塾学校被迁至汤岛的过程中，幕府所扮演的角色作用要比将军德川家光时期积极得多。在林罗山建设忍冈学校的时候，幕府仅仅提供金钱援助，学校是林罗山自己雇佣工匠完成的，而到了汤岛圣堂的时候，幕府有专门的官员负责承建。忍冈时代由尾张藩主德川义直书写的先圣殿，与汤岛圣堂时代由将军德川纲吉亲自手书的大成殿也不能相提并论。对比忍冈时代林家学校和汤岛时代林家学校的不同可以看出，这时德川将军和幕府层面对于林家学校的援助更加积极和慷慨。而且最值得注意的是，在汤岛时代，将军和幕府视林家学校为专门的儒学校，这体现在"规为庙学之地，特拟圣乡，赐名昌平"，还体现在将林凤冈封为大学头"主管庙学事""子孙继袭"上。

尽管将军和幕府权臣将林家学校视为专门的儒学校，从中不难得出这时候在德川将军和幕府层面上的儒学素养乃至对待儒学的态度有了长足进步的结论，但是还不能将德川幕府公开建设汤岛圣堂，视作文治国家政策的施政行为。很显然，这种建设学校与政治运营的分离还在延续着，因而林家学校还是私人性质的学校。

到了宽政时代，以往林家学校都是林家后人自己经营和世袭的学校，这时德川幕府开始介入了林家学校的运营，结束了以往德川幕府对待林家学校上的帮忙援建与政治运营分离的局面。

宽政时代林家私塾学校开始变得衰落，以此为契机，幕府开始介入林家私塾学校的运行。天明七年（1787）白河藩主松平定信（1758～1829）成为首席的老中辅佐政治之后，由此拉开了幕府政治改革的序幕，其中对文教政策的改革是其重要的组成部分。宽政改革的基础在于，幕府相信现今社会与早期的经济和道德美好时代相比堕落了，因此这个改革的初衷，就是向过去看齐而不是积极适应变化的情况，以古代为师，这是传统社会的治理法则，就像是哈贝马斯所说的亚里士多德的政治学只是一个美德的宣扬，而不是一种理性的科学的考量一样。①

在天明七年，老中松平定信刚上台就严命林家第七代林锦峰着手恢复德川吉宗时代林家的讲学。②"宽政二年庚戌年四月八日 列相巡庙学 按天明修造庙学，专徇时势，其狭隘殆不可言，而黉舍为尤甚焉。学政亦从之衰弛，师生皆旷于其职，前年已改宿弊，以布新政，育英之道将复兴焉。然黉制未备，不可以立规，时议始及之，学官以为言，于是执政越中守松平定信、丹波守鸟居忠意、参政兵部少辅井伊直朗、摄津守堀田正敦（监察官石平贺谷清茂，及真爱），并巡庙学（庙殿两庑，陈设祭器贴签各件，以便认辨），兴学之议，创于此云，列相巡庙学，昉于此。"③"列相巡庙学"针对的是"黉制未备，不可以立规"，这就意味着幕府不再将林家学校视为林家自己世袭自治的学校，而开始介入学校的运行。"兴学之议，创于此"就表明了幕府将学校纳入自己行政体系中的立场。"宽政二年庚戌年五月，连辟柴野邦彦（字彦辅，号栗山）、冈田恕（字子强，号寒泉），并佐学政，明年三月加给学粮。按，顷岁学政弛废，师道阔疏，虽守旧规，亦多宿弊。今大君始正统位，锐意治道，凡颓坠之宜振作者，莫不尽兴焉。次至庠黉询及师儒，连

---

① Robert L. Backus，"The Motivation of Confucian Orthodoxy in Tokugawa Japan", *Harvard Journal of Asiatic Studies*, 39（2），1979，p.276.
② 〔日〕吉田太郎：《昌平校历史教育的研究》，《横滨国立大学教育纪要》（4），1964，第45页。
③ 《昌平志二 事实》，载〔日〕细川润次郎等编《古事类苑 文学部二》，吉川弘文馆，1983，第1132页。

辟柴野邦彦、冈田恕，并居学职。邦彦等乃与学官林信经敬议，修分规约，改革宿弊。"① 针对学校的衰落，幕府登用柴野邦彦、冈田恕等人进入林家学校与大学头林信敬"修分规约，改革宿弊"。松平定信向大学头林锦峰发布行政命令，"宽政二庚戌年五月二十四日 朱学之仪 庆长以来，御代代御信用之御事而已，其方家代代右学风维持之事被仰付置候仪，候得，无油断正学相励，门人共取立可申等候，然处近顷世上种种新规之说，异学流行风俗，破候类有之，全正学衰微之故候哉甚不相济事而候，其方门人共之内，右体学术纯正，折节有之样相闻，如何候，此度圣堂御取缔严重被仰付，柴野彦助、冈田清助右御用被仰付候事候得，能能此旨申谈，急度门人共异学相禁之，犹又不限自门，他门申合，正学讲究，人才取立候样相心掛可申候事"。② 松平定信给林大学头的命令史称"宽政异学之禁"。"宽政异学之禁"并不像后人将其评价为恢复传统与公认居于封建教学正统地位的朱子学官学地位那么意义重大，实际上"宽政异学之禁"缘起于林家的衰落，这种衰落是林家长久以来作为幕府的儒官，对自家的学问不再热情，从而导致了作为"正学"的林家学的衰微，而所谓"宽政异学之禁"不是因为"异学"的兴起危及了"正学"的地位，而是为了振兴"正学"，幕府采取积极的文教政策。③

---

① 《昌平志二 事实》，载〔日〕细川润次郎等编《古事类苑 文学部二》，吉川弘文馆，1983，第1133页。

② 《宪教类典四之八 圣堂》，载〔日〕细川润次郎等编《古事类苑 文学部二》，吉川弘文馆，1983，第780页。

③ 〔日〕和岛芳男：《日本宋学史的研究》，吉川弘文馆，1988，第342~345页。

第五章　日本朱子学制度化存在方式的确立

除了对林家学校发布禁令，幕府更直接制定了关于圣堂的改革。"宽政五年癸丑九月十八日，详定学政，始置学规职掌二制。"① 林家第七代林锦峰死后，林家血统断绝，在德川幕府的斡旋下，将岩村城主松平乘蕴之子过继给林家，使之成为林家第八代继承人，即林衡（1793~1826）。

最后在宽政九年（1797）幕府改变了援助学校与政治运营的分离局面，使得林家学校转换为幕府的直辖官学。"宽政九年丁巳十二月改革黉制　按庙学所由始于林氏忍冈私塾，元禄癸未虽升为学院，仍循故辙，多所因袭，是以官私并行，事涉疑似，亦其成法也尚矣。又宽文庚戌，从林恕之请，以史馆馈廪，为学费，以待四方英髦。其教育之不限士庶，许生徒皆负笈而游焉，至是变更黉制，乃放生徒，罢职员（即癸丑所置），专令大夫士及子弟讲肄焉（改学问所，明年戊午，令入学讲肄从各称所指，庚申四月，申论前令，始开黉舍）。又元禄辛未所置神田（千石），原充祭费及庙干门卒诸支给，享保壬寅始令小小補繕取费于此，而其租税出纳，主祀司焉，故世不详，其义或指为主祀秩禄，亦其称谓涉于疑似是月朔特加赐主祀大学头林衡，俸廪千五百苞，併原秩凡三千石（班、亚亲卫郎骑将），定为世禄，而神田之入，统于大司会，以充祭祀黉学之费，因徽士子所赐私塾量三十口，改增学量，併前凡百三十口，亦统于大司会，于是祭田世禄始正称谓，官私之用，不混而一，又罢庙干六员，始置庙学使令十二人（后增至二十人）庙卒十人（后增至二十人）其制，大约学官（即主祀）

---

① 《昌平志二 事实》，载〔日〕细川润次郎等编《古事类苑 文学部二》，吉川弘文馆，1983，第1139页。

下有教官以掌教授，又有庙学主事（二员），以掌杂务，其下有庙学使令及庙卒以掌祭器书籍文簿会计，及看舍守门之事，改革黉舍，放生徒罢庙干而置庙学诸职，并昉于此。"① 通过"黉制"改革，林家学校改称昌平坂学问所，就此结束了以往林家学校所体现出的"公私并行"特征，并将林家世袭收入与学校运营费用的分离，从此以后，昌平坂学问所的运营费用由幕府承担。在具体的管理上，幕府除制定学规以外，还在学校建立了直属幕府的行政体系，这样就意味着在林罗山时期创建的私塾最终成为幕府传播朱子学的直辖官学校。

第四节　藩校的成立

之所以用很大的篇幅来介绍林家私塾学校向着幕府官学校的转变，一方面是因为在这个过程中，林家朱子学者的身份被德川幕府所承认，以及林家私塾学校形式的朱子学传播被幕府接手以后，日本朱子学的存在进入了一种组织的、制度的传播和辐射方式。昌平校得以成为后来幕府最高直辖学校，而朱子学也是在这个意义上存在着，并且与政治权力联结在一起，朱子学的理念得以向政治领域辐射，所依托的就是昌平校和藩校。换而言之，日本朱子学在近世日本的制度化存在的重要表现就在于林家私塾学校转变为幕府最高直辖儒学校方面。另一方面是因为林家私塾学校向官学校的转变过程，对其他私塾学校向各藩校的转变而言，

---

① 《昌平志二 事实》，载〔日〕细川润次郎等编《古事类苑 文学部二》，吉川弘文馆，1983，第 1139～1140 页。

具有典型的示范意义。在藩校成立之前，各藩的私塾、家塾和学问所都是以教师个人指导形式存在的，没有形成组织。①受幕府对林家学校政策的影响，其他各藩在宽政时代也相继将本藩的私塾、学问所或者其他形式的学校加以整顿而使其成为藩学。作为官学儒学校，昌平坂学问所对于各藩的藩校而言，实际上起着总本山的作用，学者修习林家学问之后，回到各藩成为各藩校的主力。②在1630～1871年，各个藩校担任儒官的1912人中，出身朱子学派的有1388人，其中直接出身于林家学塾和昌平坂学问所的就有541人。③换而言之，日本各藩的藩校，可以被看作以昌平校为典型的儒学校在日本地域上的展开，在一定程度上扩展了昌平坂学问所开创出来的日本朱子学的制度化存在模式。

这种以藩学校存在的儒学校在地域上的展开的价值不容低估，因为这种展开集中体现了日本朱子学以学校这种组织的、制度的存在方式对外辐射的程度。详见表5-4。

如果比较下面这组数字的话，那么就会更了解近世日本藩校创设的情况。在天明时期8年间的藩校创设数为22所，年平均数为2.75，宽政时期12年间的藩校创设数为31所，年平均数为2.58，享和时期3年间的藩校创设数为6所，年平均数为2.00。④比较之后会发现，天明年间、宽政年间和享和年间日本年平均创设

---

① 〔日〕R.P.ドーア：《江户时代的教育》，松居弘道译，岩波书店，1970，第16页。
② 〔日〕海后宗臣：《海后宗臣著作集》第七卷，东京书籍，1980，第65～66页。
③ 〔日〕田村圆澄等编《日本思想史的基础知识：从古代到明治维新》，有斐阁，1974，第280页。
④ 〔日〕笠井助治：《近世藩校的综合的研究》，吉川弘文馆，1982，第3页。

表 5-4 藩校创设年代一览

单位：所

创设年代 大名类别	宽永至天和	贞享至宽延	宝历至安永	天明至享和	文化至天保	弘化至庆应	明治元年至明治四年	合计
	60年间	67年间	30年间	23年间	40年间	24年间	4年间	—
亲藩	1	1	—	1	2	—	1	6
家门	2	2	5	1	3	2	2	17
谱代	—	16	10	29	45	21	28	149
外样	4	15	10	28	22	10	17	106
学校总数	7	34	25	59	72	33	48	278
年平均数	0.117	0.507	0.833	2.565	1.800	1.375	12.000	—

资料来源：引自〔日〕笠井助治《近世藩校的综合的研究》，吉川弘文馆，1982，第2页。

藩校数目，远高于表5-4中其他年间日本藩校的年创设数目。（明治年间除外）天明年间、宽政年间和享和年间日本各藩藩校建设的高潮，应该是由第八代将军德川吉宗时期奖励文武的享保改革和比照享保改革并且将林家学校官学化的宽政改革所推动的。尽管德川幕府并没有统一的教育制度和法令，而且各藩和幕府之间也不是行政命令上的从属关系，但是幕府层面的改革对各藩无疑产生了很大的影响。对于学校而言，这种影响就体现为创设儒学校，教育武士成为各藩的主政者推动藩政改革的措施。

各藩的藩校是传播日本朱子学意义上的组织的和制度的机构。这体现为以下几个方面。首先是在藩校的名称上。在向藩校转化之前，各藩的学校的名称有学问所、讲释所、讲堂或者塾等，在向藩校这种组织转变的时候，其名称也相应地改为诸如修道馆、时习馆、弘道馆、养贤堂和明伦堂等这些摘取自中国儒家经典的词语。

在教学的内容上，以学习经书为中心，以儒学道德作为教育基本原理。随着藩校的日渐完善，其渐渐地将对武士进行武艺教育的方面也合并到了藩校中，这样藩校也成为武士教育的最基本场所了。

就祭典仪式而言，释奠仪式是奉祀孔子、尊敬圣人、崇师重道的重要大典。在对日本273所藩校的统计中，明确举行释奠大典的情况如下：春秋两次举行的有88所，只在春天举行的有12所，只在秋天举行的有3所，春秋交替举行的有3所，只在始业日举行的有60所，始业日和终业日都举行的有2所，在冬至日举行的有8所，等等。①

就藩校出版的书籍而言，与汉学相关的《四书》《五经》《尚书》等经书类最多，除此以外，大量出版与政治、人伦、道德及诗文方面相关的书籍，还出版兵法类的书籍。

重要的一点，通过藩校确定了儒者的地位。就在藩校任职的一般儒官的实际待遇而言，儒官的身份处于平士格的下位，占据准士格的地位，俸禄一般也是在150石以下。这与原来儒者在社会上所处的与医、阴这两种职业相混淆，甚至还需要剃发以僧人的面目出现的境遇相比，从儒者能够列入士籍、从事学问教育、深受尊敬来看的话，其社会地位还是很高的。②

以藩校这种组织的和制度的形式，实际上在日本全国范围内

---

① 〔日〕笠井助治：《近世藩校的综合的研究》，吉川弘文馆，1982，第110~111页。
② 〔日〕笠井助治：《近世藩校的综合的研究》，吉川弘文馆，1982，第179页。

进一步加强了林家所开拓出的朱子学者身份被承认的局面和促进了朱子学以一种组织的和制度的形式进行的传播。

第五节 小结

日本朱子学通过与政治权力的联结而实现制度化,从时间上来看,具有迟滞性。日本朱子学者的产生,幕府视野中日本朱子学者身份被承认,宽政改革朱子学学问体系的传播和辐射被纳入学校制度中,将这几个节点进行比较的话,明显可以看出它们具有不同步的节奏。事实上,这也反映出幕府对朱子学所代表的价值体系在其实际的政治运营中的不敏感性。

就日本朱子学制度化存在方式的确立而言,其主要是通过幕府和各藩的教育机构官学校来实现的。从幕府和各藩的角度来看,幕府直辖的昌平校和各藩校的建立,在很大程度上是因为幕府层面将简单恩赏性质的援助学校变为一种政治行为,体现了《武家诸法度》所要求的武士具备文化特质。以宽政改革为契机,在各藩的层面上大力推动藩校的建立,并且这种藩校的建立也成为日后藩政和藩政改革的重要组成部分。

而推动幕府和各藩对学校由最初基于恩赏性质的援助,将其向传播朱子学的儒学校这种具有政治意义的官学校转变,并不是幕府在政治权力的构建过程中文教策略实施的结果,也不是通过幕府和各藩的执政者对朱子学的自觉来实现的,相反是由以林罗山为代表的日本朱子学者,在幕府层面有意识地进行自觉推力的结果。日本朱子学制度化存在方式的原型就是林家学校的官学化。

林家朱子学向官学化转化的过程,对于日本朱子学而言,具有以下两点普遍意义。首先，在这个过程中，林家朱子学者身份得到幕府的承认，从此以后日本的朱子学者的身份渐渐得到认同，日本儒者以职业人的身份或者在民间从事教育和写作，或者在政治层面上取代以往作为政治顾问作用的佛教僧人，或者在幕府的昌平校和各藩的藩校以儒官的身份进入等级秩序的行列中。其次，林家朱子学向幕府官学转化的过程，意味着日本朱子学的存在方式有了很大改变。日本朱子学最初产生于日本朱子学者的思想和生活当中，超出少数专门日本朱子学者这个范围，最初日本近世社会对于日本朱子学的反应是消极的，日本朱子学在这种情况下，向近世日本社会进行辐射更无从谈起。但是随着幕府开始着手将林家私塾学校变为幕府的直辖学校，而各个藩在幕府的带动下，也纷纷着手建立藩校之后，日本朱子学就得以在政治权力的援助下，以组织的和制度的方式存在，并对外进行辐射了。

第六章
日本朱子学者的哲学自觉

对近世日本学者的成长而言，朱子学起到了教科书的作用。"十七世纪，在各种日本儒学形成以前，那些对儒学感兴趣的人首先学习宋、元、明及朝鲜'理学者'的作品，但结果仍以朱子学系统为主。"① 不仅藤原惺窝、林罗山和山崎暗斋这些日本朱子学者，而且就连后来中江藤树、熊泽蕃山（1619~1691）、山鹿素行（1622~1685）、贝原益轩（1630~1714）、伊藤仁斋（1627~1705）、荻生徂徕（1666~1728）等对朱子学持有一定反省和批判态度的儒学者，其学问最初都是从研习朱子学开始的。

作为外来思想体系的朱子学，之所以在近世日本能起到培育日本哲学体系的作用，是因为"从一个世界眼光来看，日本哲学本体的形成始终与日本思想家对外来思想的充分接受（受容）有关。这种基本特点与日本历史文明兴起晚于原创性的文明民族有关。日本必须面对已经发展成熟的原创文明进行学习、吸收和适

---

① 〔日〕渡边浩：《儒学史异同的解释："朱子学"以后的中国与日本》，蓝弘岳译，载张宝三、徐兴庆编《德川时代日本儒学史论集》，台湾大学出版中心，2004，第32页。

应……正是在这样的吸收过程中，日本人培植起其民族哲学的'本体'，也就是说用以解说世界与评价世界的基础观点与行为起点"。① 通过对朱子学哲学的研习，日本朱子学者对朱子学渐渐由祖述的阶段，向对朱子学进行修正乃至批判的阶段转换。这种转换体现出了江户时代初期日本朱子学在哲学上的自觉。促使日本朱子学者对朱子学具有一定程度上的自觉的原因，大体有以下两个方面。

首先，日本朱子学者是以个体自修的方式接触和研习朱子学的，这促使日本朱子学者对于朱子学学说具有一定的自觉性和主动性。近世初期以藤原惺窝、林罗山和山崎暗斋为代表的日本朱子学者，其接触和研习朱子学的方式与日本传统的儒学承载者明经博士家有所不同。日本明经博士家的儒学知识依靠家学世袭的方式传授和延续。这一点，藤原惺窝、林罗山和山崎暗斋都无法与明经博士家的授受方式相媲美。甚至，藤原惺窝、林罗山和山崎暗斋在接触和研习朱子学学说的时候，也不是通过专门的师徒授受的方式进行的，他们只是在五山寺院中接受了普通的儒学教育。藤原惺窝、林罗山和山崎暗斋等更无法像王朝时代那样，通过留学中国的方式直接学习朱子学。而以朱舜水（1600~1682）为代表的来日的中国学者，虽然在日本近世儒学的发展进程中起到了重要作用，但不能由此得出日本朱子学是在中国儒学者的直接影响下产生的结论。

这样从藤原惺窝、林罗山和山崎暗斋所代表的日本学者接触

---

① 成中英、杨弘声：《本体诠释学视野中的日本现代哲学史》，载成中英、韩东育编《本体的解构与重建：对日本思想史的新诠释》，上海社会科学院出版社，2005，第37页。

和研习朱子学的方式中，可以看出这些学者与其说是以一种体系性、完整的或者以师徒之间直接授受的方式进行的，毋宁说主要是以个体自修的形式，通过阅读这一时期流播于日本的朱子学著作来进行的。这种以个体自修来接触和研习朱子学的方式，自然会体现出研习者本身的选择性和主动性。值得注意的是，日本朱子学者在接触和研习朱子学过程中所具有的选择性和主动性等特征，对这些朱子学者日后构筑日本朱子学哲学的影响非常之大。

其次，日本朱子学者在自己的认识经历基础上得以对朱子学做出选择和修正。因为"一个新的本体意识的出现是显而易见的。这里也可以看出，本体典范的转换来自经验的扩大与理论或观点的重组"。① 也就是说，"经验的扩大"即日本朱子学者的认识经历使得日本朱子学者产生问题意识，进而在问题意识的促使下，日本朱子学者会自觉地对朱子哲学做出选择和修正。

日本朱子学者对朱子学哲学由最初的祖述到某种程度上的选择和修正，体现出了江户前期日本朱子学在哲学上的自觉。而渡边浩也指出，一般认为日本朱子学是先确立其支配的地位，然后才出现了日本对朱子学的批判，这种对江户前期儒学史的理解图式是很难成立的。实际上，在宋学单方面地扩展过程中，也产生了对宋学的修正和批判，也正是因为产生了对宋学的种种修正，才使得宋学向日本社会扩展。② 以下以藤原惺窝、林罗山和山崎暗

---

① 成中英、杨弘声：《本体诠释学视野中的日本现代哲学史》，载成中英、韩东育编《本体的解构与重建：对日本思想史的新诠释》，上海社会科学院出版社，2005，第39页。

② 〔日〕渡边浩：《近世日本社会与宋学》，东京大学出版会，1985，第28~29页。

斋这些江户初期著名的朱子学者为例,通过阐释这些日本朱子学者对朱子哲学的选择和修正,来说明日本朱子学的哲学自觉。

第一节 藤原惺窝的哲学展开

一 藤原惺窝与姜沆交往前后的哲学思想

藤原惺窝在向朱子学者转变的过程中,没有直接得到家学的助力,也没有借助于名师的指点,他基本上是在个人接触和研习朱子学典籍的过程中,日渐发生转变的。当然,藤原惺窝得以向朱子学者的转变与外界刺激有很大的关系。比如天正十八年,藤原惺窝被朝鲜国使许筬指斥为异端之后,藤原惺窝就放弃了代表禅儒无矛盾存在的象征——"柴立子"这个名号。但遗憾的是,藤原惺窝并没有将许筬促成其思想的反省,体现在其著述中。同样,随后关于藤原惺窝由禅僧向朱子学者转变的一系列事件,比如其31岁的时候拒绝关白丰臣秀次召集的诗会,34岁的时候与相国寺叔父的"义绝",37岁的时候渡明留学的尝试,还俗结婚,与姜沆的交往,以及最具代表性的"深衣儒服",等等,藤原惺窝都没有在著述中谈及这些事件,以及这些事件所表现出的自己哲学思想的变化情况。

据此,笔者认为,就藤原惺窝而言,其行为与其哲学思想的转变存在着"不一致"和"不同步"的特征。关于藤原惺窝在行为上作为朱子学者不断地深入,与其在著述中很少言及自己哲学思想的变化情况的矛盾,笔者推断,藤原惺窝早在禅僧阶段就对朱子学的哲学体系有所了解,只不过他还无法自觉地认识到要将禅宗与朱子学进行区别的必要性。而藤原惺窝作为禅儒一致重镇相国寺首座的地位，可以证明藤原惺窝应该具有很高的朱子学哲学素养。

但是，藤原惺窝在受到许筬直接指斥其为异端等外界刺激之后，开始意识到禅儒的不同，随后其在一系列的行为中日渐加强这种自觉意识，直至最终在生活和思想中实现了以朱子学为重心，完成了向朱子学者的转变。藤原惺窝是通过外在的行为，而不是通过对自己思想进行反省的著述形式，来宣示自己作为朱子学者的转变。这意味藤原惺窝只能对其以往具有的朱子学素养进一步坚信，而不必像刚刚接触朱子学哲学的新人（比如林罗山、山崎暗斋）那样欣喜万分地用"笔记"式的语调记录着自己对朱子学的感受过程。这可以被看作藤原惺窝对早就具有的朱子学知识素养所表现出的述而不作。

藤原惺窝的主要著作大部分是诗词歌赋这类文学形式，他没有从哲学思想的著述上来表现自己作为一个朱子学皈依者的痕迹。反而只是在与姜沆的交往中，在书信和谈话的中，展现出自己的朱子学思想。

在《问姜沆》中，藤原惺窝在谈及自己的学术历程时说道："予自幼无师，独读书自谓汉唐儒者，不过记诵词章之间，纔注释音训，标题事迹耳，决无圣学诚实之见识矣，唐唯有韩子之卓立，然非无失，若无宋儒，岂续圣学之绝緒哉？"[①] 借此表明了自己皈依朱子学的决心。

[①] 〔日〕国民精神文化研究所编《藤原惺窝集》卷上，思文阁，1978，第135~136页。

在姜沆的视野中，藤原惺窝的朱子学者样态要充实些。姜沆的《惺斋记》中记载道："其为学也，不由师传，不局小道，始于佛老之学，得箇昭昭地，以其心迹背驰，终弃去不为。而因千载之遗经，繹千载之绝绪，深造独诣，旁搜远绍，自结绳所替，龙马所载，神鬼所负，孔圣所藉，迄于濂洛关闽性理诸书，靡不贯穿驰骋，洞念晓折，一切以扩天理收放心为学问根本。"① 这里概括的藤原惺窝的朱子学是广义上的"濂洛关闽"朱子学，并指出藤原惺窝以"扩天理收放心为学问根本"。

姜沆在《文章达德纲领叙》中，更是认为藤原惺窝的学问"迄濂、洛、关、闽、紫阳、金谿、北许、南吴、敬轩、敬斋、白沙、阳明等性理诸书"。② 也就是说，姜沆在与藤原惺窝的交往了解中认识到，藤原惺窝对朱子学学说的涉猎范围非常广泛，基本上囊括了宋明性理学的著作，指出藤原惺窝的朱子学乃是具有一种广泛综合性质的性理学。但是姜沆除认为藤原惺窝"扩天理收放心为学问根本"与其广泛地涉猎有关系外，并也没有具体地提及藤原惺窝朱子学哲学思想的特点。

二 藤原惺窝与林罗山交往中所体现的哲学特征

随着姜沆的离去，藤原惺窝也开始过着读书授徒的隐居生活。在如何把握朱子学方面，他在同林罗山的交往中表明了自己的看法。"先儒之成说也，心与经同处，我心之公也，不同处，我心之私也。"③

---

① 〔日〕国民精神文化研究所编《藤原惺窝集》卷上，思文阁，1978，第16页。
② 〔日〕国民精神文化研究所编《藤原惺窝集》卷下，思文阁，1978，第1页。
③ 〔日〕国民精神文化研究所编《藤原惺窝集》卷下，思文阁，1978，第391页。

"一件达德纲领未脱稿，且此编唯类聚古人之成说而已，曾不著一私言乎其间，是恐其僭踰也。"① 因此，可以基本认为，藤原惺窝在完成向朱子学者的转变后，仍然保持着述而不作的涵养方式。不过从其对林罗山疑问的回复中，可以看出藤原惺窝的一些对于朱子学哲学思想的态度和把握方式。

林罗山在初次给藤原惺窝的信中直接表明了对藤原惺窝朱子学哲学思想的质疑。"且又有二事请扬搉言之，向者先生专言陆氏之学，陆氏之于朱子如薰犹水炭之相反，岂同器乎？同炉乎？其无极太极之论，问答甚多，陆氏遂塞。陆氏之问，莛也。朱子之答，钟也。朱子不廻头，有如寸莛撞钜钟，其事详见朱子集及经济文衡。若夫论太极，则有周子之志可也，有陆氏之志不可也。……先生又曰大学，大学之道在明明德在亲民在止于至善，朱子章句曰此三者大学之纲领也，是不三也，谓之二纲领可也，至善属二者云云。余想不然，然则谓之一纲领可也，何曰二乎，人人各各皆明明德，则不及于新之已有而人无是，故推而以新之，而又以使之止其至善，人人物物无不有至善，何限于此二乎？"② 林罗山所质询的是藤原惺窝对朱陆之辩的立场和《大学》的解读方式。

从藤原惺窝的回信中可以看出，其对朱陆之辩的态度，并不是从朱子学的正统出发的，而是具有相当的理智自由，其对那种非朱即陆的认识方式，并不感兴趣。从"足下所辨者，诸彦排陆之绪余也，我亦阅焉"③ 的记载中，可以知道藤原惺窝对朱陆之辩是有过思考的。他之所以对朱陆之辩持有模糊的态度，是因为

---

① 〔日〕国民精神文化研究所编《藤原惺窝集》卷上，思文阁，1978，第143页。
② 〔日〕京都史迹会编《林罗山文集》上卷，ぺりかん社，1979，第13~14页。
③ 〔日〕国民精神文化研究所编《藤原惺窝集》卷上，思文阁，1978，第138页。

"在皇明者，儒门一代巨擘，皆有冤陆之疑，故余亦疑其所疑而已，非信而学。唯见罗整庵、霍渭厓、陈清澜等党同伐异，排陆之诸编，未见金谿家乘文集、语録年谱及门人古旧之手録，故曰非敢信者，疑而未决者"。① 也就是说，藤原惺窝在甄别之后认为，那些怀疑陆象山学问的人的学说并不可信。所以对于这些"排陆之绪余也"，藤原惺窝并没有直接做出选择，而是持有怀疑的态度。

此外，藤原惺窝进一步以折中的方式看待朱陆之别，"紫阳质笃实而好邃密，后学不免有支离之弊。金谿质高明而好简易，后学不免有怪诞之弊。是为异者也，人见其异，不见其同"。② 这样的表述就将朱熹的学问和陆象山的学问都相对化了，各自都没有占据绝对的价值地位，反而各有不足，只能采取折中、兼容的方式去把握朱陆之辩。

而关于林罗山对藤原惺窝将《大学》三纲领化为二纲领的质疑，藤原惺窝以"余偶口嗫嚅，而言不尽意欤，抑亦足下偶耳听荧，而意不晓言欤，必俟他日面布"③ 来回复，这实际上是采取了一种回避的态度。不过值得注意的是，后来藤原惺窝对《大学》三纲领在《大学要略》中给予了明确地阐释。

藤原惺窝除了以折中的方式对待朱陆之辩，还将折中这种涵养的方式扩展到整个宋明性理学范围中。"又曰见地坚定而后可读异端

---

① 〔日〕国民精神文化研究所编《藤原惺窝集》卷上，思文阁，1978，第139页。
② 〔日〕国民精神文化研究所编《藤原惺窝集》卷上，思文阁，1978，第139页。
③ 〔日〕国民精神文化研究所编《藤原惺窝集》卷上，思文阁，1978，第140页。

书，不为其所摇夺，若见地不坚定，而其语震动，而我见易摇也。"
"先生曰：阳明出而后皇明之学大乱矣，必又有可畏之君子者出焉而一之。惺窝批曰：非以阳明为乱，以天下学者为乱。""圣贤千言万语只要人理会得，故所示不同，所入即一也，且古人各自有入头处，如周子之主静，程子之持敬，朱子之穷理，象山之易简，白砂之静圆，阳明之良知，其言似异，而入处不别。"① 由此可见，藤原惺窝对宋明性理学的坚持"所入即一也"，他认为这不存在着价值上的差距，所以采取一种兼收并蓄的折中把握方式。

在如何实现以兼收并蓄的这种方式把握宋明性理学上，藤原惺窝注重的是内心的体认方式。比如针对朱陆之辩，他认为："然则如何，学者各以心正之，以身体之，优柔餍饫，圆机流转，一旦豁然贯通，则同欤，异欤？"② "又曰读圣贤之经书，以经书证我心，以我心证经书，经书与我心通融可也。""汝唯熟读玩味，涵泳从容可也，要在默而识之也，至一旦豁然贯通，则诸儒之同异定于一。"③

但是藤原惺窝这里所提到的"心"内面的作用，究竟是基于朱子学式样的，还是基于禅宗的顿悟式样的体认，这里并没有明确地表达清楚。

三 藤原惺窝的哲学偏向

藤原惺窝很少通过著述思想的方式来表现自己的哲学变化情

---

① 〔日〕京都史迹会编《林罗山文集》上卷，ぺりかん社，1979，第347、349页。
② 〔日〕国民精神文化研究所编《藤原惺窝集》卷上，思文阁，1978，第139页。
③ 〔日〕京都史迹会编《林罗山文集》上卷，ぺりかん社，1979，第346、348页。

况，他对当时传播于日本的宋明性理学书籍抱着一种折中的态度，并主张从自己的内心去把握。因此黑住真认为，藤原惺窝的包容是一种无构造性的包容。① 就像大江文城所评价的那样，藤原惺窝的包容、笼括、调和的态度贯穿其一生。②

笔者认为，尽管藤原惺窝被称为近世日本朱子学的始祖，但很难从直接的意义上说藤原惺窝开创了近世日本的朱子学哲学体系。作为一个朱子学者，他做的要比说的多，象征意义要大过实际意义。不过藤原惺窝除主要以一种祖述、折中、兼收并蓄的方式把握宋明性理学说以外，体现在藤原惺窝哲学思想中的一些其他偏向也是值得注意的。

在少数涉及朱子学理气哲学的时候，藤原惺窝大多采取了祖述的态度。"（林罗山，笔者加）问理气之辩，先生曰：设使宋元之名儒在于今日之座，不若书之所记精而详也。我之所言者如汝之所见，余曰：性理大全书等是耶？先生曰然。"③ 从中可以看出，藤原惺窝对于理气观采取的是尊重前人的、述而不作的态度，而没有像朱熹以后的学者那样借助对理气观的重新阐释，来重筑性理哲学。"夫天道者理也，此理在天，未赋于物曰天道，此理具于人心，未应于事曰性。性亦理也，盖仁义礼智之性，与夫元亨利贞之天道，异名而其实一也。凡人顺理，则天道在其中，而天人如一者也。"④ 藤原惺窝也承认理的普遍性，"先生曰：理之在也，如天之无不帱，似地之无不载，此邦亦然，朝鲜亦然，安南亦然，中国亦然，

---

① 〔日〕黑住真：《近世日本社会和儒教》，ぺりかん社，2003，第21页。
② 〔日〕大江文城：《本邦儒学论考》，全国书房，1944，第98页。
③ 〔日〕京都史迹会编《林罗山文集》上卷，ぺりかん社，1979，第348页。
④ 〔日〕国民精神文化研究所编《藤原惺窝集》卷上，思文阁，1978，第131页。

东海之东，西海之西，此言合此理同也，南北亦若然，是岂非至公至大至正至明哉，若有私之者我不信也"。① 在《题寿老人画像》中，藤原惺窝也祖述了朱子学的理一分殊理论，"形于上者，日月星辰，中而人之禽之与兽虫，下而山崎川流，草茂树立，理一而分殊，分殊而理一"。② 藤原惺窝谈及朱子理气观的论述基本上体现在上述几段史料之中。

整体看待与阅读藤原惺窝的著述，就会发现藤原惺窝对朱子理气观的祖述，占有的比例非常之小。另外，从这小部分谈及朱子理气观的论述中，仍可以看出他对朱子理气论的倾向。即藤原惺窝对探寻世界根源的宇宙论方面的关心很少，对气方面的表述也非常之少，没有直接言及作为形而下或者说作为万物组成要素的气。

相比较而言，藤原惺窝更关心的是心性论，而不是宇宙论的形而上学意义上的理，这与其认识经历有关。在《古今医案序》中，他指出："近世世降俗薄，而不知事亲之道，渐将成无父母国，既不知治己，安能治人，安能及物哉？"③ 在《此菅玄同伤慈母诗韵》中，他认为："数十年间，千怪百变，世道刻薄，乱逆无纪，弑其父者比比，施及达官贵介，人以为常而不言。戊申岁，有手杀所生之母于下京者，人以为常而不言，譬诸麻木痿痹。人之不知痛痒，世道臻乎此，风俗极乎此，悲夫！余去岁戾止南纪，数

---

① 〔日〕京都史迹会编《林罗山文集》上卷，ぺりかん社，1979，第348页。
② 〔日〕国民精神文化研究所编《藤原惺窝集》卷上，思文阁，1978，第123页。
③ 〔日〕国民精神文化研究所编《藤原惺窝集》卷上，思文阁，1978，第106页。

第六章　日本朱子学者的哲学自觉

月渐还北京之小屠苏，岁云暮矣，犹如蛰蛇之尾馀半鳞，杜绝人事，四顾阒尔居矣，后林哑哑，前山闪闪，鸟中尚有曾参，而人中唯有枭獍，是可忍哉？"① 从中可以看出，藤原惺窝之所以没有被朱子学的形而上学的宇宙论哲学牵扯住精力，是因为日本现实社会中道德的沦丧和人伦的败坏使其头脑深受刺激。

针对日本社会的人伦败坏现象，藤原惺窝对此矫治的方式是重视内心的作用。这一点大约是从藤原惺窝取名"惺斋"之后开始的。从"惺斋"这个名号可以看出藤原惺窝对内心作用的重视，他认为通过修养自己的心，就能够实现德行人伦。

在其晚年的《大学要略》中，藤原惺窝进一步通过阐释《大学》的"明明德""亲民""止于至善"这三纲领来说明正心的理论依据。值得一提的是，在《大学要略》中体现出了藤原惺窝少有的主动和自觉选择。

藤原惺窝对《大学》经典的解释，除因循朱熹的《大学章句》的解释以外，很多地方受到林兆恩的《四书标摘正义》的影响，以此显示出与朱熹的不同之处。② 比如在对"明德"的解释上，在朱熹那里，"明德"是上天所赋予的德，是与作为形而上学的理一起的先天的德性，而在藤原惺窝那里，其被阐释为具体的实践的德行。这可以看作藤原惺窝受林兆恩的影响，将"明德"的解释方式由朱熹的内面的哲学解释改为具体的实践德行的结果。

除此以外，金谷治认为，在《大学要略》中还出现很多与朱熹不同的解释，很多解释明显是受到了以林兆恩和王阳明为核心

---

① 〔日〕国民精神文化研究所编《藤原惺窝集》卷上，思文阁，1978，第75页。
② 〔日〕金谷治：《藤原惺窝的儒学思想》，载〔日〕石田一良、〔日〕金谷治校注《日本思想大系28 藤原惺窝 林罗山》，岩波书店，1975，第456页。

的心学的影响。① 石田一良甚至据此否定藤原惺窝作为日本朱子学首倡者的地位，认为藤原惺窝是在禅的框架下吸收禅化的朱子学，然后经过了由禅向儒的重心的转换，而成为持有禅儒一致思想构造的儒僧，然后更换为阳明学的性质。②

笔者以为，藤原惺窝在《大学要略》中所体现出的思维偏向，确实与朱子学对《大学》的经典解释有所不同，他受到林兆恩影响的迹象也很明显。但从藤原惺窝的整体思想构造来看，显然藤原惺窝在哲学上还没有走得那么远，因为藤原惺窝并没有在其他著述中专门提及林兆恩及其标志性的三教一致的理论。据此，笔者不认为藤原惺窝已经自觉地认识到，或者说开始反省朱熹与王阳明哲学的区别，并经反省后，开始以阳明学为核心重新构筑自己的哲学，因此不能得出藤原惺窝就此滑向以王阳明和林兆恩所代表的心学哲学方式的结论。

进一步说，藤原惺窝对王阳明和林兆恩的欣赏，都是在其兼收并蓄宋明性理学的限界内进行的，而且藤原惺窝对王阳明和林兆恩学说的借鉴，是在为了矫治日本人伦败坏的问题意识下，对流播于日本的宋明性理学说进行"理论或观点的重组"的产物。这种"重组"对于一贯以祖述、折中、兼收并蓄的方式把握宋明性理学说的藤原惺窝来说，是其在哲学构筑中难得的主动和自觉之处。

---

① 〔日〕金谷治：《藤原惺窝的儒学思想》，载〔日〕石田一良、〔日〕金谷治校注《日本思想大系28 藤原惺窝 林罗山》，岩波书店，1975，第457、462页。
② 〔日〕石田一良：《林罗山：室町时代禅儒一致和藤原惺窝、林罗山的思想》，载〔日〕相良亨、〔日〕松本三之介、〔日〕源了圆编《江户的思想家们》上，研究社，1982，第24、23页。

第二节　林罗山朱子哲学思想的展开

一　林罗山的哲学自觉与理气论

与藤原惺窝在对朱子哲学上的大多时候的述而不作，在对待宋明性理学上采取一种无构造的包容方式不同的是，林罗山不论是在对待朱子哲学上，还是在对待综合的宋明性理学上，所体现出的哲学自觉都要超过藤原惺窝。衣笠安喜认为，林罗山在《随笔》中泄露出的其内心的想法，说明他不一定是无条件的朱子学信奉者，其对于朱子学的理气论和善的体系存有疑问。[①] 但是林罗山在对待朱子哲学上的自觉并不意味着要推进到对朱子哲学进行批判的那种程度。

林罗山对朱子哲学的自觉从其给藤原惺窝的信中就可以看得出来。在给藤原惺窝的第一封信中，林罗山对于藤原惺窝的朱陆并取的态度予以驳斥。"向者先生专言陆氏之学，陆氏之于朱子如薰蕕冰炭之相反，岂同器乎？同炉乎？""大陆氏知围棊之出于河图，而不知其之太极。知无极二字出于老子书，而不知其身之入于老也。若又论顿悟，则陆氏却当得禅录。"[②] 由此可见，林罗山在对待朱陆之间的区别上，采取的是一种严峻区别的方式。林罗山不论在理智上，还是在感情上，都以朱子学为道统正统，不承认其他学说的价值。

在给藤原惺窝的第三封信中，林罗山对于藤原惺窝关于朱陆

---

① 〔日〕衣笠安喜：《近世儒学思想史研究》，法政大学出版局，1976，第45页。
② 〔日〕京都史迹会编《林罗山文集》上卷，ぺりかん社，1979，第13页。

异同的辩解并不满意，再次重申了自己峻别朱陆和以朱子学为道学正统的态度。"陆子静（即陆象山，笔者注）唯以仁为人心，倪氏以为泥着孟子之词，而不知心之德而爱之理也。子静又教人以澄坐，后为义外之工夫，薛氏以为如此，而后不可不流于禅也。……朱夫子出焉，而继往圣之绝学，集诸儒之大成，于是我道粲然复明于天下，故朱子之功不在孟子之下，盖道统之传如此昭昭矣。"①

但也就是在这封信中，林罗山还将自己在读书中对朱子哲学中理气论的疑问与藤原惺窝商榷。"太极，理也。阴阳气也。太极之中本有阴阳，阴阳之中亦未尝不有太极。五常，理也。五行，气也，亦然。是以或有理气不可分之论，胜虽知其戾朱子之意，而或强言之，不知足下以为如何？"② 对于林罗山在这封信中所提出的理气论方面的疑问，藤原惺窝并没有答复。尽管如此，二人还是确立了师徒关系。值得注意的是，在给藤原惺窝的这封信中，林罗山自己也承认其所强调的"理气不可分之论"已经与朱子理气二元论有所乖戾。这种乖戾的论说，尽管与上文林罗山坚持的朱子学道统立场似乎有所冲突，但是这种冲突可以表示出，林罗山对于朱子学学说并不是照单全收，而是有所自觉和选择的。但是，林罗山与其朱子哲学乖戾的论说，并没有改变其以朱子道学为正统的前提，林罗山的这种乖戾论说不能被视为其对朱子哲学进行批判的起点。

因为，林罗山在这里所体现出的哲学自觉，朱熹之后的很多

---

① 〔日〕京都史迹会编《林罗山文集》上卷，ぺりかん社，1979，第16~17页。
② 〔日〕京都史迹会编《林罗山文集》上卷，ぺりかん社，1979，第18页。

儒者们已经表现出来了，如明朝的罗整庵主张的理气不可分论，朝鲜的徐花潭主张的理气混合论，等等。因此存在着林罗山在涉猎了上述学说之后，其思想有所触动和选择，相应地产生了对朱子学的疑问的可能。

林罗山对朱子学理气论的疑问的表述还有："易称形而上者谓之道，形而下者谓之器，又曰一阴一阳之谓道，程伯子曰阴阳亦形而下者也，而曰道者元来只此是道，朱子曰天地之化，往者过来者续，无一息之停，乃道体之本然也，又答柯国材书曰一阴一阳往来不息，即是道之全体，伯子与朱子其言不异。程叔子曰所以阴阳者道，又云所以阖辟者道。朱子又曰理与气决是二物，又曰理弱气强，又曰若无此气则此理如何顿放。叔子与朱子其言相同，而伯叔有异，朱子亦其言前后有异，未知以何者为定论，而归其一也。"[1] 这时藤原惺窝和林罗山已经确立了师徒关系，不过这条疑问却不是提给藤原惺窝的，因为林罗山知道藤原惺窝学问的限界，其后在两人的文集和现存资料中也没有出现关于理气论和格物论的问答。也就是说，藤原惺窝和林罗山虽是师徒关系，但是在学问上，二者并不存在着直接的授受关系，二者把握朱子哲学思想的方式差异很大，基本上是在各自的体认和选择下进行的。

林罗山对于理气论方面的疑问集中体现在"举多般疑义而欲穷其理"的《随笔》中。值得一提的是，林罗山在《随笔》中对朱子理气观有所怀疑的同时，还表现出了对王阳明式理气观的

---

[1] 〔日〕京都史迹会编《林罗山文集》上卷，ぺりかん社，1979，第344～345页。

倾心。比如，"理与气一欤，二欤？王守仁曰理者气之条理，气者理之运用"。① "理气一而二，二而一，是宋儒之意也。然阳明子曰理者气之条理，气者理之运用。由之思焉，则彼有支离之弊。由后学起，则右之二语不可舍此而取彼也，要之归乎一而已矣，惟心之谓乎。""程子曰论性不论气，不备，论气不论性，不明，二之则不是。古今论理气者多矣，未有过焉者。独大明王守仁云理者气之条理，气（者）理之运用。"② 由此可见，林罗山在理气论方面表示出了对阳明学的关心。这就意味着林罗山在构造自己的理气观的时候，其视野已经超出了单纯朱子学的范围，而是在综合性的宋明性理学的范围内寻找答案。也就是说，"林罗山围绕理气问题发表的言论中，有朱子学式的论述和阳明学式的言论并存的现象，这是这一时期林罗山理气观的一个显著特征"。③ 与以祖述、折中、兼收并蓄的方式把握宋明性理学说的藤原惺窝相比较的话，林罗山对待综合性的宋明性理学要积极和自觉得多。

林罗山对于朱子哲学理气论存有怀疑，为此自己倾向于"理气不可分之论"，甚至倾向于阳明学，但是他并没有整体上动摇对朱子哲学的信仰。比如，在与藤原惺窝的交往中，林罗山始终坚持朱子学的道学正统立场，严峻朱陆之别，并没有随着成为藤原惺窝的弟子而所有改变。为此藤原惺窝警告他，"足下每每对话手书共以语意失平易，恐年壮锐英之气象，未消圭角也耶，思焉"。④

---

① 〔日〕京都史迹会编《林罗山文集》下卷，ぺりかん社，1979，第832页。
② 〔日〕京都史迹会编《林罗山文集》下卷，ぺりかん社，1979，第844、852页。
③ 龚颖：《"似而非"的日本朱子学》，学苑出版社，2008，第65页。
④ 〔日〕国民精神文化研究所编《藤原惺窝集》卷上，思文阁，1978，第140页。

第六章 日本朱子学者的哲学自觉

虽然林罗山后来很少再与藤原惺窝提及朱陆之别,但也没有接受藤原惺窝式朱陆并取的理论。林罗山坚持朱子学的正统还体现在与耶稣会传教士不干斋·巴鼻庵(1565~1621)的辩论上,林罗山在捍卫朱子学正统地位方面没有丝毫犹豫。

林罗山通过对朱子哲学中理气论的疑问而体现出一定的哲学自觉,其理论视野也不再局限于朱子学之内。但是需要指出的是,林罗山对于理气论的怀疑,在其整个朱子学思想体系中所占的比重并不大。纵观这一时期林罗山的思想著述,其对于怀疑式的理气论的自觉或者心得所占的篇幅非常之少。因此林罗山对于朱子理气论的怀疑,甚至还为此接近阳明学,都不足以改变林罗山作为日本朱子学者总体上对朱子哲学的崇信。

也就是说,林罗山并没有以对其朱子哲学中理气论的自觉为契机,借助这种反省或者说对朱子学的批判,来构筑出新的日本朱子学哲学体系来。事实上,林罗山很快结束了对于阳明学的倾心,又回归到了朱子学的理气二元论上,转而对阳明学进行批判。

石田一良认为,林罗山于元和七年、元和八年(1621、1622)在著述了《天命图说跋》和《四书跋》以后,关于阳明学的理气论再也没有提及,因此林罗山在元和七年、元和八年已经确定回归到朱子的理气二元论上来了。[①]

龚颖甚至认为从元和六年(1620)开始,林罗山已经开始回归朱子的理气观。"元和六年以后的宽永时期,在林罗山的著述中也还经常可以见到他对朱子学式的理气观的认同。这也说明,林

---

① 〔日〕石田一良:《前期幕藩体制的意识形态和朱子学派的思想》,载〔日〕石田一良、〔日〕金谷治校注《日本思想大系 28 藤原惺窝 林罗山》,岩波书店,1975,第 423 页。

氏对朱子学理气观的原理层面上的理解,在元和六年以后也一直保持着与朱熹思想的一致性。"①

《四书跋》中记载:"至于朱子直取程伯仲之意,而以为穷理矣,理本无形,故由事物有形以立名,使人践实也,恐无形者入于虚故也。大明王守仁作传习录曰:格,正也,至也,正我心之物。林子曰:格,弃废也,放下外物则本心灵明。二说非不高也,然如王说则与正心稍觉,重复如林说,则与司马说亦不大异。君臣父子外物也,舍君父而后为忠孝乎?然则外物果不可御也,又不可弃也,譬如镜之弃明,而不可照也。万物各有事,每事各具理,理乃心性也,心与性元一也,拘于形气,敝于私欲,不能一之。是以圣人著大学书,教人欲使其心与理不二,而后指示曰:致知在格物,格物之义大矣哉。今崇信程朱,乃以格物为穷理之谓也,庶乎其不差焉。古人云之他道者谓之异端,由是言之,不之程朱之门者,异端之格物也耶,从此门而入则殆及于孔门,宜哉。"② 以此宣告林罗山在理气观上重新回归到朱子哲学的轨迹上来。

除此以外,元和八年以后,林罗山在其文集和著作中开始出现对阳明学激烈非难的言辞。比如,"周子之主静,明道之定性,伊川之主一无适,朱子之格物穷理,皆是其所入异而所致不异。若金谿之易简,新建伯之良知,则自以为儒,然世呼为儒中禅,其门人末流之弊,陷于狂禅"。③

---

① 龚颖:《"似而非"的日本朱子学》,学苑出版社,2008,第68页。
② 〔日〕京都史迹会编《林罗山文集》下卷,ぺりかん社,1979,第616~617页。
③ 〔日〕京都史迹会编《林罗山文集》下卷,ぺりかん社,1979,第878~879页。

二 林罗山的哲学自觉与性情论

在朱子学的性情论中，理内在于人叫作"性"。朱熹认为，"性"者，人之所受乎天者，其体则不过仁、义、礼、智之理而已，"性"是寂然不动的，一旦它动了，便通过"情"表现出来。但是在"性""情"转换这一点上，朱子学"并没有说明这里的'情'究竟是指人类情感的全部内容呢，还是仅指道德性情感或者说善的情感？"① 也就是说，在"情"与恶的起源关系上并没有给予明确的界定。而林罗山对于朱子性情论的疑问就是围绕着恶的起源而展开的。

林罗山在《随笔》中直接地表述出自己关于朱子性情论的疑问。"四端出于理，七情出于气，喜怒在事，则理之当喜怒者也，然则七情又出于理乎？""性即理也，天下无性外之物，理无不善，故孟子称性善，是也。然则所谓恶，则性外乎性内乎，曰性外则性外无物，曰性内则性本无恶，恶之所自出之本原，果其何处乎，是先儒之所未言也，岂易言哉？""天地万物自理出，然则恶亦自理中出来乎，理者善而已矣，曷尝有恶来，然则恶之所出果何哉？""性善也，性即心之理也，天下无性外之物，又无理外之物，若信斯言，则所谓恶来自何处耶？"② 由此可见，由于朱熹将"性"分为天命之性和气质之性，认为气质之性中包含了清浊两种，因而气质之性也就具有了善和恶的两种属性，林罗山对于朱子性情论的疑问就来源于此。

---

① 龚颖：《"似而非"的日本朱子学》，学苑出版社，2008，第68页。
② 〔日〕京都史迹会编《林罗山文集》下卷，ぺりかん社，1979，第832、834、841、928页。

值得注意的是，林罗山对于朱子性情论的怀疑与其对朱子理气论的怀疑有相通之处。"童子出自互乡来问曰：四端出于理，七情出于气，然喜怒发中节者，何不出于理乎？非礼之礼，非义之义，何不出于气乎？果是理本善而气本有清浊乎？天下无理外之物，是先儒之格言也，清与浊果是理内欤？理外欤？""一阴一阳谓之道，继之者善也，成之者性也，故子思曰：天命谓之性，孟子曰性善，又曰其情则可以为善矣，宋儒解之云：性即理也，要之善之至则理也，理之极则善也，推广而说之谓，天下无理外之物，由是言之则善而已矣。何有恶乎，吉而已矣，何有凶乎，若本有恶，则不可谓性善也，性本善而不有理外之物，则所谓恶出自何处哉，果理内欤？理外欤？"① 从上述引文中可以看出，林罗山对朱子哲学性情论的怀疑与其先前对理气二元论的怀疑是一脉相承的，在这里其就是针对朱子哲学模糊地界定恶的根源而发出质疑——"果理内欤？理外欤？"

具体而言，因为在朱子哲学框架内，谈及"情"就涉及对道德性的感情（即恻隐、羞恶、辞让、是非的四端）和非道德性的感情（即喜、怒、哀、惧、爱、恶、欲的七情）的界定。而总体上，"在有关'性即理'、'心统性情'的讨论中，林罗山的心性论思想与朱熹的主张是一致的；而且，在性情关系论方面，只要把情限定为'四端'即道德性情感，他的观点也与朱熹相一致"。②

林罗山之所以要把理论的关注重点集中在能够导致非道德性感情产生的"七情"上，这与其所经历的自战国时代以来，日本

---

① 〔日〕京都史迹会编《林罗山文集》上卷，ぺりかん社，1979，第380、387页。
② 龚颖：《"似而非"的日本朱子学》，学苑出版社，2008，第100页。

社会在伦常上惊人的沦丧有关。因此在关于非道德性的恶的产生上，无法简单地遵从朱子充满了"纯粹的乐观主义"① 的人性论哲学。"对于林罗山来说，那些违背人们愿望的，其中当然主要是指那些非道德性的情感是个不容忽视的重要存在，它们一旦失控爆发，其强大力量甚至有可能使人失去'本心'，把人彻底毁掉。"②

为了能控制这些非道德性的感情，或者说在如何实践伦理上，林罗山强调"心"的作用。对"心"的尊重，这也是与林罗山的理气论相关联的，并成为林罗山朱子学的又一个特色。"张明公曰：心总性情。夫性者其理也，五常是也。情者其用也，七情是也。气者其运用也，意者其所发也，志者其所向也，念虑者意之余也，身者其所居也。譬如同源，而有派别如一本，而有枝干也，然此心虚而无迹，故难存而易亡，唯敬则斯存，能敬则身修，此心为身主，故无贵无贱，皆以修身为本，本正则性情志气思虑亦自正，可不敬乎？"③ "如果要将喜怒哀惧爱恶欲分辨讲清的话，要先说人心是广大无边的，是像天那样虚空的。心是能思想千年万年之久的心，能思想千里万里之远的心。心知道一切万物之理。心虽说是如此广大之物，但它具于人身之内而不在人身之外。这样的心，一念未起之时，是静、正、平、明的。遇到应当高兴之事则喜……有应当祈望之事则祈望，这就是心之用。"④

---

① 〔日〕丸山真男：《日本政治思想史研究》，王中江译，生活·读书·新知三联书店，2000，第17页。
② 龚颖：《"似而非"的日本朱子学》，学苑出版社，2008，第103页。
③ 〔日〕京都史迹会编《林罗山文集》上卷，ぺりかん社，1979，第310页。
④ 〔日〕石田一良、〔日〕金谷治校注《日本思想大系28 藤原惺窝 林罗山》，岩波书店，1975，第181~182页，转引自龚颖《"似而非"的日本朱子学》，学苑出版社，2008，第112页。

本山幸彦认为，从更广的意义上而言，林罗山之所以有对理气论的疑问，是因为林罗山否定佛教彼岸的价值观，专心于研究重视此岸人伦世界的朱子学，出于尊重实践伦理的要求，他对作为实践伦理理论基础的存在论即理气论深切关心。① 同理，林罗山对于朱子性情论的自觉也是出于实践伦理的考虑。随着林罗山的哲学在元和八年以后重又回归到朱子学的轨迹上来，在如何实践伦理上，他也倾向于朱子的理气一元论，并重视自己内面的"心"的作用。

与藤原惺窝比较起来，林罗山对于朱子哲学自觉的程度要深得多。林罗山一方面始终坚持朱子哲学的正统地位，另一方面在表述自己哲学思想的时候，对于朱子哲学又有相当的理智自由和灵活性。与一贯以祖述、折中、兼收并蓄的方式把握宋明性理学说的藤原惺窝不同的是，林罗山在面对朱熹之后宋明性理学的交汇时有着很强的自觉性、自主性。从林罗山对于朱子理气论和性情论的怀疑中可以看出，林罗山能够从交织的宋明性理学说中有意识地进行选取，来解决自己的疑惑。尽管林罗山在自身哲学的构建中，还没有达到对朱子哲学进行批判的程度，但是从上述林罗山对于朱子理气论与性情论的怀疑中，不难看出林罗山作为日本朱子学者所具有的自觉和主动性。值得一提的是，林罗山对于朱子哲学的自觉和主动性，是在如何解决日本人伦败坏的问题意识下有感而发的。总之，林罗山在哲学构筑中所体现出来的自觉和主动，在近世日本学者构筑自己的哲学体系过程中，起到不可低估的作用。

---

① 〔日〕本山幸彦：《近世儒者的思想挑战》，思文阁，2006，第26页。

第三节 山崎暗斋朱子哲学思想的展开

一 山崎暗斋对朱子哲学的研读与整理

山崎暗斋是江户时代日本朱子学重要的代表人物,相传其弟子达六千人,其学派甚至延续到了明治时期,由此可见山崎暗斋的影响力。因此山崎暗斋虽然不是日本朱子学的首倡者,但是就其在日本朱子学中的地位而言,也是不可被忽视的。另外,山崎暗斋通过对朱子哲学的研读和整理所体现出来的自觉,对于阐述江户时代日本学者对哲学体系的构筑来说,也是值得一提的。

因为,在研读朱子哲学的经典上,林罗山依据的是《集注》和《或问》,还有《性理大全》以及陈北溪的《性理字义》等,其在对朱子原典的精读上,与山崎暗斋和崎门学派相比,要略逊一筹。① 也就是说,藤原惺窝和林罗山视野中的朱子哲学实际上更多的是后世朱子学派,或者从更广的意义上说,是宋明性理学,并不是直接取自朱熹的。而山崎暗斋所开拓出的日本朱子学,实际上体现的是与朱子学的直接关系,排斥后世朱子学乃至宋明性理学者的影响。

因此如果要阐明近世日本朱子学的哲学维度,山崎暗斋虽然不是日本朱子学的首倡者,但在日本朱子学的哲学维度的开拓上,其意义同样不可低估。在这一点上,山崎暗斋也赢得了同时代人的认同。"又曰:吾邦倡伊洛之学者,林罗山崛起倡初,而山崎暗

---

① 〔日〕源了圆:《近世初期实学思想研究》,创文社,1980,第213页。

近世日本朱子学的确立

斋、仲村惕斋、室鸠巢相继而兴者也。盖林氏博洽强记，倡首之功，可谓伟矣。仲氏之学，醇而能博，操守亦固，但所见未逎上。室氏文辞，卓越乎诸子，见道略明，而操守或不足。如崎氏，则立志之高，见道之明，直欲咀嚼程朱之藏而后已者，要非拘拘世儒之比也。"①"南郭曰：宋儒穷理说，岂其宗旨极易乎？今人，四书集注犹且不能精之，亢颜自称宋学，可发一笑。此邦得诸子之意者，其唯山崎暗斋乎！"②

山崎暗斋对朱子学的自觉体现为其直接与朱熹建立联系，排斥后世朱子学者以及宋明性理学者的影响。山崎暗斋主张："我学宗朱子，所以尊孔子也，尊孔子以其与天地准也。中庸云：仲尼祖述尧舜，宪章文武，吾于孔子朱子亦窃比焉。而宗朱子，亦非苟尊信之，吾意朱子之学，居敬穷理，即祖述孔子而不差者，故学朱子而谬，而与朱子共谬也，何遗憾之有？是吾所以信朱子矣，述而不作也，汝辈坚守此意勿失。"③

在以朱熹学说为中心上，"他把自己认为能代表朱子学的神髓的东西从朱子的著书、文集、语类当中抄出来并加以编修。其中也有简单地施以考注的。不过，主要还是以朱子之说为中心，同时附上符合了朱子主旨的后学之说，用这些作为解说来编修朱子的著作，换句话说，就是藉朱子自己的学说来对朱子的著作加上注或者传"。"暗斋就这样的在朱注方面，详细地检讨了元明诸儒

---

① 〔日〕山田思叔：《暗斋先生年谱》，载〔日〕关仪一郎编《日本儒林丛书》第三卷，凤出版，1971，第19页。
② 〔日〕井上哲次郎、〔日〕上田万年监修，〔日〕小柳司气太校订《先哲丛谈》，春阳堂，1936，第189页。
③ 〔日〕山田思叔：《暗斋先生年谱》，载〔日〕关仪一郎编《日本儒林丛书》第三卷，凤出版，1971，第10页。

的末疏以后，全部予以排斥。这是因为暗斋认为这些末疏杂说不仅比不上朱注的完备，还歪曲了朱子学的本旨。"① 也正因为山崎暗斋的学术活动是以朱子学为重心展开的，所以山崎暗斋很少有关于朱子学哲学阐发的著述。相反，他大多是采用编书、校正训点书、表彰书、编次书这种形式对朱子哲学进行研读和整理。也就是说，山崎暗斋对于朱子学实际上采取的是一种典型的述而不作的研读和整理态度，以便接近朱子哲学的本意。山崎暗斋以朱子学为重心，排斥朱熹之后的学者著述的哲学自觉，意味着其在面对朱熹之后的宋明性理学交汇时，做出了不同于藤原惺窝、林罗山的选择。也是在这个意义上，山崎暗斋某种程度上对于朱子哲学的坚持在江户时代初期是独树一帜的。

山崎暗斋与藤原惺窝和林罗山一样都是由禅僧转向朱子学者的。山崎暗斋在其30岁时所著的《辟异》中宣示了自己朱子学者的身份，对自己的以往进行反省，以及对佛教进行批判。"子朱子曰：正道异端，如水火之相胜。彼盛则此衰，此强则彼弱，熟视异端之害，而不一言以正之，亦何以怯习俗之弊哉，观孟子所以答公都子好辩之问，则可见矣。""吾谓之曰：程朱之门，千言万语，只欲使学者守正道闢异端而矣。""吾幼年读四书，成童为佛徒。二十二三本于空谷之书。作三教一致之胡论，二十五读朱子之书，觉佛学之非道，则逃焉归于儒矣。今三十而未能立，深悔吾之不早辨。又懼人之可终惑。故此篇之述。不得已也。"②

---

① 〔日〕冈田武彦：《山崎暗斋》，东大图书公司印行，1987，第31、25页。
② 〔日〕日本古典学会编《山崎暗斋全集》第三卷，ぺりかん社，1978，第432、449、450页。

与在《辟异》一书中以朱子哲学为依托批判佛教一样,其在《大家商量集》中也是奉朱子哲学为正统,批判陆王之学。"孟子之后,周程张子继其学之绝,而朱先生得其传以晓天下时,陆氏自谓求放心,而不事学问,先生虽为此辩论,然不顾已言不察人言而终于告子之见,可惜耳。予尝抄先生之言,编为两卷,上卷发学问之道,下卷明道体之极,名曰大家商量集,以使后生不惑乎朱陆之是非。"① 他在《大家商量集》中主要是想把朱熹的排陆论介绍给世人,由此可见山崎暗斋对于峻别朱陆的坚持。

值得注意的是其在 33 岁时所著的《白鹿洞学规集注》中认为:"夫规之明备如此,宜舆小大之书并行,然隐于夫子文集之中,知者鲜矣,嘉尝表出揭诸斋潜心玩索焉,近看李退溪自省录论之详矣,得是论反复之,有以知此规之所以为规者,然后集先儒之说,注逐条之下,与同志请习之,且叹我国小大之书家传人诵而能明之者,盖未闻其人,是世远地去之由乎?虽然若退溪生于朝鲜,数百载之后,而无异于洞游面命,则我亦可感发而兴起云。"② 文中"然隐于夫子文集之中,知者鲜矣"说明山崎暗斋以直接研读和整理朱子哲学为己任,并以李退溪为榜样。

最集中体现山崎暗斋对《四书》《近思录》等这类朱子经典的研读和整理的是其《文笔会录》。"自朱注定,而真氏有集义、祝氏有附录、蔡氏集疏、赵氏纂疏,相继为编,而后吴氏集成出焉。陈氏发明,胡氏之通摭集成为之,倪氏辑释萃发明与通者也,刘

---

① 〔日〕日本古典学会编《山崎暗斋全集》第三卷,ぺりかん社,1978,第452页。
② 〔日〕日本古典学会编《山崎暗斋全集》第四卷,ぺりかん社,1978,第1页。

氏取辑释及数家之书著通义，其后大全成矣。大全之后末疏以百数，而蒙引其巨擘也，林氏存疑，王氏便览专依蒙引，陈氏浅说合蒙引存疑者也，夫陆学者流寇，朱注者置而勿论，若大全若蒙引欲发明朱注而昏塞却甚，大全所收程朱之说则固虽不害于道，而与经注异者间，有之学者先熟读经注，然后及乎程氏朱氏之全书，则其详明经注，又别立议论或有为而发或未定之说，且记录之失刻板之误，皆可得而明辨之，如诸儒则先于先生者，先生既辨之，先生同游张南轩吕东莱门人黄勉斋蔡节斋九峰私淑之士真西山王鲁斋数人盖君子儒也，有余力则考其言可也，其他说虽不阅，莫遗恨也，嘉也往时无师友之导，及复大全追寻末疏，自得蒙引尊信之，不在朱注下，而于其有难朱注，则以为蒙引后出介，夫既宗先生，吾曹曷讶之，夫书之后出胜于先出者，他人之贤者之事也，如朱注岂其有间然哉，弗思之甚，况介夫之识与云峰定宇相为伯仲，而蒙引之为书秦延君之三万言矣乎。"① 对于后世朱子学派对朱子哲学的解读，山崎暗斋认为其是"欲发明朱注而昏塞却甚"，对后世朱子学派持否定和批判的态度。

在具体的解读和整理上，其在原则上是以朱子言论来解读朱子哲学的。"小学只以朱氏旧本，读之足焉，诸家注解勿用也，诸家彼善于此则有之，句读是也。然其除本注，莫忌惮之甚矣。嘉言曰：如俗说便晓此道理，教小学者如此而可也，诸家不得此意，故于题辞之初收文言之本义，于立教之初入中庸之章句，小子岂晓之哉？吴氏于子夏条取论语圈外之说，熊氏蹈袭吴才老议公明宣，

---

① 〔日〕日本古典学会编《山崎暗斋全集》第一卷，ぺりかん社，1978，第166~167页。

不知蒐辑之意也远矣。小学序吴氏集解作小学书题，按朱子文集作题小学，但答宋深之书中有附去大小学序两篇，之语王氏章句移此于卷末，曰近世刻本以此置于书首非朱子之旧，今移于此。"①
"四书大学章句或问序跋中庸章句辑略或问序跋论语孟子集注读法序说，此朱先生之定本，嘉校订之正句读改倭训者也。"②

二　山崎暗斋的哲学偏向

在山崎暗斋所把握的朱子哲学中，其对持敬说的强调是其重要偏向之一。"正保三年丙戌，二十九岁，春三月更称嘉右卫门，号暗斋，字敬义。"③ 山崎暗斋的字——"敬义"，来自《易》的坤卦中，"君子敬以直内，义以方外，立于敬义而德不孤"。也就是说在29岁由禅僧向朱子学者转变的时候，他就开始了注目于朱子学的持敬说，因而"字敬义"，后人也将山崎暗斋的学问称为敬义学。

进一步说，山崎暗斋始终对"敬"倾注关心，并构筑了独自的敬说。暗斋将"敬"置于作为贯通四书和六经的原理这样高的地位上，以"敬"为主轴，将朱子学"体系化"。换而言之，"道统之传"的内容就是"敬"。④

山崎暗斋重视敬的作用在很大程度上是因为受到朱熹的《敬

---

① 〔日〕日本古典学会编《山崎暗斋全集》第一卷，ぺりかん社，1978，第91页。
② 〔日〕日本古典学会编《山崎暗斋全集》第一卷，ぺりかん社，1978，第163页。
③ 〔日〕山田思叔：《暗斋先生年谱》，载〔日〕关仪一郎编《日本儒林丛书》第三卷，凤出版，1971，第3页。
④ 〔日〕朴鸿圭：《山崎暗斋的政治理念》，东京大学出版会，2002，第72页。

斋箴》的影响。相应的，山崎暗斋34岁的时候著有《敬斋箴分注附录》，晚年的时候还著有《敬斋箴讲义》，由此可以看出，山崎暗斋对朱熹的《敬斋箴》的重视基本上贯穿其一生。

除此以外，山崎暗斋在其他著述中也强调敬的作用。比如山崎暗斋在43岁时所著的《武铭序》中认为："易乾之六画皆奇，敬之所以实也，坤之六书皆偶，敬之所以虚也，奇偶之象虽殊，敬之意则一矣。天地设位而易行乎其中，只是敬也，不其然乎？放勋之钦重华之恭文命之祗，是书第一义皆敬之谓也。礼者敬之文也，乐音敬之和也，诗之思无邪自敬入焉。所谓圣敬日跻者称成汤之德也，夫汤学于伊尹莫时莫处不致其敬而然矣。传所引盘铭盖诸铭之其一也，惜乎不尽传焉。武王斯铭则闻汤之风，而兴起者亦无他敬之述而已矣。其所以反之而至于圣，正得于斯矣。是乃敬也者，圣圣相传之心法，皇犧初示其意，而其言出于黄帝。然微师尚父之传丹书则谁得而知此哉？孔子赞易以敬义释坤之六二，盖本于此矣，其修春秋也，笔削之间谨严之敬诚万世之常法也。独夫受谓敬不足行自绝于天结怨于民武王一戎衣天下大定，是武王之所以为武也，然则斯铭也。后世王者所可必书以自戒也。"① 从中可以看出，敬不仅贯穿于诗、书、礼、乐、易、春秋这六经，而且还被皇犧、黄帝、汤、武和孔子这些被后世称为圣人的人所倚重。

在《蒙养启发集序》中，山崎暗斋认为："夫圣人之教有小大之序，而一以贯之者敬也。小学之敬身，大学之敬止，可以见焉。

---

① 〔日〕日本古典学会编《山崎暗斋全集》第四卷，ぺりかん社，1978，第30页。

盖小大之教皆所以明五伦，而五伦则具于一身，是故小学以敬身为要，大学以修身为本，君子修己以敬，而止于亲义别序信，则天下之能事毕矣。"①从中可以看出，他进一步肯定了敬是实践五伦的根本。

在肯定敬的作用上，山崎暗斋作为朱子哲学的解读者与朱熹的言说上是一致的，不过在"敬以直内"和"义以方外"的具体解释上二者是有所不同的，这种不同可以表示出山崎暗斋作为日本朱子学者对待朱子学所体现的自觉。

其在《朱书抄略跋》中认为："敬以直内，义以方外，八个字，一生用之不穷，朱子岂欺我哉？论语君子修己以敬者，敬以直内也。修己以安人，以安百姓者，义以方外也。孟子守身，守之本者，敬以直内也。君子之守，修其身而天下平者，义以方外也。大学修身以上，直内之节目。齐家以下，方外之规模。明命赫然，无有内外，故欲明明德于天下也。中庸九经，修身也，尊贤也，此直内之事，其余则方外之事也。诚者非自成已而已也，所以成物也，成已仁也，成物知也，性之德也，合内外之道也，故时措之宜也。夫成已内也，成物外也。是故程子曰：敬以直内，义以方外。合内外之道也。又曰：敬义夹持，直上达天德自此。夫八字之用，不穷如此，朱子不我欺矣。山崎嘉敬义记。"②"语类曰：敬以直内是持守工夫，义以方外是讲学工夫。又曰：敬以直内义以方外，只是此二句，格物致知是义以方外，嘉谓此义方之说非本指也。"③从这

---

① 〔日〕日本古典学会编《山崎暗斋全集》第三卷，ぺりかん社，1978，第1页。
② 〔日〕阿部吉雄等编《朱子学大系12 朝鲜的朱子学 日本的朱子学上》，明德出版社，1975，第421~422页。
③ 〔日〕日本古典学会编《山崎暗斋全集》第一卷，ぺりかん社，1978，第344页。

里可以看出，朱子哲学中关于"敬以直内，义以方外"中的"内"指的是心，而"外"指的是身有所不同，山崎暗斋认为"内"应该是身，而"外"应该是家国天下。对于在此体现出来的其与朱子哲学的异处，阿部隆一认为这对朱子学有着近乎宗教式崇拜的山崎暗斋来说是一个特例了。①

山崎暗斋所表现出来的与朱子哲学的异处，并不意味着其对朱子学进行反省后的再阐释和补充，更不用说是批判了，不过却可以说明山崎暗斋所显示出的哲学偏向及其特征。山崎暗斋在关于"敬以直内，义以方外"的解释中表明了其心迹。"直其正也，方其义也。君子敬以直内，义以方外敬义立，而德不孤。直方大不习无不利，则不疑其所行也，嘉谓此内外与中庸同，故程子曰：敬以直内，义以方外，合内外之道也。（释氏内外者也之道不备遗书）本义正谓本体义谓裁制，犹中庸章句，仁者体之存，智者用之发，敬则本体之守，乃成已之仁也，直内方外程传备矣，此易之本指，平淡中有余味焉。程朱专指心为内之说，有之为嚓紧切要，但非易之本指也，朱子或以穷理说义方亦非本指也。各自致详可也。"② 这里除进一步坚持自己的看法并认为程朱关于"内""外"的解释非"易之本指以外"，他还将视野延伸到了佛教那里，认为佛教"内外之道不备"。因为佛教中也主张敬说，但是佛教的敬说是以心指心的，如果不与佛教的敬说区别开来的话，那么其就容易陷入异端之中。"暗斋

---

① 〔日〕阿部隆一：《崎们学派诸家的略传和学风》，载〔日〕西顺藏、〔日〕阿部隆一、〔日〕丸山真男校注《日本思想大系 31 山崎暗斋学派》，岩波书店，1980，第 572 页。
② 〔日〕日本古典学会编《山崎暗斋全集》第一卷，ぺりかん社，1978，第 341 页。

所以只对程朱的敬义内外说裏面的内为心，外为身的说法表示他的异议，其原因并不是为了批判程朱学，而是为了要排斥陷程朱之学于虚学的异端，换句话说，也就是在一种提倡实学，提倡新儒教的精神下所产生的结果吧！"① "暗斋之所以作这一重要修正，是因为明以来的朱子学者把敬只看作心上功夫，而忘了身体力行。他视'内'为'身'的主旨在于修身，而不是养心，突出了人的自主能动性。因为身联系着'五伦'和'五常'，只有在日用实践中进行居敬的锻炼，才能积累正义的道德行为，也才能以义正家国天下。这里，暗斋强调了对道德的笃实信念和实践道德的重要作用。"②

作为藤原惺窝和林罗山之后的日本朱子学者——山崎暗斋，其把握朱子哲学的自觉与上述两位日本朱子学者有着很大的不同。山崎暗斋面对朱子学之后宋明性理学的交汇局面，以朱熹为中心进行整理，与朱子哲学建立了直接的联系，并且排斥后世学者对于朱子哲学的解读。所以说，山崎暗斋的哲学自觉与上述两位日本朱子学者相比，是独树一帜的。进一步说，山崎暗斋虽然与朱子哲学建立直接关联，以一种近乎宗教式的热忱去坚持朱子哲学，但是在敬义的解释上仍然可以看出，其与朱子的不同之处，这意味着山崎暗斋在把握朱子哲学的时候仍然有着相当的理智自由和主动性。

第四节 小结

从以藤原惺窝、林罗山和山崎暗斋为代表的日本朱子学者的

---

① 〔日〕冈田武彦：《山崎暗斋》，东大图书公司印行，1987，第60页。
② 王守华、卞崇道主编《东方著名哲学家评传：日本卷》，山东人民出版社，2000，第106页。

哲学展开来看，其并不像丸山真男所说的，"这些朱子学家对待程朱几乎就像对待圣人一样皈依不二，因此他们的学说也只是忠实地介绍程朱的学说而没有越雷池一步"。① 丸山真男的这一评价与井上哲次郎如出一辙。井上哲次郎就认为日本朱子学派不论有多少派别，它都是单调、"同质"的，除敷衍地叙述朱子学说之外，别无其他。换言之，日本朱子学者都只能是朱子的精神奴隶，他们的思想就不免有千篇一律之感。② 诚然，这一时期体现在藤原惺窝、林罗山和山崎暗斋等日本朱子学者的思想构筑仍然是以朱子学体系为主，他们对朱子哲学大多采取述而不作和祖述的态度。但是正如本书所指出的，藤原惺窝在《大学要略》中所体现出的思维偏向，确与朱子学对《大学》的经典解释有所不同；林罗山对朱子学的理气论和性情论，经历了从怀疑到回归的过程；甚至在与藤原惺窝和林罗山相比，对朱子学更加虔诚的山崎暗斋那里，尽管其绝大多数著作是直接对朱子学学说进行的注解和整理，但是其在"敬以直内，义以方外"的解释上仍与朱熹本人有所不同。从与朱熹有所不同来看，就不能说这些日本朱子学者都只是朱熹的精神奴隶，其学说只是对朱子的复制物而已，这样就抹杀了这些日本朱子学者在日本朱子学的确立过程中所体现出来的哲学自觉。

将朱子学与日本朱子学者的学说进行比对，对于日本朱子学者出现的理论学说的不同，而将之视为日本朱子学者的哲学自觉，这只是狭义上个体意义的自觉。日本朱子学者在使日本朱子学确

---

① 〔日〕丸山真男：《日本政治思想史研究》，王中江译，生活·读书·新知三联书店，2000，第20页。
② 〔日〕井上哲次郎：《日本朱子学派的哲学》，富山房，1915，第598页。

立的过程中，还表现出其他层面上的自觉，而且这几个方面的自觉促使着日本朱子学在哲学把握上有所偏向。

首先，在日本朱子学者接受朱子学的方式上，这些日本朱子学者都是通过个体自修的方式信仰朱子学的。儒学进入后王朝时代后，在日本社会所具有的地位已经微乎其微，因此不可能期望着这些学者能够从社会层面上对其研读朱子哲学寻求帮助。而且，这一时期的日本与中国和朝鲜在学问上的交流远达不到隋唐时期的那种文化交流程度，因此这些学者也不可能奢望通过与中国和朝鲜的儒学者直接建立师徒授受关系，来实现对朱子学的研习。师徒的授受方式甚至在日本国内也作用有限，从藤原惺窝和林罗山的关系中就可以看得出来。在没有成为藤原惺窝徒弟的时候，林罗山作为日本朱子学者已经产生了，二者确立师徒关系以后，林罗山与藤原惺窝的分歧也没有随之消失，林罗山并不是藤原惺窝学统的完全继承者。从藤原惺窝、林罗山和山崎暗斋所代表的日本学者接触和研习朱子学的方式中可以看出，这与其说是以一种体系性、完整的和师徒之间直接授受的方式进行的，毋宁说主要是以个体的形式通过阅读这一时期流播于日本的朱子学著作才得以实现的。对于这种以个体自觉的方式接触和研习朱子学的学者来说，显然个体行为具有一定的自主性、选择性和主动性特征。这些个体行为特征促使这些学者在构筑日本朱子学哲学的时候有所偏向。因为没有师父这类媒介的引导，这些日本朱子学者对朱子学学说的取舍，在很大程度上是一种个人行为，这也可以从上述藤原惺窝、林罗山和山崎暗斋各自哲学展开的不同中得到证明。

其次，在日本朱子学的确立过程，日本朱子学者不得不处在朱熹之后朱子学不断被阐释而形成的多种学说体系的交汇中，而不得不对此有所取舍。为此，藤原惺窝就对综合的宋明性理学说持有一种无构造的包容态度，而林罗山在面对朱子学后的多种学说体系的交汇时，仍然坚持朱陆峻别，但其在研读朱子哲学的过程中产生疑问的时候，就将理论视野延伸到综合性的宋明性理学中，比如在理气论上，林罗山就倾向于阳明学的解释。因此日本朱子学者在哲学维度上所表现出的自觉，实际上受多种学说交汇的影响非常大。进一步说，日本朱子学者面对综合宋明性理学的自觉取舍和选择的过程，也就是日本朱子哲学体系的构筑过程，日本朱子学者被迫进行"理论或观点的重组"是日本朱子学确立过程中的一个奇特动力。

最后，这些学者本土认识"经验的扩大"，促使日本朱子学具有某些偏向。在本土认识"经验的扩大"的基础上，日本朱子学者在理论构筑上有意识地对朱子哲学进行调整。比如，藤原惺窝没有对朱子的形而上学的宇宙论哲学投入过多精力，因为日本现实社会中道德的沦丧和人伦的败坏，促使其更关心人事。在其晚年的《大学要略》中，藤原惺窝进一步通过阐释《大学》的"明明德""亲民""止于至善"这三纲领来说明正心的理论依据，并且其在《大学要略》中所体现出的思维偏向与朱子学对《大学》的经典解释有所不同，其受到了主张三教合一的林兆恩的很大影响。同样，林罗山所经历的战国时代，日本社会在伦常上惊人的沦丧，因此其在关于非道德性的恶的产生上，才不会满足于朱子哲学的解释。也是在实践伦理的意义上，他重视自己内面的"心"以及人间行为的道德规范，开始不再过多的阐述哲学理论，而注重阐述伦理实践的重要性。对于少有关于朱子学哲学阐发的著述，相反大多是采用编书、校正训点书、表彰书、编次书这种形式对朱子哲学进行研读和整理的山崎暗斋来说，更是如此。尽管他如此崇信朱子哲学，但是山崎暗斋为了强调道德实践的重要性，在对"敬以直内，义以方外"的解释上仍与朱子哲学出现了偏差。

因此可以得出，日本朱子学者的理论并不是简单意义上的对朱子哲学的复制品，尽管这些日本朱子学者仍将朱子学视为正统，并在学说中祖述朱子哲学，但是这些日本朱子学者以个体的方式，在朱熹之后各种学说交汇的影响下，在其所经历的"经验的扩大"的刺激下，表现出来不俗的哲学自觉，这也意味着日本朱子学在哲学维度上的确立。

结　语

就日本朱子学的确立而言，以往的研究多认为，近世日本社会环境的变化促成了日本朱子学的确立，而笔者在本书中试图以日本朱子学本身为研究中心，借此恢复日本朱子学在其确立过程中应有的主体地位。笔者认为日本朱子学通过其承载者——日本朱子学者，主动地和有意识地向近世日本社会相关层面进行辐射，在这些层面上建立起与日本朱子学意义上和事实上的关联，由此日本朱子学在近世日本社会中创造出不同程度上受其影响的社会空间、文化空间，甚至是制度空间来，就是在这个意义上日本朱子学得以确立。

具体而言，朱子学早在日本中世时期就由日本的入宋僧和东渡的中国禅僧传入，但这些禅僧至多是把朱子学相关的新注书引入日本。在禅儒一致的构造下，朱子学只以被动的他者形式存在着。因此并不能简单地把这些禅僧作为纯粹的朱子学研究者看待，更不能据此乐观地说明朱子学在日本的存在和发展情况。究其原因，就在于朱子学的相关学说被引入日本中世以后，其承载者不外乎禅僧和博士家学，并没有产生以朱子学为其思想重心的朱子学者，因而朱子学在日本处在一种由禅僧和博士家单向度界定和掌握的局面。最终朱子学只是成为五山禅僧和世袭博士家学知识教养中的一部分而已。在这种境遇下，朱子学处于一种附属性的存在情况中，因此既谈不上日本朱子学的确立，更不可能存在由朱子学说界定和影响的文化空间和制度空间了。

但到了战国时代末期，朱子学开始在以藤原惺窝和林罗山所代表的个体意义的学者那里确立，进而在小范围内的知识群体内确立了。朱子学在这些学者的思想中确立起重心位置。这时候朱子学开始摆脱了日本中世以来由禅僧和博士家单向度界定的附属性地位，从而开启了由朱子学者承载日本朱子学的过程。无须赘言，由日本朱子学者承载日本朱子学的过程，意味着日本朱子学的确立进入了自觉和主动的发展阶段。

然而，与藤原惺窝和林罗山等日本朱子学者所体现出的对朱子学的主动和自觉相冲突的是，现实中，不论是日本的政治掌权者，还是旧有的诸如禅僧阶层和博士家学这些文化承载者们，还在保持着与朱子学说的距离，而没有同步自觉地加入日本朱子学的确立过程中来。这就大大地降低了日本朱子学者的产生对于日本朱子学的确立所起到的作用。也就是说，日本朱子学者的产生对于日本朱子学的确立，只能起到点状的促进作用，而不能依托其与政治权力、固有文化承载者的联结，对日本朱子学的确立起到面状的促进作用。

换而言之，日本朱子学者的产生，乃至随之日本朱子学者阶层的产生，在很大程度上都是就个人行为或者是小规模的知识群体而言的。因为朱子学这种儒学体系在日本，还无法具备中国、朝鲜那种随着儒学体系的更新，而自然会得到社会层面的支持和鼓励的外在有利条件。究其原因，一方面是因为在日本文明长久的演进过程中，日本的儒学基础所发出的微弱声音对整个社会层面的影响很小，因而在整个社会层面上，没有形成受儒学影响的文化空间和社会空间；另一方面是因为突然出现的日本朱子学，除了学说本身对于日本社会的陌生感，还有学说固有的中国特性与现实日本思想体系的异质性，这进一步造成了其与日本社会现实的不兼容和不适应。

为了克服朱子学与近世日本现实的思想体系以及朱子学的中国特性与日本社会现实的不适应性，日本朱子学者除以民间教育者的姿态宣扬朱子学以外，还有意识地施行了日本朱子学的本土化策略，以期望开拓出有利于日本朱子学的文化空间来，由此实现日本朱子学在这些思想和社会层面的确立。

除此以外，以林罗山及其后人所代表的日本朱子学者，通过在幕府和各藩层面上传播朱子学，进一步推动了日本朱子学的确立。林罗山及其后人的努力，最终促使了日本朱子学有组织的和制度的对外辐射方式的确立。这种方式基本上是由日本朱子学者立足于民间的传播方式深化而来的。因为这些后来成为幕府和各藩的官学校以及作为幕府和各藩校教官的儒学者，最初都是以在民间私塾、讲义堂等这类场所讲授朱子学学说的民间日本朱子学者为原型的。在幕府和各藩的支持下，才将立足于民间、基于个人授受的朱子学学说传播方式，转变为一种基于官学校这种非个人的、组织的、制度的传播方式，从而得以对整个社会进行辐射。这种转变的实现，一方面意味着日本朱子学者通过在武士教育领域与政治权力的联结，在很大程度上改变了以往儒学者只依靠与幕府将军、权臣、各藩当政者之间基于个人关系的结合方式，朱子学学说开始成为联结政治权力和日本朱子学者的重要桥梁，相应的，日本朱子学者的身份也得到政治权力的承认；另一方面意味着以官学校这种组织的和制度的形式，有意识地将朱子学向外辐射，这是立足于民间的朱子学传播方式所不能比拟的，这进一步加速了日本社会接受日本朱子学的进程。官学校这种形式体现出了日本朱子学有组织和制度保障的传播，以及与之相关的日本朱子学者的身份被政治权力所承认，这些特征说明了日本朱子学的制度化存在方式的确立。

日本朱子学除力图通过在社会层面和政治层面确立以外，还力图在把握朱子哲学方面有所自觉。日本朱子学的哲学维度中，自然包括了日本朱子学者对朱子学的祖述，也是在这个意义上，日本朱子学者的身份才得以确立。然而除了对朱子学的祖述，日本朱子学的哲学维度还体现在对朱子学的选择和调整上。这种选择和调整尽管在很大程度上并不都是原创性地阐发，因为当时日本朱子学者处在一种朱熹之后多种学说阐发的交汇之中，所以日本朱子学者更多的是对此进行选择和甄别，以及在这个意义上对朱子学哲学进行选择和调整，但这些无疑体现出了日本朱子学在哲学维度上的自觉展开。换而言之，尽管在总体上日本朱子学者还没有离开祖述朱子学的轨迹，但在日本朱子学的确立过程中，日本朱子学者在对朱子哲学的把握上，仍然体现出很多不可忽视的自觉，这种自觉对江户时代日本学者建构日本哲学体系产生的影响不可低估。

当然，日本朱子学者所实现的将朱子学与江户时代的日本建立关联的层面，并不限于笔者在书中所阐述的这些。从上述具体的阐述中可以看出，在日本朱子学确立过程中，从日本朱子学在日本中世的依附性存在与在日本近世的自觉存在的对比，日本朱子学在日本朱子学者那里的确立，以及日本朱子学在日本政治层面、社会层面上的确立的不同步中，可以知道日本朱子学在近世日本社会的确立不是一蹴而就的。

笔者之所以要强调恢复日本朱子学在其确立过程中的主体地位，就因为在日本朱子学的确立过程中，日本朱子学者是以难得的主动和自觉的姿态来推动朱子学与近世日本相关层面建立关联的，确立了受朱子学影响的社会空间、文化空间、制度空间。正是通过与近世日本相关层面建立关联，日本朱子学开拓出受自己影响的领域，才宣告了日本朱子学在江户时代的确立。

值得一提的是，日本朱子学通过与近世日本相关层面建立关联，开拓出受自己影响的领域，从而实现了日本朱子学的确立。与此同时，对于近世日本社会而言，日本朱子学与近世日本相关层面建立关联，在很大程度上改变了日本文明演进的方式。一方面朱子学在日本的确立过程改变了日本以往的思想体系构造，突破了以往由佛教主导的局面，改变了以往日本思想结构中相对静止、封闭的状态，朱子学通过向日本社会进行辐射，具有了在近世日本社会创造出一种新的文化空间及意识体系的可能。另一方面通过日本朱子学者的努力，日本朱子学作为一种现世的伦理价值体系成为近世日本社会思想的动力材料，日本朱子学成为江户时代日本人（并不限定为日本朱子学者）把握世界、建构自我认同乃至进行社会实践的理论依据和工具。日本朱子学开始以一种软性的思想力量对近世日本社会的发展施加影响，甚至可以说，在日本朱子学的确立过程中，日本朱子学就开始以主动的姿态干预日本社会的演进过程。近世日本对朱子学的日渐接受，使得日本名副其实地成为东亚儒学文明体系的一部分，日本朱子学向近世日本社会的辐射和激荡，促进了近世日本社会进行相应的变形和改变，促使日本文明进一步演进。

参考文献

[1] 北京大学哲学系东方哲学史教研组编《日本哲学 一 古代之部》，商务印书馆，1962。

[2] 北京大学哲学系东方哲学史教研组编《日本哲学 二 德川时代之部》，商务印书馆，1963。

[3] 〔日〕历史学研究会、〔日〕日本史研究会编《日本历史讲座第八卷（日本史学史）》，北京编译社译，商务印书馆，1964。

[4] 陈弘昌：《朱子学对日本的影响》，博士学位论文，台湾中国文化大学中国文学研究所，1982。

[5] 陈鼓应：《庄子今注今译》（中），中华书局，1983。

[6] 〔日〕永田广志：《日本哲学思想史》，陈应年等译，商务印书馆，1983。

[7] 郑樑生：《元明时代东传日本的文献》，台北文史哲出版社，1984。

[8] 〔日〕岛田虔次：《朱子学与阳明学》，蒋国保译，陕西师范大学出版社，1986。

[9] 王桂：《日本教育史》，吉林教育出版社，1987。

[10] 余英时：《士与中国文化》，上海人民出版社，1987。

[11] 〔日〕冈田武彦：《山崎暗斋》，台北东大图书公司，1987。

[12]〔日〕中村元:《比较思想论》,吴震译,浙江人民出版社,1987。

[13]张鹤琴:《日本儒学序说》,明文书局,1987。

[14]张岂之主编《中国思想史》,西北大学出版社,1989。

[15]〔日〕石田一良:《日本文化:历史的展开与特征》,许极燉译,上海外语教育出版社,1989。

[16]〔日〕中村元:《东方民族的思维方法》,林太、马小鹤译,台北淑馨出版社,1990。

[17]王家骅:《儒家思想与日本文化》,浙江人民出版社,1990。

[18]郑樑生:《中日关系史研究论集一》,台北文史哲出版社,1990。

[19]宋德宣、陈弢:《中日思维方式演变比较研究》,沈阳出版社,1991。

[20]张岱年等:《中国思维偏向》,中国社会科学出版社,1991。

[21]〔日〕源了圆:《日本文化与日本人性格的形成》,郭连友等译,北京出版社,1992。

[22]〔日〕丸山真男:《福泽谕吉与日本近代化》,区建英译,学林出版社,1992。

[23]严绍璗:《汉籍在日本的流布研究》,江苏古籍出版社,1992。

[24]葛荣晋主编《中日实学史研究》,中国社会科学出版社,1992。

[25]郑樑生:《中日关系史研究论集二》,台北文史哲出版社,1992。

[26]〔日〕尾藤正英等:《日本文化比较论》,王家骅译,浙江人民出版社,1992。

[27]郑樑生:《中日关系史研究论集三》,台北文史哲出版社,1993。

[28]童长义:《神儒交涉:江户儒学中"诚"的思想》,台北千华图书出版事业公司,1993。

[29] 吴廷璆主编《日本史》，南开大学出版社，1994。

[30] 王中田：《江户时代与日本儒学》，中国社会科学出版社，1994。

[31] 郑樑生：《中日关系史研究论集四》，台北文史哲出版社，1994。

[32] 郑樑生：《中日关系史研究论集五》，台北文史哲出版社，1995。

[33] 杨曾文：《日本佛教史》，浙江人民出版社，1995。

[34] 〔韩〕黄秉泰：《儒学与现代化：中韩日儒学比较研究》，刘李胜、李民、孙尚扬译，社会科学文献出版社，1995。

[35] 王家骅：《儒家思想与日本现代化》，浙江人民出版社，1995。

[36] 郑樑生：《中日关系史研究论集六》，台北文史哲出版社，1996。

[37] 严绍璗、〔日〕源了圆主编：《中日文化交流史大系 3 思想卷》，浙江人民出版社，1996。

[38] 杨曾文、〔日〕源了圆主编《中日文化交流史大系 4 宗教卷》，浙江人民出版社，1996。

[39] 〔日〕内藤湖南：《日本文化史研究》，储元熹、卞铁坚译，商务印书馆，1997。

[40] 〔日〕三宅正彦：《日本儒学思想史》，陈化北译，山东大学出版社，1997。

[41] 〔美〕约翰·惠特尼·霍尔：《日本：从史前到现代》，邓懿、周一良译，商务印书馆，1997。

[42] 吴廷璆主编《日本近代化研究》，商务印书馆，1997。

[43] 张立文、李甦平主编《中外儒学比较研究》，东方出版社，1998。

[44] 郑彭年：《日本中国文化摄取史》，杭州大学出版社，1999。

[45] 郑樑生：《朱子学之东传日本与其发展》，台北文史哲出版社，1999。

[46] 郑樑生：《中日关系史研究论集九》，台北文史哲出版社，1999。

[47]〔日〕丸山真男：《日本政治思想史研究》，王中江译，生活·读书·新知三联书店，2000。

[48]朱谦之：《日本的朱子学》，人民出版社，2000。

[49]朱谦之：《日本的古学及阳明学》，人民出版社，2000。

[50]王守华、卞崇道主编《东方著名哲学家评传：日本卷》，山东人民出版社，2000。

[51]王青：《日本近世儒学与近代化的思想渊源：以荻生徂徕为中心》，博士学位论文，北京大学，2000。

[52]〔美〕约瑟夫·R. 列文森：《儒教中国及其现代命运》，郑大华等译，中国社会科学出版社，2000。

[53]黄俊杰：《东亚儒学史的新视野》，台北财团法人喜玛拉雅研究发展基金会，2001。

[54]赵德宇：《西学东渐与中日两国的对应：中日西学比较研究》，世界知识出版社，2001。

[55]高增杰：《东亚文明撞击：日本文化的历史与特征》，广西教育出版社，2001。

[56]杨薇：《日本文化模式与社会变迁》，济南出版社，2001。

[57]戴瑞坤：《中日韩朱子学阳明学之研究》，台北文史哲出版社，2001。

[58]朱谦之：《日本哲学史》，人民出版社，2002。

[59]〔日〕永田广志：《日本封建制意识形态》，刘绩生译，商务印书馆，2002。

[60]潘畅和：《古代朝鲜与日本的儒学特质及其成因比较研究》，复旦大学，博士学位论文，2002。

[61]〔美〕贝拉：《德川宗教：现代日本的文化渊源》，王晓山、

戴茸译，生活·读书·新知三联书店，2003。

[62] 韩东育：《日本近世新法家研究》，中华书局，2003。

[63] 李文：《武士阶级与日本的近代化》，河北人民出版社，2003。

[64] 〔日〕子安宣邦：《东亚儒学：批判与方法》，陈玮芬等译，台北财团法人喜玛拉雅研究发展基金会，2003。

[65] 干春松：《制度化儒家及其解体》，中国人民大学出版社，2003。

[66] 北京日本学研究中心文化研究室编《近世日本思想文化交流论集》，世界知识出版社，2003。

[67] 郑樑生：《中日关系史研究论集十二》，台北文史哲出版社，2003。

[68] 郑樑生：《中日关系史研究论集十三》，台北文史哲出版社，2004。

[69] 〔日〕荻生徂徕：《政谈》，龚颖译，中央编译出版社，2004。

[70] 王维先：《日本垂加神道思想研究》，山东人民出版社，2004。

[71] 冯铨：《明治维新前儒学的变迁及影响》，硕士学位论文，中国人民大学，2004。

[72] 张宝三、徐兴庆编《德川时代日本儒学史论集》，台湾大学出版中心，2004。

[73] 〔日〕辻本雅史：《日本德川时代的教育思想与媒体》，张昆将、田世民译，台湾大学出版中心，2005。

[74] 葛兆光：《思想史研究课堂讲录：视野、角度、方法》，生活·读书·新知三联书店，2005。

[75] 成中英、韩东育编《本体的解构与重建：对日本思想史的新诠释》，上海社会科学院出版社，2005。

[76] 〔英〕约翰·B.汤普森：《意识形态与现代文化》，高铦等

译，译林出版社，2005。

[77] 陈景彦：《9世纪中日知识分子比较研究》，吉林人民出版社，2006。

[78] 王金林：《日本神道研究》，上海辞书出版社，2007。

[79] 龚颖：《"似而非"的日本朱子学》，学苑出版社，2008。

[80] 〔以〕S. N. 艾森斯塔特：《日本文明：一个比较的视角》，王晓山、戴茸译，商务印书馆，2008。

[81] 李甦平：《试论宋明理学在日本的传播及其演变》，《延边大学学报》（社会科学版）1982年第S1期。

[82] 华国学：《战后日本朱子学撮要：宋明理学研究新成就之一》，《延边大学学报》（社会科学版）1982年第S1期。

[83] 华国学：《宋学之传入日本及其早期传授状况：中国中世哲学对日本哲学影响的探索之一》，《日本学论坛》1981年第2期。

[84] 华国学：《战后日本朱子学撮要——宋明理学研究新成就之二》，《日本学论坛》1982年第2期。

[85] 李洪淳：《程朱理学在日本和朝鲜——其传播和影响的比较之一》，《延边大学学报》（社会科学版）1982年第S1期。

[86] 〔日〕源了圆：《朱子学"理"的观念在日本的发展》，《哲学研究》1987年第12期。

[87] 杨英：《朱子学在朝、日、越及西方的传播与影响下》，《江西教育学院学报》1988年第1期。

[88] 王家骅：《日本儒学的特色与日本文化》，《日本学刊》1988年第2期。

[89] 王家骅：《日本的早期儒学及其特征》，《日本研究》1989年

第 4 期。

[90] 潘畅和：《"实学"概念的演变》，《延边大学学报》（社会科学版）1990 年第 2 期。

[91] 李乃扬：《朱子学在日本的发展》，《西北大学学报》（哲学社会科学版）1991 年第 4 期。

[92] 李甦平：《中日朱子学"理"范畴比较》，《哲学研究》1991 年第 9 期。

[93] 潘畅和、李洪淳：《程朱理学东渐：朝鲜与日本之比较》，《延边大学学报》（社会科学版）1992 年第 4 期。

[94] 郑樑生：《日本五山禅僧的儒释二教一致论》，台湾《淡江史学》1993 年第 5 期。

[95] 汤勤福：《日本朱子学的起源问题》，《南开学报》1994 年第 4 期。

[96] 王家骅、杨志书：《日本人的思维方式与儒学》，《日本学刊》1994 年第 4 期。

[97] 郑樑生：《日本五山禅林的儒释道三教一致论》，《史学集刊》1995 年第 2 期。

[98] 毛恒才：《浅析儒学在日本的整合》，《江苏社会科学》1996 年第 1 期。

[99] 谢建明：《儒家文化在日本的传播及其整合》，《东南文化》1996 年第 2 期。

[100]〔日〕玉悬博之：《日本中世时期的普遍性与特殊性：略论日本南北朝时期政治思想的特色》，龚颖译，《哲学译丛》1997 年第 4 期。

[101] 郭振香：《日本朱子学与朱熹哲学修养方法之比较》，《安徽

大学学报》（哲学社会科学版）1999年第4期。

[102] 潘畅和：《中、朝、日道教思想之比较》，《延边大学学报》（社会科学版）1998年第1期。

[103] 赵乃章：《论日本近世独立儒学朱子学之祖藤原惺窝的哲学思想》，《辽宁大学学报》1998年第4期。

[104] 刘毅：《禅宗与日本文化》，《日本学刊》1999年第2期。

[105] 龚颖：《林罗山和朱熹的排佛论比较》，《哲学研究》2000年第9期。

[106] 韩东育：《从"脱儒入法"到"脱亚入欧"》，《读书》2001年第3期。

[107] 潘畅和：《日韩儒家文化背景比较》，《日本学刊》2001年第3期。

[108] 韩东育：《丸山真男的"原型论"与"日本主义"》，《读书》2002年第10期。

[109] 潘畅和：《古代朝鲜和日本朱子学特色比较》，《哲学研究》2002年第12期。

[110] 韩东育：《丸山真男学术立论中的事实与想象："原型论"与"日本主义"情结》，《日本学论坛》2002年第Z1期。

[111] 〔日〕丸井宪：《日本早期"五山汉文学"渊源之探讨——以中国宋元代"禅文化"东传为中心》，《北京大学学报》（哲学社会科学版）2003年第1期。

[112] 王维先：《日本近世儒学者的汤武放伐论》，《日本研究》2003年第1期。

[113] 潘畅和、金德子：《古代朝鲜朱子学道学精神及其论辩性特色》，《东疆学刊》2003年第1期。

[114] 马歌东：《日本五山禅僧汉诗研究》，《唐都学刊》2003年第1期。

[115] 韩东育：《本体的解构与重建——日本徂徕学的一个解析》，《日本学论坛》2003年第3期。

[116] 陈永华：《五山十刹制度与中日文化交流》，《浙江学刊》2003年第4期。

[117] 陈景彦：《德川幕府的"大君外交体制"辨析》，《东北亚论坛》2003年第5期。

[118] 张崑将：《日本德川时代神儒兼摄学者对"神道""儒道"的解释特色》，台湾《台大文史哲学报》2003年第58期。

[119] 郭德君、潘畅和：《中日阳明学不同社会文化功能之探源》，《人文杂志》2003年第6期。

[120] 韩东育：《江户日本与真正的"儒法之争"》，《读书》2003年第7期。

[121] 潘畅和：《对日本儒教特征的再诠释》，《东疆学刊》2004年第1期。

[122] 刘萍：《近代日本的儒学批判——津田左右吉的儒教研究》，《金泽大学文学部论集　言语·文学篇》2004年第24期。

[123] 金洪培：《壬辰倭乱与朝鲜朱子学的东渐》，《东疆学刊》2004年第4期。

[124] 陈景彦：《中日知识分子的"崇文"与"尚武"》，《日本学论坛》2005年第1期。

[125] 潘畅和：《朱子学在日本江户时期急速兴起的原因及其特色》，《东北亚论坛》2005年第3期。

[126] 向卿：《国学与近世日本人的文化认同》，《日本研究》2006

年第 2 期。

［127］陈景彦：《西风东渐与中日知识分子的回应》，《历史研究》2006 年第 3 期。

［128］韩东育：《"道统"的自立愿望与朱子学在日本的际遇》，《中国社会科学》2006 年第 3 期。

［129］韩东育：《日本"京学派"神道叙事中的朱子学》，《求是学刊》2006 年第 4 期。

［130］王连胜：《一山一宁与日本"五山文学"》，《浙江国际海运职业技术学院学报》2006 年第 4 期。

［131］王玉强：《朱子学的日本化与兰学的兴起》，《东北亚论坛》2007 年第 2 期。

［132］〔日〕村上恒夫：《寻找儒学者姜沆的足迹》，栾兆玉译，《东疆学刊》2007 年第 2 期。

［133］李未醉、吴长庚：《华侨与朱子学在日本的传播》，《安徽史学》2007 年第 6 期。

［134］王金林：《程朱理学传入日本与林罗山的儒家神道观》，《日本研究》2008 年第 1 期。

［135］王明兵：《江户初期禅僧对"朱子学"的皈依与"脱佛入儒"》，《东北师大学报》（哲学社会科学版）2008 年第 1 期。

［136］刘炳范：《论日本江户时代朱子学的兴盛与文学平民化倾向》，《孔子研究》2008 年第 2 期。

［137］周杰：《德川幕府与朱子学——德川幕府对理想政治秩序和社会规范的探求》，《解放军外国语学院学报》2008 年第 2 期。

［138］张波：《日本儒学本土化历程及特色》，《东疆学刊》2008

年第2期。

[139] 陈景彦:《江户时代日本知识分子对儒学的态度》,《东北亚论坛》2008年第4期。

[140] 陈景彦、王玉强:《禅儒一致构造与中世日本朱子学》,《吉林大学社会科学学报》2008年第6期。

[141] 〔日〕虎关师炼编《圣一国师语录》,1417。

[142] 〔日〕桂庵玄树:《桂庵和尚家法倭点》,1624。

[143] 〔日〕伊藤维桢:《古学先生文集》,古义堂,1717。

[144] 〔日〕东京大学史料编纂所编《大日本史料 第十二编之十四》,东京帝国大学,1910。

[145] 〔日〕德川光圀编《大日本史》,吉川弘文馆,1911。

[146] 〔日〕井上哲次郎、〔日〕蟹江义丸:《日本伦理汇编》第7卷、第8卷,金尾文渊堂,1911。

[147] 〔日〕井上哲次郎:《日本朱子学派的哲学》,富山房,1915。

[148] 〔日〕大日本文库刊行会编,〔日〕井上哲次郎、〔日〕上田万年监修,〔日〕长井真琴校订《本朝高僧传》,春阳堂,1935。

[149] 〔日〕井上哲次郎、〔日〕上田万年监修,〔日〕小柳司气太校订《先哲丛谈》,春阳堂,1936。

[150] 〔日〕吉泽义则:《室町文学史》,東京堂,1936。

[151] 〔日〕万羽正朋:《日本儒教伦》,三笠书房,1939。

[152] 〔日〕北村泽吉:《五山文学史稿》,富山房,1942。

[153] 〔日〕大江文城:《本邦儒学论考》,全国书房,1944。

[154] 〔日〕肥后和男:《近世思想史研究》,ふたら书房,1944。

[155] 〔日〕玉村竹二:《五山文学:作为大陆文化介绍者的五山

禅僧的活动》，至文堂，1955。

[156]〔日〕石田一良：《日本思想史概论》，吉川弘文馆，1963。

[157]〔日〕阿部吉雄：《日本朱子学与朝鲜》，东京大学出版会，1965。

[158]〔日〕相良亨：《儒教运动的系谱：近世日本》，理想社，1965。

[159]〔日〕国书刊行会编纂：《续续群书类丛》第3卷、第10卷，续群书类丛完成会，1969。

[160]〔日〕R.P.ドーア：《江户时代的教育》，松居弘道译，岩波书店，1970。

[161]〔日〕武田清子编《思想史的方法与对象：日本与西欧》，创文社，1971。

[162]〔日〕关仪一郎编《日本儒林丛书》第3卷，凤出版，1971。

[163]〔日〕市川白弦、〔日〕入矢义高、〔日〕柳田圣山校注《日本思想大系16 中世禅家的思想》，岩波书店，1972。

[164]〔日〕今中宽司：《近世日本政治思想的成立》，创文社，1972。

[165]〔日〕源了圆：《德川合理思想的系谱》，中央公论社，1972。

[166]〔日〕山岸德平编《日本汉文学史论考》，岩波书店，1974。

[167]〔日〕小泽荣一：《近世史学思想史研究》，吉川川弘文馆，1974。

[168]〔日〕田村圆澄等编《日本思想史的基础知识：从古代到明治维新》，有斐阁，1974。

[169]〔日〕山井涌等校注《日本思想大系29 中江藤树》，岩波书店，1974。

[170]〔日〕石田一良、〔日〕金谷治校注《日本思想大系28 藤原惺窝 林罗山》，岩波书店，1975。

[171]〔日〕阿部吉雄等编《朱子学大系12 朝鲜的朱子学 日本的

朱子学上》，明德出版社，1975。

[172]〔日〕阿部吉雄等编《朱子学大系13 日本的朱子学下》，明德出版社，1975。

[173]〔日〕古川哲史、〔日〕石田一良编集《日本思想史讲座4 近世的思想1》，雄山阁，1975。

[174]〔日〕衣笠安喜：《近世儒学思想史的研究》，法政大学出版局，1976。

[175]〔日〕奈良本辰也校注《日本思想大38 近世政道论》，岩波书店，1976。

[176]〔日〕石田一良编《体系日本史丛书22 思想史Ⅱ》，山川出版社，1976。

[177]〔日〕石川谦：《近世日本社会教育史研究》，青史社，1976。

[178]〔日〕笠原一男：《日本宗教史Ⅱ：近世以后》，山川出版社，1977。

[179]〔日〕日本古典学会编《山崎暗斋全集》，东京：ぺりかん社，1978。

[180]〔日〕国民精神文化研究所编纂《藤原惺窝集》，思文阁，1978年。

[181]〔日〕京都史迹会编纂《林罗山文集》，ぺりかん社，1979。

[182]〔日〕西顺藏、〔日〕阿部隆一、〔日〕丸山真男校注《日本思想大系31 山崎暗斋学派》，岩波书店，1980。

[183]〔日〕源了圆：《近世初期实学思想研究》，创文社，1980。

[184]〔日〕海后宗臣：《海后宗臣著作集》第7卷，东京书籍，1980。

[185]〔日〕本乡隆盛、〔日〕深谷克己编《讲座日本近世史 9 近世思想论》，有斐阁，1981。

[186]〔日〕川崎庸之、〔日〕笠原一男编《体系日本史丛书 18 宗教史》，山川出版社，1981。

[187]〔日〕守本顺一郎：《德川政治思想史研究》，未来社，1981。

[188]〔日〕守本顺一郎：《日本思想史 下》，新日本出版社，1982。

[189]〔日〕相良亨、〔日〕松本三之介、〔日〕源了圆编《江户的思想家们》上卷，研究社，1982。

[190]〔日〕笠井助治：《近世藩校总合的研究》，吉川弘文馆，1982。

[191]〔日〕猪口笃志、〔日〕俣野太郎：《藤原惺窝 松永尺五》，明德出版社，1982。

[192]〔日〕冈田武彦：《江户时期的儒学》，木耳社，1982。

[193]〔日〕玉村竹二校订《扶桑五山记》，临川书店，1983。

[194]〔日〕细川润次郎等编《古事类苑 文学部二》，吉川弘文馆，1983。

[195]〔日〕伊东多三郎编《国民生活史研究 3 生活和学问教育》，吉川弘文馆，1984。

[196]〔日〕松本三之介：《近世日本的思想观：历史的考察》，研文出版社，1984。

[197]〔日〕大庭修：《江户时代接受中国文化的研究》，同朋舍，1984。

[198]〔日〕太田青丘：《藤原惺窝》，吉川弘文馆，1985。

[199]〔日〕渡边浩：《近世日本社会与宋学》，东京大学出版

会，1985。

[200]〔日〕尾藤正英：《日本封建思想史研究：幕藩体制的原理和朱子学的思维》，青木书店，1986。

[201]〔日〕竹内整一、〔日〕西村道一、〔日〕洼田高明：《日本思想史叙说》，ぺりかん社，1986。

[202]〔日〕野口武彦：《江户人的历史意识》，朝日新闻社，1987。

[203]〔日〕石田一良、〔日〕高桥美由纪校注《神道大系 论说编20 藤原惺窝·林罗山》，神道大系编纂会，1988。

[204]〔日〕和岛芳男：《日本宋学史的研究》，吉川弘文馆，1988。

[205]〔日〕大桑齐：《日本近世的思想和佛教》，法藏馆，1989。

[206]〔日〕高野利彦：《近世日本的国家权力和宗教》，东京大学出版会，1989。

[207]〔日〕堀勇雄：《林罗山》，吉川弘文馆，1990。

[208]〔日〕入矢义高校注《五山文学集》，岩波书店，1990。

[209]〔日〕黑住真等译《德川意识形态》，ぺりかん社，1990。

[210]〔日〕柴田纯：《近世思想史》，思文阁，1991。

[211]〔日〕宇野茂彦：《林罗山（附）林鹅峰》，明德社，1992。

[212]〔日〕源了圆、〔日〕玉悬博之编《国家与宗教：日本思想史论集》，思文阁，1992。

[213]〔日〕田原嗣郎：《德川思想史研究》，未来社，1992。

[214]〔日〕上村观光编《五山文学全集》，思文阁，1992。

[215]〔日〕源了圆编《型与日本文化》，创文社，1992。

[216]〔日〕相良亨：《日本的儒教 Ⅰ》，ぺりかん社，1992。

[217]〔日〕辻善之助:《日本佛教史》第 10 卷,岩波书店,1992。

[218]〔日〕野口武彦:《江户思想史的地形》,ぺりかん社,1993。

[219]〔日〕赖祺一:《儒学·国学·洋学》,中央公论社,1993。

[220]〔日〕笠谷和比谷:《近世武家社会的政治构造》,吉川弘文馆,1993。

[221]〔日〕羽下德彦编《中世的政治与宗教》,吉川弘文馆,1994。

[222]〔日〕朝尾直弘:《将军权力的创造》,岩波书店、1994。

[223]〔日〕衣笠安喜编《近世思想史研究的现状》,思文阁,1995。

[224]〔日〕和岛芳男:《中世的儒学》,吉川弘文馆,1996。

[225]〔日〕山本博文编《新近世史.1 国家和秩序》,新人物往来社,1996。

[226]〔日〕前田勉:《近世日本的儒学和兵学》,ぺりかん社,1996。

[227]〔日〕相良亨:《日本的儒教 Ⅱ》,ぺりかん社,1996。

[228]〔日〕曾根原理:《德川家康神格化道路:中世天台思想的展开》,吉川弘文馆,1996。

[229]〔日〕ヘルマン・オームス 、〔日〕大桑齐编《德川意识形态:研讨会》,ぺりかん社,1996。

[230]〔日〕大庭齐:《汉籍输入的文化史:从圣德太子到吉宗》,研文出版,1997。

[231]〔日〕尾藤正英:《何为江户时代:日本史上的近世和近代》,岩波书店,1997。

[232]〔美〕Herman Ooms:《德川意识形态》,〔日〕黑住真等译,ぺりかん社,1997。

[233]〔日〕平石直昭:《日本政治思想史:以近世为中心》,放送大学教育振兴会,1997。

[234]〔日〕子安宣邦:《江户思想史讲义》,岩波书店,1998。

[235]〔日〕黑板胜美编《德川实纪.第一篇》,吉川弘文馆,1998。

[236]〔日〕黑板胜美编《德川实纪.第二篇》,吉川弘文馆,1999。

[237]〔日〕黑板胜美编《德川实纪.第三篇》,吉川弘文馆,1999。

[238]〔日〕桂岛宣弘:《19世纪的思想史:作为"他者"的德川日本》,ぺりかん社,1999。

[239]〔日〕铃木健一:《林罗山年谱稿》,ぺりかん社,1999。

[240]〔日〕煎本增夫:《德川三代和幕府成立》,新人物往来社,2000。

[241]〔日〕桂岛宣弘等编,〔日〕子安宣邦监修《日本思想史辞典》,ぺりかん社,2001。

[242]〔日〕山下龙二:《儒教与日本》,研文社,2001。

[243]〔日〕朴鸿圭:《山崎暗斋的政治理念》,东京大学出版会,2002。

[244]〔日〕岩崎允胤:《日本近世思想史序说》上,新日本出版社,2002。

[245]〔日〕前田勉:《近世神道和国学》,ぺりかん社,2002。

[246]〔日〕黑住真:《近世日本社会和儒教》,ぺりかん社,2003。

[247]〔日〕俞慰慈:《五山文学研究》,汲古书院,2004。

[248]〔日〕衣笠安喜:《思想史与文化史之间:东亚·日本·京都》,ぺりかん社,2004。

[249]〔日〕黑板胜美编《新订增补国史大系》第32卷,吉川弘文馆,2004。

[250]〔日〕历史学研究会编《日本史史料3 近世》,岩波书店,2006。

[251]〔日〕前田勉:《兵学和朱子学·兰学·国学:近世日本思想史的构图》,平凡社,2006。

[252]〔日〕赵刚:《林罗山与日本的儒学》,世界知识出版社,2006。

[253]〔日〕本山幸彦:《近世儒者的思想挑战》,思文阁,2006。

[254]〔日〕黑住真:《复数性的日本思想东京》,ぺりかん社,2006。

[255]〔日〕佐久间正:《德川日本的思想形成和儒教》,ぺりかん社,2007。

[256]〔日〕大隈重信:《日本开国五十年史》,上海社会科学院出版社,2007。

[257]〔日〕玉悬博之:《日本近世思想史研究》,ぺりかん社,2008。

[258]〔日〕宫崎道生:《林家史学和白石史学》,《日本历史》(通号148),1960。

[259]〔日〕今中宽司:《近世的职业人的思想与生活:惺窝·罗山的情况》,《人文学》(通号52),1961。

[260]〔日〕阿部吉雄:《藤原惺窝和赤松广通》,《东京大学教养学部人文科学科纪要》(通号30),1963。

[261]〔日〕吉田太郎:《昌平校历史教育研究》,《横滨国立大学教育纪要》(4),1964。

[262]〔日〕和岛芳男:《近世朱子学的源流》,《斯文》(通号40),1964。

[263]〔日〕尾藤正英:《山崎暗斋的思想和朱子学》,《史学杂志》(通号9),1965。

[264]〔日〕石毛忠:《江户时代初期关于天的思想》,《日本思想史研究》(通号2),1968。

[265]〔日〕阿部吉雄：《日本的儒学和藤原惺窝》，《斯文》（通号 59·60），1970。

[266]〔日〕和岛芳男：《清原赖丛论》，《大手前女子大学论集》(7)，1971。

[267]〔日〕和岛芳男：《近世初期有关儒学史的二三个问题》，《大手前女子大学论集》(7)，1973。

[268]〔日〕和岛芳男：《宽文异学之禁》，《大手前女子大学论集》(8)，《大手前女子大学论集》(13)，1974。

[269]〔日〕和岛芳男：《保科政权和林家的学问》，《大手前女子大学论集》(9)，1975。

[270]〔日〕《日本文化的"模拟性"（日本思想史的课题与方法〈特集〉）：（原有思想和外来思想）》，《季刊日本思想史》（通号 4），1977。

[271]〔日〕高桥美由纪：《林罗山的神道思想》，《季刊日本思想史》（通号 5），1977。

[272]〔日〕庵逧岩：《大村由己和藤原惺窝》，《日本历史》（通号 365），1978。

[273]〔日〕源了圆：《藤原惺窝的思想》，《文化》42（1·2），1978。

[274]〔日〕源了圆：《藤原惺窝和林罗山：近世初其的学艺》，《文艺研究》（通号 87），1978 年。

[275]〔日〕和岛芳男：《德川义直的好学与林门的发展》，《大手前女子大学论集》(13)，1979。

[276]〔日〕坂田吉雄：《战国武士（武士思想〈特集〉）》，《季刊日本思想史》（通号 10），1979。

[277]〔日〕长冈麻里子：《藤原惺窝研究史》，《史泉》（通号

53)，1979。

[278]〔日〕泽大洋：《朱子学以及阳明学派的思想形成：日本政治思想研究的前提》，《东海大学纪要 沼津教养部》(7)，1980。

[279]〔日〕荻生茂博：《池田光政的藩政改革与熊泽蕃山：近世接受儒教的形态》，《历史》（通号 67），1986。

[280]〔日〕柴田纯：《近世初期的社会与儒者》，《日本史研究》（通号 301），1987。

[281]〔日〕宫城公子：《近世史部会研究报告 日本的近代化和儒教的主体（1986 年度日本史研究会大会特集号：支配的思想与民众）：（第 2 分科会）近代国家形成期的思想与社会》，《日本史研究》（通号 295），1987。

[282]〔美〕Herman Ooms：《朱子学与初期德川意识形成：问题与轮廓》，〔日〕丰泽一译，《季刊日本思想史》（通号 31），1988。

[283]《德川思想〈特集〉》，《思想》（通号 766），1988。

[284]《儒教与亚洲社会》，《思想》（通号 792），1990。

[285]〔日〕高桥章则：《弘文院学士号的成立与林鹅峰》，《东北大学文学部日本语学科论集》第 1 号，1991。

[286]〔日〕小野将：《近世后期的林家与朝幕关系》，《史学杂志》102（6），1993。

[287]〔日〕严锡仁：《藤原惺窝对朱子学的接受：以理气论为中心》，《伦理学》，1994。

[288]〔日〕古田幸男、〔日〕王宣：《德川时代朱子学的介绍与变迁》，《法政大学教养部纪要》（通号 90），1994。

[289]〔日〕中村安宏：《藤原惺窝和林兆恩：以"大学要略"为中心》，《文艺研究》（通号 138），1995。

[290]〔日〕严锡仁:《林罗山的理气论》,《伦理学》(12),1995。

[291]〔日〕江户思想编集委员会编《江户的思想4》,ぺりかん社,1996。

[292]〔日〕安苏谷正彦:《近世神道思想史研究的目的和方法:通过对山崎暗斋的研究》,《季刊日本思想史》(通号47),1996。

[293]〔日〕大桑齐:《作为佛教世界的近世》,《季刊日本思想史》(通号48),1996。

[294]龚颖:《林罗山的孙吴兵法观:通过与朱子·南宋事功派的比较》,《日本思想史研究》(通号29),1997。

[295]〔日〕神谷胜广:《林罗山与知识的传播》,《名古屋文理短期大学纪要》(22),1997。

[296]〔日〕海老田辉巳:《津和野养老馆崎门学派朱子学的作用》,《九州女子大学纪要.人文·社会科学编》36(1),1999。

[297]〔日〕泽大洋:《近世儒学政治思想的成立:藤原惺窝和林罗山及其流派》,《东海大学纪要·政治经济学部》(31),1999。

[298]〔日〕大川真:《"朱子学"和日本近世社会:以冈山藩神职请为题材》,《日本思想史研究》(通号32),2000。

[299]〔日〕玉悬博之:《林罗山的:"普遍"和"特殊":以其神道思想为中心(前编)》,《日本思想史研究》(通号33),2001。

[300]〔日〕前田勉:《在"武国"日本朱子学的作用》,《日本思想史学》(通号33),2001。

[301]〔日〕本村昌文:《林罗山的佛教批判:以生死观为中心》,《日本思想史学》(通号33),2001。

[302]〔日〕本村昌文:《江户前期朱子学的接受与变迁:以仮名草子的佛教批判为中心》,《日本思想史研究》(通号34),2002。

[303]〔日〕赵刚:《江户初期朱子学的展开与林罗山:以与藤原惺窝的关系为中心》,《皇学馆论丛》通号(210),2003。

[304]〔日〕海村惟一:《"五山文学"研究的诸问题》,《福冈国际大学纪要》(11),2004。

[305]〔日〕玉悬博之:《林罗山的历史思想:以其日本历史观为中心》,《日本思想史研究》(通号37),2005。

[306]〔日〕廖钦彬:《藤原惺窝的儒学思想:以修己治人为中心》,《伦理学》(21),2005。

[307]〔日〕川村信三:《战国以及近世初期日本基督教与民众:天主教兴盛原因的再检讨(特集/基督教的布教与地域社会)》,《历史评论》(通号690),2007。

[308] D. S. Nivison, A. F. Wright, eds., *Confucianism in Action* (Stanford University Press, 1959).

[309] Tetsuo Najita, Irwin Scheiner, eds., *Japanese Thought in the Tokugawa period, 1600 – 1868: methods and metaphors* (University of Chicago Press, 1978).

[310] W. T. de Bary, I. Bloom, eds., *Principle and Practicality: Essays in Neo – Confucianism and Practical Learning* (Columbia University Press, 1979).

[311] John Whitney Hall, Nagahara Keiji, eds., *Japan before Tokugawa: Political Consolidation and Economic Growth, 1500 – 1650* (Princeton University Press, 1981).

[312] W. J. Boot, *The Adoption and Adaption of Neo – Confucianism in Japan: the Role of Fujiwara Seika and Hayashi Razan Princeton* (University Press, 1983).

［313］Peter Nosco, *Confucianism and Tokugawa Culture*（Princeton University Press, 1984）.

［314］Richard Rubinger, *Private Academies of Tokugawa Japan*（Princeton University Press, 1984）.

［315］H. Ooms, *Tokugawa Ideology: Early Constructs, 1570 – 1680*（Princeton University Press, 1985）.

［316］J. Victor Koschmann, *The Mito Ideology: Discourse, Reform, and Insurrection in Late Tokugawa Japan, 1790 – 1864*（University of California Press, 1987）.

［317］Tetsuo Najita, *Visions of Virtue in Tokugawa Japan: the Kaitokudō Merchant Academy of Osaka*（University of Chicago Press, 1987）.

［318］Kate Wildman Nakai, *Shogunal Politics: Arai Hakuseki and the Premises of Tokugawa Rule*（Harvard University Press, 1988）.

［319］Conrad D. Totman, *Politics in the Tokugawa Bakufu, 1600 – 1843*（University of California Press, 1988）.

［320］Harry D. Harootunian, *Things Seen and Unseen: Discourse and Ideology in Tokugawa Nativism*（The University of Chicago Press, 1988）.

［321］Chie Nakane, Shinzaburo Oishi, *Tokugawa Japan: the Social and Economic Antecedents of Modern Japan*（University of Tokyo Press, 1990）.

［322］Lee A. Butler, *Court anf Bakufu in Early 17th Century Japan*（Princeton University Press, 1991）.

［323］John Whitney Hall, James L. McClain, *The Cambridge History of Japan, Volume 4 Eraly Modern Japan*（Cambridge University

Press, 1991).

[324] Marius B. Jansen, *China in the Tokugawa World* (Harvard University Press, 1992).

[325] Conrad D. Totman, *Early Modern Japan* (University of Califorina Press, 1993).

[326] Lan Ponman, *From Shushigaku to Nativism: the Evolution of Confucianism in Tokogawa Japan* (Graduate Department of East Asian Studies University of Toronto, 1996).

[327] Yuxin Lu, *Confucius Zhu Shunshui and the origins of Japanese Nation Buiding in the Tokugawa Era: 1650 - 1700* (History Department at St. John's University, 1998).

[328] Engelbert Kaempfer, *Kaempfer's Japan: Tokugawa Culture Oberved* (University of Hawai's Press, 1999).

[329] Aaron Lansen, *The Kinno Ideology and the Meiji Restoration* (History Department at St. John's University, 2001).

[330] Marcia Yonemoto, *Mapping Eearly Modern Japan: Space, Place, and Culture in the Tokugawa Period, 1603 - 1868* (University of California Press, 2003).

[331] Yu Chang, *Identity and Hegemony in the Mid - Tokugawa Japan: a Study of kyoho reforms* (Graduate Department of East Asian Studies University of Toronto, 2003).

[332] Sato Naokata, "Joseph Spae, Buddhism as Viewed by Two Tokugawa Confucianists. Ito Jinsai's Letter to Doko and its Refutation", *Monumenta Nipponica*, 5 (1), 1942.

[333] Fung Yu - Lan, Derk Bodde, "The Rise of Neo - Confucianism

and Its Borrowings From Buddhism and Taoism", *Harvard Journal of Asiatic Studies*, 7 (2), 1942.

[334] Nakamura Hajime, "Some Features of the Japanese Way of Thinking", *Monumenta Nipponica*, 14 (3/4), Oct., 1958 – Jan., 1959.

[335] Herschel Webb, "What Is the Dai Nihon Shi?", *The Journal of Asian Studies*, 19 (2), 1960.

[336] H. Kim, "The Transimission of Neo – Confucianism to Japan by Kang Hang, a Prisoner of War", *in Transaction of the Korea Branch of the Royal Asiatic Sociery*, 37, 1961.

[337] R. P. Dore, "Talent and the Social Order in Tokugawa Japan", *Past and Present*, 21, 1962.

[338] I. Ishida, "Tokugawa Feudal Society and Neo – Confucian Thought", *Philosophical Studies of Japan*, 2, 1964.

[339] Y. Abe, "The Development of Neo – Confucianism in Japan, Korea and China: a Comparative Study", *Acta Asiatica*, 1970.

[340] Y. Abe, "The Characteristics of Japanese Confucianism", *Acat Asiatica*, 25, 1973.

[341] Y. Abe, "Ito Jinsai", *Acta Asiatica*, 25, 1973.

[342] Takehiko Okada, Robert J. J. Wargo, "The Chu Hsi and Wang Yang – ming Schools at the End of the Ming and TokugawaPeriods", *Philosophy East and West*, 23 (1/2), 1973.

[343] Robert L. Backus, "The Relationship of Confucianism to The Tokugawa Bakufu as Revealed in The Kansei Educational Reform", *Harvard Journal of Asiatic Studies*, 34, 1974.

［344］ I. J. McMullen, "Non – Agnatic Adoption: A Confucian Controversy in Seventeenth – and Eighteenth – Century Japan", *Harvard Journal of Asiatic Studies*, 35, 1975.

［345］ R. Minamoto, "The development of the Jitsugaku Concept in the Tokugawa period", *Philosophical Studies of Japan*, 11, 1975.

［346］ Tetsuo Najita, "Intellectual Change in Early Eighteenth – Century Tokugawa Confucianism", *The Journal of Asian Studies*, 34 (4), 1975.

［347］ Robert L. Backus, "The Motivation of Confucian Orthodoxy in Tokugawa Japan", *Harvard Journal of Asiatic Studies*, 39 (2), 1979.

［348］ Kate Wildman Nakai, "The Naturalization of Confucianism in Tokugawa Japan: The Problem of Sinocentrism", *Harvard Journal of Asiatic Studies*, 40 (1), 1980.

［349］ Harold Bolitho, "Review: Concrete Discourse, Manifest Metaphor, and the Tokugawa Intellectual Paradigm", *Monumenta Nipponica*, 35 (1), 1980.

［350］ Samuel Hideo Yamashita, "The Early Life and Thought of Ito Jinsai", *Harvard Journal of Asiatic Studies*, 43 (2), 1983.

［351］ W. G. Beasley, "The Edo Experience and Japanese Nationalism", *Modern Asian Studies*, 18 (4), 1984.

［352］ Paolo Beonio – Brocchieri, "On the Historical Importance of Fujiwara Seika", *Modern Asian Studies*, 18 (4), 1984.

［353］ Mary Elizabeth Berry, "Public Peace and Private Attachment: The Goals and Conduct of Power in Early Modern Japan", *Journal of Japanese Studies*, 12 (2), 1986.

[354] Bob Tadashi Wakabayashi, "In Name Only: Imperial Sovereignty in Early Modern Japan", *Journal of Japanese Studies*, 17 (1), 1991.

[355] Beatrice Bodart – Bailey, "The Persecution of Confucianism in Early Tokugawa Japan", *Monumenta Nipponica*, 48 (3), 1993.

[356] Herman Ooms, Kurozumi Makoto, "Introduction to The Nature of Early Tokugawa Confucianism", *Journal of Japanese Studies*, 20 (2), 1994.

[357] Samuel Hideo Yamashita, "Reading the New Tokugawa Intellectual Histories", *Journal of Japanese Studies*, 22 (1), 1996.

[358] John Berthrong, "Confucian Piety and the Religious Dimension of Japanese Confucianism", *Philosophy East and West*, 48 (1), 1998.

[359] Mary Evelyn Tucker, "Religious Dimensions of Confucianism: Cosmology and Cultivation", *Philosophy East and West*, 48 (1), 1998.

[360] Rodney L. Taylor, "The Religious Character of the Confucian Tradition", *Philosophy East and West*, 48 (1), 1998.

[361] B. Steben, "Nakae Tôju and the Birth of Wang Yang – ming Learning in Japan", *Monumenta Serica*, 46, 1998.

[362] I. J. McMullen, "Ito Jinsai and the Meaning of Words", *Monumenta Nipponica*, 54, 1999.

[363] K. Paramore, "Hayashi Razan's Redeployment of Anti – Christian Discourse: the Fabrication of Haiyasô", *Japan Forum*, 18, 2006.

后　记

在行文即将结束之际，蓦然回首，感慨良多。如果硕士阶段可以算作入门的话，那么三年的博士学习就是耕耘阶段。虽然不敢奢谈收获如何，不过欣慰的是，笔者一直享受着这种耕耘的乐趣。

笔者是幸运的，自投身陈门以来，受益良多。在受教于恩师陈景彦教授的点点滴滴中，恩师的谆谆教诲笔者都认真地铭记心间……尤其让笔者感动的是，恩师陈景彦教授对笔者论文的悉心指导和修改。恩师为笔者的论文不辞辛苦，他身在国外的时候，还亲自帮笔者搜集资料。从恩师对笔者文章进行逐字逐句的修改中，可以体会到恩师对笔者的论文倾注了很多心血。还要感谢张广翔老师、黄定天老师、李春隆老师、戴宇老师对笔者学业上的帮助。不善言辞的笔者对师恩，只能用心去领悟、去感激了。

还要感谢笔者的师母！师母为人乐观、积极、和蔼可亲。师母鼓励的眼神、呵护的话语让笔者感觉那么真诚，体贴入微的关心让笔者感觉那么温暖！

感谢爸爸、妈妈和哥哥！自从步入校门以来，虽然离家越来越远，不过浓浓的亲情让笔者力量倍增。他们虽然普通，但很伟大！

感谢陈门的师兄师弟师姐师妹们！感谢张景全师兄、刁振东师兄、李娜师姐、郭冬梅师姐、杨静鑫师姐、安善花师姐、宋燕师姐、孙瑜师兄、孙维晶师姐、姚春海师弟以及武雪彬师妹对笔者的关心和帮助，笔者将永远铭记。

还要感谢东北师范大学的好朋友们！李海坤对笔者的论文提出了很多宝贵意见。王明兵虽与笔者相识不久，不过其慷慨赠予资料，热情与笔者交流，让笔者非常感动。王云翠不厌其烦地帮笔者搜集资料。对这些好友的帮助，笔者表示十分感谢。

最后要感谢爱人崔海波，她的乐观、坚毅帮我化解了很多烦躁的情绪，有了她的悉心照料，笔者对写作一直充满信心。

王玉强

2015年10月3日于吉林大学匡亚明楼627研究室

图书在版编目(CIP)数据

近世日本朱子学的确立 / 王玉强著. -- 北京：社会科学文献出版社，2017.5
（东北亚研究丛书）
ISBN 978-7-5201-0470-8

Ⅰ.①近… Ⅱ.①王… Ⅲ.①朱熹（1130-1200）理学-研究-日本 Ⅳ.①B244.75

中国版本图书馆 CIP 数据核字（2017）第 047306 号

·东北亚研究丛书·
近世日本朱子学的确立

著　　者 / 王玉强

出 版 人 / 谢寿光
项目统筹 / 恽　薇　高　雁
责任编辑 / 颜林柯　于晶晶

出　　版 / 社会科学文献出版社·经济与管理分社（010）59367226
　　　　　地址：北京市北三环中路甲 29 号院华龙大厦　邮编：100029
　　　　　网址：www.ssap.com.cn
发　　行 / 市场营销中心（010）59367081　59367018
印　　装 / 三河市东方印刷有限公司

规　　格 / 开　本：787mm×1092mm　1/16
　　　　　印　张：17.25　字　数：207 千字
版　　次 / 2017 年 5 月第 1 版　2017 年 5 月第 1 次印刷
书　　号 / ISBN 978-7-5201-0470-8
定　　价 / 79.00 元

本书如有印装质量问题，请与读者服务中心（010-59367028）联系

▲ 版权所有 翻印必究